Cantauw/Loy (Hrsg.)

Mein Weihnachten II

Christiane Cantauw und Johannes Loy (Hrsg.)

Mein Weihnachten II

Weitere 100 erlebte Geschichten

Aschendorff Verlag

Gesamtherstellung: Aschendorff Druckzentrum GmbH & Co. KG, Münster
ISBN 978-3-402-12880-0

Inhalt

6

Christiane Cantauw und Johannes Loy

Mein Weihnachten II
Weitere 100 erlebte Geschichten

✸✸✸

Vorwort

In allen Lazaretten unserer Stadt wurden in diesen Tagen schöne Weihnachtsfeiern veranstaltet und die verwundeten und kranken Krieger reich mit Gaben beschenkt. Ins Feld hatte die Stadtverwaltung 2396 Weihnachtspakete im Werte von 12 000 Mk. geschickt. Eine Flut wärmster, tiefgefühlter Dankschreiben war die Antwort. An alle Kreise der Bevölkerung hatte der Kommandierende General die Bitte geschickt, das kostbare Mehl nicht für Weihnachtskuchen allzu reichlich zu verwenden und sich während der Feiertage des übermäßigen Alkoholgenusses zu enthalten."

Das in der münsterschen Kriegschronik so nüchtern beschriebene Weihnachtsfest 1914 entsprach wohl kaum den Erwartungen, die sich zu Friedenszeiten mit diesem Fest verbanden. Viele Zeitgenossen erlebten dieses und die folgenden Kriegsweihnachtsfeste, auch diejenigen des Zweiten Weltkriegs, als Weihnachtsfeste, die deutlich aus dem Rahmen fielen.

Auch in der Jetztzeit kommt es vor, dass ein Weihnachtsfest nicht den Erwartungen entspricht. So können plötzliche Arbeitslosigkeit, der Tod eines Familienmitglieds oder längere Krankenhausaufenthalte von Kindern, Eltern oder Großeltern dazu führen, dass die scheinbar so festgefügte innerfamiliäre Choreografie des Weihnachtsfestes aufbricht. Weil die meisten Menschen eine ganz genaue Vorstellung davon haben, was zu einem Weihnachtsfest dazugehört, führen auch kleinere Veränderungen oder Störungen schnell dazu, dass das Gesamtgefüge durcheinandergerät. Glücklicherweise sind dies aber nur Ausnahmefälle: In der Regel erfüllen sich unsere Erwartungen an Weihnachten. Welche dies sind, ist natürlich von Mensch zu Mensch, von Familie zu Familie und von Jahrzehnt zu Jahrzehnt unterschiedlich.

Die Autorinnen und Autoren in diesem Buch erzählen sowohl von ganz „normalen" Weihnachtsfesten als auch von Festen, die aus dem ein oder anderen Grund anders verliefen als gewohnt. Wir verdanken die Berichte einem Aufruf, der 2008 in der Presse veröffentlicht wurde. Darin wurden die Menschen in Westfalen gebeten, ihre Erinnerungen an Weihnachten aufzuschreiben. In einem ersten Band mit dem Titel „Mein Weihnachten. 100 erlebte Geschichten" sind bereits 100 Autorinnen und Autoren zu Wort gekommen. Ihnen haben wir spannende, anrührende, traurige, überraschende oder auch fröhliche Berichte zu verdanken. Manche Autoren haben ein bestimmtes Weihnachtsfest geschildert, das aus irgendeinem Grund aus dem Rahmen fiel und sich deshalb besonders eingeprägt hat. Andere haben darüber geschrieben, wie Weihnachten in ihrer Kindheit „alle Jahre wieder" gefeiert wurde. Alle Berichte haben aber eines gemeinsam: Sie sind selbst erlebt und durchlebt.

Viele lesenswerte Geschichten konnten in dem ersten Band aus dem ein oder anderen Grund nicht abgedruckt werden. Für die Autorinnen und Autoren der durchweg qualitätvollen Einsendungen, aber auch für die Leserinnen und Leser hat uns das sehr leidgetan, zumal der erste Band der Weihnachtsgeschichten auf großes Interesse vieler Leserinnen und Leser stieß. Deshalb haben wir uns entschieden, einen zweiten Band mit weiteren Geschichten aufzulegen. Auch in diesem Buch haben wir uns bemüht, einen möglichst breiten zeitlichen und thematischen Rahmen abzustecken. Die Schilderungen weihnachtlicher Erlebnisse aus über 100 Jahren bringen uns Wünsche und Erwartungen sowie Vorfreude und Festtagsstimmung nahe. Sie erzählen aber auch von Enttäuschungen, Trauer und Hilflosigkeit. Wie beim ersten Band haben wir auch dieses Mal Kürzungen nur dann vorgenommen, wenn es sich nicht vermeiden ließ. Die Überschriften der Geschichten stammen teils von uns, teils aus der Feder der Autorinnen und Autoren. Alle Erzählerinnen und Erzähler werden am Anfang ihres Beitrags kurz vorgestellt, weil Alter, Wohnort und Angaben zur Herkunftsfamilie und zum Beruf oft wichtige Zusatzinformationen zum Verständnis der jeweiligen Erzählung darstellen.

Die Texte wurden so sorgfältig redigiert wie möglich und an die neuen Rechtschreibregeln angepasst. An der Ausdrucksweise der einzelnen Autoren haben wir jedoch nichts Grundlegendes verändert, weil wir der Meinung sind, dass nicht zuletzt auch die unterschiedlichen Formen des Erzählens die Besonderheit dieses Buches ausmachen.

Sowohl der erste Band als auch dieser Band mit Weihnachtsgeschichten eignen sich geradezu ideal zum Vorlesen. Diesmal sind auch einige lyrische Einsprengsel dabei. Durch ihren Facettenreichtum stimmen die Texte ein auf das Hochfest der Christenheit. Sie wecken Erinnerungen und regen zum Gedankenaustausch an – innerhalb einer Familie ebenso wie in der Pfarrgemeinde, in Kindergarten und Schule oder im Seniorenzirkel.

Bei Lesungen in der Vorweihnachtszeit 2009 wurden wir zuweilen gefragt, ob es denn vorstellbar sei, ein Buch wie „Mein Weihnachten" ausschließlich mit Geschichten aus den letzten beiden Jahrzehnten zu füllen. In der heutigen Zeit gebe es doch keine schönen Weihnachtsbräuche mehr. Den Menschen bedeute Weihnachten eben nicht mehr so viel wie noch vor fünfzig oder hundert Jahren. An dieser Stelle möchten wir widersprechen: Weihnachten ist den Menschen keineswegs gleichgültig geworden. Es scheint sich aber so zu verhalten, dass Weihnachten in der Rückerinnerung zunehmende Bedeutung erhält. Die Weihnachtsfeste unserer Kindheit kommen uns ungleich schöner, farbiger, stimmungs- und gefühlvoller vor als die Feste der Gegenwart. Dies hat nicht zuletzt mit einer unstillbaren Sehnsucht nach der eigenen, zumeist unbeschwerten Kindheit zu tun. Wir können diese Sehnsucht zumindest teilweise wieder aufleben lassen in Erzählungen über Weihnachtsfeste in unserer Kindheit, die nicht zuletzt deshalb, weil wir im Laufe unseres Lebens gelernt haben, spannend und anschaulich zu erzählen, so viel schöner zu sein scheinen als die mit Hektik, Konsumrausch und sozialen Zwängen beladenen Weihnachtsfeste der Gegenwart. Doch wenn es in 50, 60 oder 70 Jahren wieder ein Buch mit dem Titel „Mein Weihnachten" geben sollte, in dem Menschen von Weihnachtsfesten um die Wende zum 21. Jahrhundert erzählen, so wird er vermutlich wieder da sein, der geheimnisvolle Glanz der Weihnachtszeit.

Wir danken allen Autorinnen und Autoren, die an diesem Buch mitgewirkt haben und wünschen allen Lesern viel Freude an diesem weihnachtlichen Lese- und Vorlesebuch, das selbsterlebte und durchlebte Geschichten, familiäre Schicksale und Traditionen von 1885 bis heute umfasst.

Münster, im Herbst 2010
Christiane Cantauw und Johannes Loy

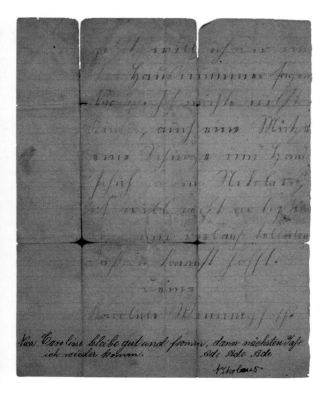

Nikolausbrief von 1885. Karoline Wenninghoff, die hier ihre vergleichsweise bescheidenen Wünsche an den Nikolaus niedergeschrieben hat, erhielt sogar eine Antwort vom Adressaten.

Ein Nikolausbrief von 1885

❄❄❄

Karoline Wenninghoff (1875–1933) entstammt einer auch für damalige Verhältnisse kinderreichen Familie mit elf Kindern aus Bevergern. Karoline heiratete nach Rheine, wo sie mit ihrem Ehemann zusammen ein Malergeschäft und
nachfolgend einen Großhandel für Malereibedarf betrieb. Der Wunschzettel von
Karoline an den Nikolaus ist nur durch Zufall erhalten geblieben und nach über
120 Jahren von Ulrich Lammers, dem Enkel von Karoline Wenninghoff, beim
Restaurieren einer alten Geschirrkommode unter dem Wachspapier, mit dem die
Schubladen ausgelegt waren, wiederentdeckt worden. Der Nikolausbrief wurde
uns von Dr. Klaus Offenberg zugesandt.

Brief an den Nikolaus vom 3. Dezember 1885: „Lieber heiliger Nikolaus! Ich habe gehört, dass Du in der Nacht vom Samstag auf
Sonntag durch Bevergern reisen wirst und den guten Kindern was
bringen wirst. Ich will auch recht artig sein! Damit Du weißt, wo ich wohne, und an dem Haus nicht vorbeigehst, will ich Dir unsere Hausnum-
mer sagen: Nr. 138. Ich wünsche mir nebst Kuchen auch eine Mütze, eine
Schürze und Handschuhe. Nikolaus, ich will auch recht artig sein (...) Dass
Du kommst, hofft deine Karoline Wenninghoff."

Die Wünsche der kleinen Karoline an den Heiligen Nikolaus gestalten
sich, aus heutiger Sicht, mehr als bescheiden: kein Spielzeug, nur nützliche
Sachen, wie Schürze, Handschuhe und Mütze. Der Kuchen ist der einzige
Wunsch, der persönlicher Natur ist. Der Brief an den Nikolaus ist in feiner
Sütterlinschrift verfasst worden. Darunter hat dann der Nikolaus in latei-
nischer Schrift folgendes gesetzt: „Nun Karoline, bleibe gut und fromm,
dann nächstes Jahr ich wiederkomm. Ade, ade, ade."

Nachtrag: Ulrich Lammers, der Enkel von Karoline vermutet, dass
der Vater des Kindes, Matthias Wenninghoff, den Satz unter den Brief
geschrieben hat. Er wählte wahrscheinlich die lateinische Schrift, um die
Beziehung zur Bibel, die in dieser Schriftart gedruckt wurde, herzustellen.
Karoline, die am 12. Februar in Bevergern geboren wurde, ist am 28. November 1933 in Rheine mit 58 Jahren verstorben, so dass Ulrich Lammers

die Großmutter nur noch vom Ölbild kennt, das in seinem Wohnzimmer hängt.

Im katholischen Münsterland brachte bis Anfang des 20. Jahrhunderts der heilige Nikolaus die Geschenke. In protestantischen Gegenden Deutschlands wurden schon vom 16. Jahrhundert an die Geschenke am Weihnachtsfest überreicht.

Porträt der Karoline Wenninghoff, die 1885 als zehnjähriges Mädchen einen Brief an den heiligen Nikolaus verfasste, welcher durch Zufall erhalten blieb. Rechts im Bild ist ihr Enkel Ulrich Lammers zu sehen.

Die vier Räuber im Moor

✼✼✼

Christa Haverkock ist 48 Jahre alt und kommt gebürtig aus Ochtrup. Heute lebt sie in Burgsteinfurt. Sie ist verheiratet und hat zwei Söhne. Die gelernte Augenoptikerin hat vor zwei Jahren ihren Beruf aufgegeben und gibt jetzt privaten Nachhilfeunterricht. Christa Haverkock erzählt von einem Weihnachtserlebnis ihres Ururgroßvaters, eines Wannenmachers aus Ochtrup.

Es war um die Jahrhundertwende, irgendwann zwischen 1895 und 1900. Damals gab es noch den Beruf des Wannenmachers, eine Zunft, der auch mein Urgroßvater angehörte. Bei den Wannen, die er herstellte und reparierte, handelte es sich aber keineswegs um Badewannen, sondern um aus Weidenruten geflochtene korbartige Wannen, die bei der Ernte benutzt wurden, um die Spreu vom Korn zu trennen.

Im Herbst, dann, wenn die Erntearbeit getan war, waren viele dieser Wannen reparaturbedürftig, und es wurde Zeit für meinen Urgroßvater, sich auf den Weg zu den Bauern im Emsland zu machen, um seine Dienste anzubieten.

Zu Fuß, beladen mit einem Rucksack, in dem er sein Werkzeug und etwas Wäsche und warme Kleidung verstaut hatte, machte er sich auf den Weg.

Drei Monate würde er unterwegs sein, aber spätestens am 24. Dezember, Heiligabend, würde er wieder daheim bei seiner Familie sein.

Die Bauern, die er besuchte, warteten oft schon auf den Wannenmacher und waren darauf eingerichtet, ihn mit Essen und Trinken und, wenn nötig, auch mit einer Schlafstelle zu versorgen. Hatte ihn auf seiner Wanderung mal eine Erkältung erwischt, so machten die Bäuerinnen ihm Tee mit Honig und warmen Holunderbeersaft. So gingen die Wochen dahin, und mein Urgroßvater war schon auf dem Rückweg. Viel Arbeit und ein früher Wintereinbruch hatten ihn einige Tage mehr gekostet, und die Zeit drängte.

Am Morgen des 24. Dezember machte er sich nun auf den Weg nach Hause zu seiner Familie. Der letzte Bauer auf seiner Wanderung war, wie jedes Jahr, ein Bauer in Emsbüren gewesen. Hier, das wusste er, zahlte die Bäuerin mit „Weihnachtsnaturalien" wie Plätzchen, Stollen und Äpfeln, und wenn die Reparatur der Wannen aufwendiger gewesen war, musste auch mal ein Stück Familienschmuck oder ein Stück gutes Leinen als Bezahlung herhalten.

In diesem Jahr hatte man ihn außer mit Leckereien mit einem wunderschönen, mit Weihnachtsmotiven bestickten Tischläufer bezahlt, der nun das Weihnachtsgeschenk für meine Urgroßmutter sein würde, denn für Weihnachtseinkäufe war in jenen Jahren kein Geld da.

So bepackt, sein Geld in einem kleinen Leinenbeutel unter der Unterwäsche verstaut, entschloss er sich, ab Bentheim die Abkürzung durch das Gildehauser Venn zu nehmen, denn er musste sich beeilen, wollte er pünktlich zur Bescherung zu Hause sein. Ganz ungefährlich war das nicht, denn es gab auch damals noch Diebe und Wegelagerer, die es gerade auf wandernde Handwerker abgesehen hatten. Die Heimkehrer versprachen doch immer eine leichte und reichliche Beute.

Er war nun schon eine Weile durch die Heidelandschaft gestapft, vorbei an zugefrorenen Moortümpeln, und es wurde bereits etwas dämmrig, als er in einiger Entfernung vier große dunkle Gestalten stehen sah. Es schien, als beugten sie sich vor und zurück, um nach ihm Ausschau zu halten und miteinander zu flüstern. Angstschweiß trat ihm auf die Stirn. Sein erster Gedanke war umzudrehen und zurückzulaufen, um den normalen Weg über die Straße zu nehmen. Aber das hätte bedeutet, dass er erst spät in der Nacht nach Hause kommen würde und er sah im Geiste die enttäuschten Gesichter seiner sieben Kinder vor sich. Außerdem war ihm kalt, die Füße taten ihm weh, und der Gedanke an die warme Stube daheim trieb ihn weiter. Mit klammen Händen umklammerte er ganz fest den Griff seines Wanderstocks und schritt laut singend weiter. So machte er sich selber Mut und hoffte, die bösen Gesellen würden von ihm ablassen. Aber keine der Gestalten rührte sich vom Fleck als er näher kam, aber warum auch, sie waren ja zu viert. Noch ein paar Meter und sie würden auf einer Höhe sein.

Da, jetzt konnte er sie genau erkennen. Vor ihm standen vier große dunkelgrüne Wacholderbüsche, die sich im Wind vor- und zurück wiegten. Ihre schwingenden Zweige machten ein leises flüsterndes Geräusch. Es dauerte einen Moment bis mein Urgroßvater erkannte, was ihm da einen so großen Schrecken eingejagt hatte. Dann wurde ihm bewusst, wie dumm er sich angestellt hatte und er begann über sich selbst zu lachen.

16

Sein schallendes Gelächter klang weit über die Heide und spätestens jetzt hätten echte Diebe Reißaus genommen.

Spät abends erreichte mein Urgroßvater an diesem Heiligen Abend sein Haus in Ochtrup. Die kleineren Jungen schliefen bereits, aber meine Urgroßmutter und die drei ältesten Söhne waren noch auf. Noch vor der Bescherung erzählte mein Urgroßvater seine Geschichte von den vier Räubern, die sich als harmlose Wacholderbüsche entpuppt hatten, und aus anfänglichem Gruseln wurde auch diesmal lautes Gelächter.

So ist es bis heute geblieben, wenn ich meinen Kindern die Geschichte von ihrem Ururgroßvater, dem Wannenmacher aus Ochtrup, erzähle, der versprochen hatte, zu Weihnachten zu Hause zu sein.

Erinnerungen an Weihnachten aus der Kindheit

✳✳✳

Elisabeth Tinkloh aus Münster, Jahrgang 1923, wuchs in einer großen Familie
mit neun Geschwistern weitab eines kleinen münsterländischen Dorfes auf.

I ch kann mich an meine Kindheit erinnern, wie wir Weihnachten
erlebten. Es war einfach das Hochfest des Jahres. Der Advent hatte für uns nicht eine allzu große Bedeutung. In der Schule wurde
schon mal ein Adventslied gesungen, aber einen Adventskranz zu Hause
hatten wir nicht. In der Woche vor Weihnachten wurde das ganze Haus
geputzt. Am Tag vor Weihnachten ging Papa in den naheliegenden Wald,
um einen Weihnachtsbaum zu holen. Dann fuhr er mit dem Fahrrad los.
Er sagte, er wolle das Christkind bestellen. Es wurde nicht nach unseren
Wünschen gefragt.

Spät abends holte Vater Grünkohl aus dem Garten, nahm dann Weihwasser und ging durch die Ställe und segnete das Vieh. Wir vergaßen am
Heiligabend nicht, die Teller aufzustellen für das Christkind. Wenn wir
im Bett lagen, lauschten wir Kinder immer, ob der Weihnachtsbaum geschmückt wurde und die Teller gefüllt wurden. Wir hörten das Abzählen
der Nüsse. Am Weihnachtsmorgen wurden wir Schulkinder schon um
vier Uhr geweckt, um um fünf Uhr zur „Meht" genannten Weihnachtsmesse mitzukommen. Bei Dunkelheit gingen wir mit einer Laterne den
fünf Kilometer langen Weg durch Wald und Wiesen zur Kirche. Ein Elternteil ging mit. In der Kirche wurde kräftig gesungen. Gegen acht Uhr
waren wir wieder zu Hause.

Mutter hatte dann Frühstück und die Kleinen fertig gemacht. Das
Vieh war auch schon versorgt. Anschließend durften wir dann ins warme
Wohnzimmer, wo der geschmückte Weihnachtsbaum stand. Erst wurden
ein paar Weihnachtslieder gesungen, Vater und Mutter konnten gut singen, dann durften wir zu unseren Tellern gehen. Es waren Nüsse, Spekulatius, Schokolade, eine Apfelsine und rote Äpfel darauf, für die Schulkinder

ein Goldgriffel, für die Mädchen zusammen eine Puppe, für die Jungen ein Spiel, vielleicht auch Schlittschuhe.

Somit waren wir auch erst mal beschäftigt. Mittags gab es ein gutes Mittagessen, nachmittags Korinthenbrot. Abends, wenn es dunkel wurde, sangen wir wieder am Weihnachtsbaum. Am zweiten Abend gingen wir wohl zum Nachbar, oder die Nachbarn kamen zu uns. Der Weihnachtsbaum blieb bis Lichtmess am 2. Februar stehen. So sah früher für uns die Weihnachtszeit aus. Die Tradition wurde teilweise in unserer Generation fortgeführt.

Soester Gloria

✿✿✿

Gisela Schultz-Prange aus Münster wurde 1922 als Tochter des späteren Regierungsvizepräsidenten Dr. Theodor Prange geboren. Sie war mit dem Stadtdirektor Dr. J. Schultz verheiratet und hat vier Kinder. Gisela Schultz-Prange ist verwitwet.

Am Heiligen Abend ging Vater mit meinen beiden Geschwistern und mir und zusammen mit vielen anderen zum Kirchplatz im mittelalterlichen Soest, um mitzuhelfen, das Christkind in den Schlaf zu wiegen, wie seit über 100 Jahren.

Vom hohen Turmumgang der Petrikirche aus singen an diesem Abend um 19 Uhr Schüler unter Fackelschwenken und Posaunenschall das „Soester Gloria" im Wechsel mit dem Lied „Dies ist der Tag, den Gott gemacht". Es schließt sich an das grandiose ökumenische Glockenläuten aller Glocken der kirchenreichen Stadt – eine Viertelstunde lang.

Da in meiner Jugendzeit am Heiligen Abend häufig Schnee lag, war der weihnachtliche Spaziergang an Vaters Hand zum Christkindwiegen ein geradezu himmlischer Auftakt für die anschließende häusliche Bescherung.

„Weihnachtsbaumkauf" mit Paula

✳✳✳

Margarethe Seiffert, Jahrgang 1924, wuchs mit vier Geschwistern in der Nähe von Gleiwitz, Oberschlesien, auf. Die gelernte Krankenpflegerin wurde nach dem Krieg in der DDR ansässig, von wo sie 1984 mit ihrem Mann ins sauerländische Fröndenberg floh. Die heutige Rentnerin ist bereits Urgroßmutter und lebt bei ihrer Tochter in Wickede an der Ruhr.

Über 70 Jahre ist es her. Weihnachten war fast da, und wir hatten noch keinen Weihnachtsbaum. Cousine Paula sagte: „Wir auch nicht! Es ist nicht so einfach, einen Baum zu besorgen, denn der neue Gehilfe des Oberförsters wacht wie ein Fleischerhund. Doch heute ist Sonntag, da gehen wir beide los und besorgen zwei Tannenbäume. Es wird höchste Zeit!" Sie zeigte ihre modischen, hohen Stiefel. Die waren neu, sie hatte gut reden. Der Schnee lag fast einen halben Meter hoch. Vater, der unser Vorhaben bemerkte, verbot es mir. „Nein, nicht dieses Jahr. Sie werfen mich aus dem Amt wegen einer Mark, wenn sie Dich erwischen! Mama, gib dem Mädel eine Mark!" Vater sagte es scharf, doch Mutter signalisierte uns: „Nichts gibt's!"

Paula wartete schon, doch Vater meinte: „Dieses Jahr wird kein Baum geklaut, dieses Jahr wird gekauft, hol' eine Mark von Deinem Vater!" Paula sagte: „Komm!", und wir gingen zu den Verwandten. Berni, mein Cousin, saß in der Küche am Tisch, und Paula erklärte ihm, was wir wollten. „Ist auch besser so", sagte Berni und rief meinen Onkel. Der meinte: „50 Pfennig reichen auch, ein kleiner Baum tut's auch." Doch der nette Berni ließ nicht locker. „Ach, Papa, von dem großen Baum hast du noch einen Besenstiel und ein paar Quirle. Du schnitzt die doch so schön", schmeichelte Berni. Onkel sah wohlgefällig auf seinen Sohn, der gerade Soldat war und Urlaub hatte. Onkel suchte in seiner Börse und gab dann Paula das Markstück.

Paula lachte. „Dafür gehen wir in der Bude am Bahnhof Waffeln mit Himbeeren essen, und einen Baum, den holen wir aus der Schonung hinter dem Bahnhof", sagte sie, als ihr Vater aus der Tür war. Die scharfe Axt hatte sie schon unter der alten abgewetzten Pelzjacke. Vater nannte Paula, wenn sie diese Jacke trug, „Maulwurf", denn der Pelz ähnelte dem des Tieres sehr. So gingen wir an jenem Sonntag, drei Tage vor Weihnachten, durch den hohen Schnee dem Wald zu. Erst machten wir Halt an der Bude, heute heißt das Kiosk: Die Waffeln schmeckten herrlich. Sie wurden draußen in einem Waffeleisen gebacken, das mit Glut beheizt wurde. Ein mühsames Gehabe. Einer heizte das Eisen, einer füllte den Teig ein, und lustig stoben die Funken in den Schnee. Schnell hatten wir also die Weihnachtsbaum-Mark vernascht, und dann mussten wir los. Wir gingen durch die Schonung. Paula haute schon gleich rechts vom Weg einen wunderschönen Baum um und meinte: „So schlepp den, ich haue gleich noch einen!" Sie hatte gerade den Baum auf den Weg gebracht, da hörten wir Peitschenknallen, und ein Schlitten kam näher. Paula schubste mich zwischen die dichten Bäumchen und warf die Axt in den Busch zu den beiden Weihnachtsbäumen. Schön hörte ich: „Na du Süße, steig auf zu mir, und wir fahren ein bisschen Schlitten! Ich muss Weihnachtsbäume liefern. Aber was machst du nur hier, so tief im Wald?" Paula kicherte. Sie konnte dem Forstmann ja nicht sagen: „Wir stehlen gerade einen Baum."

Als ich, nass vom Schnee und halb erfroren, den Kopf unter den Zweigen der Tannen hob und auf den Waldweg sah, war Paula mit dem jungen wachsamen Forstmann verschwunden. Die Axt konnte nicht liegen bleiben, und die beiden Bäume musste ich auch irgendwie heimbringen. „Axt und Bäume, das schaffe ich nicht", dachte ich. Also schleppte ich ein Stück die Axt, ein Stück die Bäume, ließ eines liegen und holte das andere. Dieses Hin- und Herlaufen war sehr mühselig. Ich schwitzte, keuchte und kam so bis an den gut versteckten Hochsitz! Kicherte da nicht jemand und flüsterte da nicht jemand zärtliche Worte? Vor Schreck fiel mir die Axt aus der Hand, hinter dem Hochsitz war der Schlitten des Forstmanns zu sehen, und das Pferd rupfte trockene Blätter von einer kleinen Birke. Von Paula war nichts zu sehen. War die etwa mit dem jungen Mann auf dem Hochsitz?

Ich zerrte die Bäume und die Axt auf einmal durch den hohen Schnee. Vor Angst, dass der junge Förster mich von dem Hochsitz aus sehen könnte, merkte ich gar nicht, wie erschöpft ich war. Erst auf der Wiese blieb ich stehen. Der Wald war zu Ende, ich konnte unser Haus schon sehen. Einen Augenblick schloss ich die Augen, um tief Luft zu holen, denn in meiner Kehle rasselte es, so schnell war ich gelaufen! Da schlug mir jemand auf die Schulter, ich bekam fast einen Herzschlag. Doch es war Paulas Stimme, und ich wurde ruhig. „Warst du auf dem Hochsitz mit dem Forstmann? Hat er mich gesehen mit den Bäumen?", fragte ich. „Nein, er hat dich nicht gesehen, ich habe ihn abgelenkt", sagte Paula leise. Aber sag nie jemanden, dass ich…, na du weißt schon. Wir haben ja die Mark beide vernascht." „Ja, ich weiß, du hast für mich bezahlt. Ich schweige", entgegnete ich. Paula bückte sich nach den Bäumen und murmelte: „Ja, ich habe bezahlt. Diesen Weihnachtsbaum vergesse ich nie!"

Auf ihrer schwarzen Maulwurfjacke war der Rücken voller Spinnweben und Staub, und in Paulas schönen, schwarzen Haare klebten trockene Grashalme und Tannennadeln. Paula war still und dann bat sie mich: „Zieh die Nadeln und das Heu aus meinem Haar!", während sie Spinnweben und Staub aus ihrer Jacke klopfte. Paula war 19 und kräftig. Schnell waren wir über einen verschneiten Sturzacker, den Weg abkürzend, zu Haus. Paula legte beschwörend den Zeigefinger auf ihre Lippen. Ich nickte.

Mutter kam uns entgegen, nahm einen der Bäume Paula ab und trug ihn auf die Veranda. „Ach, sieh nur!" Paula stieß mich an. „Dieser Schelm, der Förster! Er wusste genau, was ich im Wald wollte!" Ich sah, wie der mit Tannen beladene Schlitten des Försters in unsere Gasse einbog. Ein Waldarbeiter trug einen herrlichen Weihnachtsbaum in Paulas Elternhaus. Paula hatte glühende Wangen, und mit Schwung warf sie ihren so hart erkämpften Weihnachtsbaum über den Gartenzaun in die vertrockneten vorjährigen Stangenbohnen. Dann schüttelte sie ihre schwarzen Locken und ging auf den Schlitten des Försters zu, wo der junge Forstmann wartete. Er lächelte.

Aus dem Hof der Verwandten hörte ich den Waldarbeiter rufen: „Hier, den soll ich abliefern, bezahlt ist er." Berni kam aus dem Haus und gab dem Mann ein Trinkgeld. Berni war nett, und es war ja Weihnachten, und es war ein so schöner Baum. Berni betrachtete den Tannenbaum richtig liebevoll.

Vater, der aus dem Küchenfenster die Lieferung betrachtete, wunderte sich: „Und deiner? Deinen hast du also selbst geschleppt? Ein Kind trägt den Baum selbst, und das kräftige junge Mädchen wird beliefert? Das verstehe, wer kann!" Mama hatte wohl sofort begriffen. Sie klopfte Vater auf den Arm: „Lass nur, einen Weihnachtsbaum haben wir ja nun, und was für einen!" Es war der schönste Weihnachtsbaum, den wir je hatten.

Ut miene Kinnertied

❊❊❊

Maria Schulze Epping wurde 1927 in Münster geboren. Mit ihrem Mann Richard übernahm sie 1957 die elterliche Landwirtschaft in Horstmar und bewirtschaftete den Hof bis etwa 1990. Schon früher hat sie Beiträge für das Jahrbuch des Kreises Steinfurt verfasst. Maria Schulze Epping hat zwei Töcher und einen Sohn sowie sechs Enkelkinder.

Wenn de Dage küörter wärd un et up Sünne Klaos und Wiehnachten togeiht, dann denk ick gärn daoran trüg, wu dat wäör, äs ich noch klein wäör. Anfang November brach Onkel Vossenbiärg, de Vader van usen Dokter und en gueden Fröhd von Papa, mi alltied een Tuten voll Spekulatius met. Dann wuord't Tied, dat'm äs en Breef an Sünne Klaos schrew. De lagg ick in't Kammerfenster un auck en Töpken Hei daobie för sien Piärd. Aobends dacht ick, dat ick en lechten Schien dör't Fenster van de Kammerdör seihn här. Waohrhaftig: De Breef un dat Hei wäören weg, un et lagg do wat Söts. An'n Aobend för Sünne Klaos deih ick en Teller upsetten – nich sonnen kleinen: de Schüddel wao de Weitenpannkoken upkwam. Eenmaol häw ick Mama daoto kriegen, dat se ne Tass met Kakao för den Hilligen Mann torecht satt. Läter häw ick haort, dat Papa se updruken här in de Tied, wao Mama dat Wiärks för mi torecht lagg. Manksen kwam de Sünne Klaos met den Knecht Ruprecht sölwst; dann wäör et mi wull binaut. Läter sinn eck drächter kummen, dat et junge Kiärls ut de Naoberschup wäören, de et mähr up usse Wichter affseihn hären äs up mi. Den Düwel, well se anne Kier met hären, moss up de Diäl bliewen, daomet ick mi nich vörschrock. Sünne Klaos brach söt Wiärks un Spielsaken; Wiehnachten gaff et wat to't Antrecken.

Vör Wiehnachten hären Mama, Hina (=Alwine, well baoll füftig Jaohr bi us up'n Hoff was) un de Wichter et üörndlick drock. To Wiehnachten moss alls rein un propper sien. Mama sagg: „Wihwater draff nich in'nen Stoff fallen!" Et moss auck noch schlacht wärden: Een Kohdier un twe Schwiene, denn wie wäören twiälf Mann an'n Dischk; dao moss wat kuemen. Wuorstebraut, Mettwuorst und Plockwuorst, Liäwerwuorst und

Blotwuorst un to allerlest Panhas; et moss viell Wuorst und Fleschk in Glass inkuokt wären, denn Infreisen gafft noch nich. Alle Fraulüd wören froh, wenn se de Wuorsterie ächter sick hären. Dat Inpiekeln von Schinken, Speck und Halwen Kopp besuorgde Papa sölwst. Denn gong't ant Kokenbacken: „Ne twintig Liters Miälkdüpp vull Spekulatius und kuort vör Wiehnachten noch Appeltartkes und Prumentartkes met Prumenmoos von backte Prumen. Wenn tolest de graute Küek schrubbt wäör un de Pumpenkopp, Düörenklinken un de Müer an't Hiärdfüer putzt wassen, wuaor de Wiehnachtsbaum upstellt und fien makt met sülwerne Kuegeln un Vügelkes ut Glass.

Kuort vör't Düsterwärden, en Dag vör Wiehnachten, gong Papa met Wiehwater in de Niäbengebaide, wao noch kien elektrischk Lecht wüör, to't Insiängen. Daobie biäde he den Anfank von't Johannes-Evangelium. Sobaoll äs ick laupen konn, droff ick met gaohn. Äs ick so'ne niegen off tein Jaohr aolt wüör, moss ick dat Evangelium utwennig lähren und vörbiäden.

Aobends, wenn't Wiärk saohn wüör, un't Aobendiätten vörbie was, fonk dann vör alle Mann dat Huesinsiängen („Christkindkensöken") an. Papa stickde de Lechtmißkärss an't Hiärdfüer an un gab dat Lecht wieder an alle, well en Kärsken hären. Onkel Anton namm den Pott met Wiehwater un en Bussbaumstrüeksken. Een von de Mannslüd dragg dat Kiädelken met glainige Kuohlen, wao Wierk (Weihrauch) upschütt't wuaor. Den Wierk kregen wi von de Köster, un Papa sagg, dat man daoför an Wiehnachten fief Mark up'n Teller dohn muss. Dann trocken wie alle up de Diäll: Papa met de Lechtmisskärss vörup; he maok an alle Düören un gefäöhrlicken Stiären drei Kürze met de Kärss. Onkel Anton siängde dat Veeh met Wiehwater. Mama biädde dat Johannes-Evangelium affwesselnd met't Vaterunser un't „Gegrüßt seist du, Maria". Dör den Wiärk ruaok et up de Diäll äs inne Kiärk. Wenn wie wier trügg kwamen in'ne Küek, kneiden sick alle vör ähren Stohl met'n Puckel naoh't Füer. Onkel Anton un de Jung met dat Wierkkedelken gongen noch dör alle Stuowens. Mama kneide an'n Dischk und biädde ut en Gebiärbook von 1819 veer Litnien: „Litaney vom süßen Namen Jesu", Litaney von der seligsten Jungfrau Maria zu Loreto", Litaney vom hl. Joseph", Litaney von den heil. Drey Königen". Tolest biädde Mamme de „Litaney von der Führsehung Gottes".

Äs Kind kwam mit dat grülick lank vör, un ick kann daorüm iärst miene Kinner und miene Enkel verstaohn. Hernocher satten wie alle noch an't Füer. Papa gonk iärst noch in'nen Schlaopstuowen, wao he sick alle Geldstücke torecht leggt här, un ick moss dann jedem wat brengen. Dat Geld soll man eegentlick an annern Dag in'ne Kiärk up'n Teller dohn, aower ick glaiw, de Mannslüd deihen et annerweggent ümsetten. De Kärssen an'nen Wiehnachtsbaum wuorden noch nich anmakt; dat deihen wi iärst an de Wiehnachtsdage und de Sundage daorup, wenn wie Wiehnachtsleeder süngen.

An annern Muorn gongen Onkel Anton, Hina und ick nao de Ucht; manksen deih Onkel Anton wull „Minkä" vör't Halfvördeck spannen. Alle, de dat Veeh versuorgen deihen – auck Papa und Mama –, gongen in de anneren Missen. Hina haar dann noch te dohn met't Merragiätten. Et gaff Fleeksupp met Klööskes, Rindfleesk met Siepelsoos und Gurken, Braotwuürst met Moos un kleine Kartüffelkes in Buotter braott, Schwienebraoden und Kompott und tolest ussen Veerhochtiede-Pudding: Welfenspeise.

Wenn't Merragiätten vörbie was un de Küek uprümmt, kwam dat Christkind. Ick wuor dann to't Spiellen up de Diäll schickt; ick mott seggen, ick häw mi auck nich truet, dör't Fenster in de Dör to kieken. Wenn ick wier härin kuemen droff, brannden de Kärsskes an'n Wiehnachtsbaum, un jeder här sienen Teller vull up'n Dischk. Ick kreeg noch wat tot't Antrecken daobie. Süss gafft keine Wiehnahtsgeschenke. Naoh'n Krieg häd sick dat ännert.

To Niejaohr wuorden Iserkoken un „Berliner" backen. Äs wi noch kien elektrischk Kokeniesen hären, wuorden de Iserkoken üower des Glott van't Füer in de Iesen met de langen Griff backen; in een steiht die Jaohrtall 1729. Een Deel van de Koken kwam in'ne blickerne Büss, de up de Bosenbank verwahrt wuor, wenn äs Besök kwam.

Dat Hus-Insiängen –„Christkinken-Söken" – doh wi noch alle Jaohr. Äs usse Kinner metlaupen konnen, häw wi auck de Niäbengebaide iärst aobends insiängt. Dat Biäden häw wie biebehaollen. Wenn wi daomet ferrig sind, wärd't de Kärssen an'n Wiehnachtsbaum anmakt un Wiehnachtsleeder sungen. De Enkelkinner könnt et nich gued affwaochten, dat wi alle naoh'n Besten Stuowen gaoht und kiekt, wat't Christkindken brach häd. Dann sitt wie noch luck tosammen un vertellt us wat.

För mi is das Hus-Insiängen dat Wichtigste an Wiehnachten. De aollen Litnien giewt Trost und Huopnung, besonners de van de „Fürsehung Gottes" stärkt dat Gottvertruen. Wenn den aollen Bruek van Generation to Generation wiedersgiewn wärd, föllt man sick äs en Lid in'ne lange Kier un weet sick gued uphuoben in Guods Hand.

Die Ankunft des Tannenbaums

✻✻✻

Lisa Westkämper, Jahrgang 1928, stammt aus der Oberbauerschaft in Hüllhorst, Kreis Minden-Lübbecke. Sie wohnt in Gütersloh, ist seit 57 Jahren verheiratet, hat drei Töchter, drei Schwiegersöhne und sechs muntere Enkelkinder.

Vor gut 75 Jahren gab es noch keine Weihnachtsmärkte, auf denen man sich einen kleinen oder großen Weihnachtsbaum, ob Fichte oder Edeltanne, aussuchen konnte. Überhaupt: Nicht in jedem Wohnzimmer stand zu Weihnachten ein buntgeschmückter Tannenbaum. Man hatte zu dieser Zeit für das „Außergewöhnliche", wie unser Nachbar es nannte, kein Geld oder kannte den weihnachtlichen Brauch einfach noch nicht.

In meinem Elternhaus nahm aber jedes Jahr eine Tanne vom Fußboden bis zur Decke ihren besonderen Platz ein. Vater liebte es, zum Fest seinen Baum mit dicken, dünnen und in allen Farben glänzenden Weihnachtskugeln zu schmücken. Als Besonderheiten galten seine Tannenzapfen sowie Vögel und Pilze aus Keramik. Sein Lieblingsstück aber war eine kleine Metalltrompete. Sie hing immer im obersten Drittel, damit wir Kinder sie nicht erreichen und beschädigen konnten.

Wie aber kam die Tanne in unser Haus? Vater kannte zwei Waldarbeiter, Wilhelm und Karl. Sie arbeiteten täglich fleißig und umsichtig im Wiehengebirge, meiner Heimat. Beide hatten den Auftrag, das ganze Jahr über nach einem gut gewachsenen Baum Ausschau zu halten. Vater vertraute ihnen, und zur Adventszeit wurde ein Termin vereinbart, an dem der Baum gebracht werden sollte. Für Wilhelm und Karl war es ein beschwerliches Unternehmen. Ein Auto oder ein anderes fahrbares Transportmittel stand nicht zur Verfügung. Die zwei mussten also die schwere Last – einer vorn, einer hinten – über zwei Kilometer entlang der Landstraße bis vor unsere Haustür tragen. Gott sei Dank gab es zu jener Zeit nur wenig schnellfahrende Fahrzeuge auf den Straßen. Endlich geschafft! Vater begutachtete mit Wohlwollen die Tanne. Sie war wieder zu seiner Zufriedenheit ausgefallen. Man bedankte sich herzlich, bat Wilhelm und

Karl ins Haus. Nach der beschwerlichen Arbeit begann nun der gemütliche Teil. Auf dem Sofa wurde Platz genommen, und nun gab es erst einmal einen „Schluck" zum Aufwärmen, Wachholder oder Steinhäger. Eine gute Zigarre wurde gereicht und nun erzählte man sich Neuigkeiten aus der Familie, aus dem Dorf, und was sich so bei der Arbeit tat. Ich saß abseits in einem Sessel, hörte gespannt zu und wartete auf die Geschichten von unheimlichen Geistern und umherspukenden Gestalten im Wald, von denen die beiden bei abnehmendem Flascheninhalt zunehmend sprachen. Die Gesichter von Wilhelm und Karl wurden immer fröhlicher. Vater schenkte ein, der weiße Zigarrenqualm verteilte sich in der Stube, und wenn alle drei bei ihrem Lieblingsthema „Soldatenzeit" angekommen waren, war der Höhepunkt erreicht. Die Wangen gerötet, die Flasche leer – Zeit zum Aufbruch.

Geld lehnten Wilhelm und Karl für ihre Dienstleistung ab. Als Dankeschön bekam jeder von Vater eine Kiste Zigarren! Der kostbare Inhalt reichte beiden bestimmt bis zum nächsten Jahr, ein Luxus für Waldarbeiter. Strahlende Augen. Glücklich beschenkt zogen Karl und Wilhelm nach Hause mit dem Versprechen, uns im nächsten Jahr wieder eine gut gewachsene und mindestens 2,50 Meter hohe Tanne zu bringen. Wir wünschten „Guten Heimweg und fröhliche Weihnachten".

Strohhalme für das Jesuskind

❄❄❄

Hansheinz Schirra, Jahrgang 1930, wurde in Castrop-Rauxel geboren. Nach
Volksschule und Gymnasium war er zwei Jahre lang Schüler des Bildhauers Jupp
Sieben in Geldern. Wegen der wirtschaftlich schwierigen Lage gleich nach dem
Krieg erlernte er zusätzlich das Handwerk eines Möbeltischlers. 1954 studierte er
noch ein Semester an der privaten „Schlüterschule für kirchliche Kunst" in Heek
bei Ahaus Bildhauerei und Glasmalerei, blieb aber bei der Tischlerei als Erwerbs-
beruf. 25 Jahre lang restaurierte er antike Möbel. Seine Fertigkeit, Figuren aus
einem Stück Holz zu schlagen, gibt er auch Teilnehmern verschiedener Volks-
hochschulkurse weiter. Hansheinz Schirra lebt heute in Ahlen.

In der katholischen Kirche beginnt das Kirchenjahr mit dem
Weihnachtsfestkreis, und der wiederum mit dem ersten Ad-
ventsonntag. Meine Erinnerungen an diese Festzeit all die Jahre
hindurch beginnen noch einen Tag früher. Damals war ich dreieinhalb
Jahre alt. Meine Mutter flocht den Adventskranz aus Tannenzweigen, auf
den die Kerzen für die vier Sonntage vor Weihnachten gesteckt wurden.
Die Mutter meines Vaters, meine Großmutter also, wohnte zu der Zeit in
zwei kleinen Zimmern über uns. Sie war eine ziemlich herrische Person,
und so blieb es nicht aus, dass es manchmal Spannungen zwischen den
beiden Frauen gab. An besagtem Kranzbindetag reichte mir die Mutter
nun einen Zweig und sagte: „Den bringst du jetzt zur Oma herauf und
sagst ‚Friede auf Erden'." Ich ging also die Treppe hoch nach oben, war
aber, nach späteren Berichten der Mutter, schnell wieder unten bei ihr.
„Was hat denn die Oma gesagt?" forschte sie. „Nix!" „Was hast du denn
gesagt?" „Auch nix!" „Was hast du denn gemacht?" „Ich hab'n Frieden
auf'e Erde gelegt." Als kleiner Junge hatte ich den Zusammenhang und
erst recht nicht die damit gemeinte Symbolik begriffen. Die Oma hatte sich sogar provoziert gefühlt, sie beschwerte sich darüber, dass „der
dumme Junge ihr einfach einen Tannenzweig in die Stube gelegt" habe,
„ohne was zu sagen". Meine direkte Erinnerung daran ist nur der dunkle Flur bei der Oma und dass ich eine Weile verlegen herumgestanden

habe, bevor ich den Zweig niederlegte. Alles andere weiß ich aus späteren Erzählungen der Mutter.

Ganz aus eigener Erinnerung ist aber ein Erlebnis zwei Jahre später. In der Zwischenzeit hatte ich eine kleine Schwester bekommen, die nun in meinem Kinderbett schlief. Ich war in ein schmuckloses Eisenbett für Erwachsene umquartiert worden. Die Oma war ausgezogen, und in deren ehemaligen Räumen waren jetzt das Elternschlafzimmer und daneben unser Kinderzimmer. Im Raum der Eltern stand ein Ofen, der am Heiligen Abend des betreffenden Jahres morgens angeheizt wurde. Ich fühlte die Wärme durch die geöffnete Tür in den Raum strömen und empfand merkwürdigerweise eine große Helligkeit, obwohl wir damals nur Petroleumlampen hatten. Der Vater war noch im Schlafanzug und legte sich zu mir ins Bett, die Mutter wirtschaftete in den beiden Räumen herum. Dann begann sie zunächst Advents- und dann Weihnachtslieder zu singen. Der Vater stimmte ein und ich versuchte, soweit ich konnte, mitzuhalten. Der Schlussvers in dem Lied: „Ihr Kinderlein kommet" heißt: „Hoch oben schwebt jubelnd der Engelein Chor". Da sang der Vater plötzlich lauter: „Hoch oben schwebt Josef den Engeln was vor!" Ich jubelte mit den „Engelein", dass der Vater solchen Unfug sang, und stellte mir den hirtenstabbewehrten Josef im Sturzflug vor. „Peeter", mahnte die Mutter lachend, „bring doch den Kindern nicht solchen Unsinn bei."

Mit der Vorweihnachtszeit kam der Termin, mit der Weihnachtsbäckerei zu beginnen. Unsere Mutter war unerschöpflich im Ausprobieren von Rezepten für neue Plätzchen. Der Duft von Lebkuchengewürz, Safran, Nelken, Rosinen, Mandeln und anderen Ingredienzien mischte sich mit den Gerüchen der unterschiedlichen gebackenen Teige. Auf der Herdplatte brutzelten Bratäpfel, in deren entfernten Kerngehäusen Rosinen und Kandis schmorten, und sie mischten ihr Aroma mit dem harzigwürzigen Duft, den die auf den heißen Ofen gelegten Tannenzweige verströmten. Die Nasen hatten einen guten Anteil an den Freuden des Advents. Aber auch der Geschmack kam nicht zu kurz. Die Mutter ließ mich, als Ältesten der Geschwister, zuerst die Plätzchen probieren, bevor sie, fest verschlossen in Dosen und Gläsern, bis zum Weihnachtsfest verschwanden. Wenn an den Abenden der Himmel von der untergehenden Wintersonne rot erstrahlte, riefen wir einander aus dem Haus zu: „Das Christkind backt Plätzchen!" Wir wussten schon bald, dass es sich nur um den Widerschein der letzten Sonnenstrahlen auf einigen Schleierwolken handelte und nicht um die Glut im christkindlichen Backofen, aber das gemeinsame Erleben des Abendrotes klingt bis heute bei mir nach. Man kann, glaube ich, heute keinem Kind mehr klarmachen, wieso bei einem rotstrahlenden Himmelssaum das Christkind oder die Engel backen sollen; es fehlt das Erlebnis eines häuslichen, glühenden Backofens oder überhaupt eines offenen Feuers. Die moderne Technik bietet nur noch wenig Raum, Natur und Alltag miteinander zu vereinen. Es geht dadurch viel an ursprünglichem Erleben verloren.

Am ersten Advent begann aber noch ein anderes Ritual für uns mittlerweile drei Kinder. Es war von klein auf für uns obligatorisch, der Mutter oder dem Vater, soweit wir das konnten, mit Handreichungen zu helfen. Wir bekamen dafür als Belohnung ein Bonbon oder ein Stück Schokolade, mussten uns die Süßigkeiten also verdienen. Mit der Vorbereitungszeit auf Weihnachten durften wir diese Genüsse, und bei der Seltenheit damals waren es solche, aber nicht sofort verspeisen, sondern mussten sie in einem Karton aufbewahren, als Verzicht im Gedenken an Kinder, die nicht solcher Genüsse teilhaftig werden konnten. Wenn die auch nichts davon hatten, wir wurden aber darauf aufmerksam gemacht, dass nichts selbstverständlich ist. Statt der Leckereien bekamen wir aus dem Bücherschrank aus einem darin aufbewahrten Bündel einen Strohhalm, den wir in eine auf Vaters Schreibtisch stehende Krippe legten. Wir beiden „Großen", meine Schwester und ich, wetteiferten darum, für die meisten guten Taten und Hilfen einen Halm zu erhalten, damit das himmlische Kind auch weich liegen konnte, wenn es seine irdische Laufbahn begann. Dabei war die Mutter manchmal „ungerecht". Weil meine um drei Jahre jüngere Schwester ja noch nicht so mithalten konnte, bekam sie auch schon mal einen Halm unter einem Vorwand.

Der Adventskranz war nicht nur ein hübsches, mit einem roten Band umwundenes Dekorationsstück, es wurde täglich, vornehmlich aber an den Sonntagnachmittagen, bei brennenden Kerzen daran gesungen: „Maria durch ein' Dornwald ging", „Wachet auf, ruft uns die Stimme", „Macht hoch die Tür, die Tor macht weit", „Tauet Himmel den Gerechten", „Herr sende, den du senden willst", das mein kleiner Bruder später in seinen Sprachanfängen: „Herr sense, den du sensen willst" sang, „O komm, o komm, Emanuel". Es waren Lieder, die die Sehnsucht der Menschheit nach Erlösung aus den Miseren des Alltags ausdrückten und ein besseres Leben nach dem Erscheinen des Retters erhoffen ließen. Selbst unseres Vaters kratzendes Geigenspiel dazu minderte die Stimmung nicht. Meist lasen die Eltern uns dann noch eine Advents- oder Weihnachtsgeschichte vor. Die Gemeinschaft in der Familie war intakt und wurde durch das gemeinsame Tun gestärkt. Wir Kinder fühlten uns darin geborgen. Als wir langsam erwachsen wurden, begleiteten wir den Gesang der Eltern auf unseren Blockflöten, später begleitete sie unser Bruder auch auf der Geige, die er allerdings vorzüglich zu spielen wusste.

Gleich zu Beginn der Adventszeit kommt für die Kinder der Nikolaus und bringt seine Gaben. Bei uns machte er das immer heimlich in der Nacht. Einmal aber, ich muss da etwa sechs Jahre alt gewesen sein, waren wir bei einem ehemaligen Nachbarn der Eltern in der Stadt eingeladen, den heiligen Mann persönlich kennen zu lernen. Wir wohnten damals weit ab am Stadtrand von Castrop-Rauxel, der Weg zu den Bekannten war sicherlich zwei Kilometer weit. Wir gingen selbstverständlich zu Fuß. Etwa ein Viertel des Weges lag in völligem Dunkel, nur der weiße Schnee, der schon einige Tage das Land bedeckte, leuchtete ein wenig. Erst an der Wilhelmstraße begannen die ersten Gaslaternen. Warm-gelblich strahlte ihr Schein auf der weißen Fläche zurück. Eine gute Strecke weiter kamen wir an die Gartenwirtschaft Köhler. Und da kam uns, rot leuchtend im Licht der Laternen, der Nikolaus entgegen: mit Mitra, weißem Bart, einem roten Mantel und dem Bischofsstab in der Hand. Ich ignorierte ihn, ich verdrängte die Erscheinung einfach, der heilige Mann sollte erst bei den Bekannten kommen, hier gehörte er nicht hin. Auch die Mutter wurde ganz still, dieser Nikolaus war nicht eingeplant. Wie der von uns Erwartete dann allerdings war, weiß ich gar nicht mehr, dieser in der freien Natur, im Schnee unter einer Laterne, haftete trotz der Verdrängungsversuche im Gedächtnis

Den Weihnachtsbaum sahen wir Kinder immer erst am Weihnachtsmorgen, wenn er geschmückt und mit brennenden Kerzen im Weihnachtszimmer erstrahlte. Das Christkind hatte ihn gebracht. Später, so mit dreizehn Jahren, durfte ich beim Schmücken helfen, musste aber versprechen, den jüngeren Geschwistern nichts davon zu sagen. Einmal machte ich aber schon vorher Bekanntschaft mit ihm. Die Mutter hatte mich in den Keller geschickt, Briketts zu holen. Die hatte ich im Herbst selbst aufgestapelt, wusste sie also auch im fast Dunkeln zu finden, denn Licht gab es nur im Kellerflur. Bei einer Drehung bei meiner Tätigkeit piekste mich plötzlich etwas in die Hand. Ich erschrak, war dann aber doch so mutig, weiter zu forschen was die Ursache davon war. Als ob die Mutter etwas geahnt hätte, fragte sie mich, wieder in der Wohnung, ob etwas Besonderes gewesen sei. „Ja, der Tannenbaum steht im Keller!" „Sag nichts davon

Christa und Rainer!" Sie wusste, dass sie sich darauf verlassen konnte.

In einem Jahr lag auf meinem Gabentisch, mit kleinen Gummibänd-chen auf einem dunkelroten Karton befestigt, ein Laubsägewerkzeug: ein Sägebügel nebst zugehörigen diversen Sägen, ein Drillbohrer mit Bohrern, ein Sägetischchen mit Zwinge zur Befestigung am Tisch und eine Feile. Das war ein Weihnachtsgeschenk nach meinem Geschmack. Den Sägebü-gel habe ich übrigens noch heute, er hat alle Fährnisse von Krieg, Flucht, Umzügen und Wegwerfaktionen überstanden. Weil damals das Weih-nachtsgeheimnis noch bestand, weiß ich bis heute nicht, von welcher Seite mir diese Gabe zuteil wurde; ich vermute, dass die Hagener Verwandten, also Mutters Mutter und Schwestern, die Spender waren. Der Vater war nämlich kein Freund solcher handwerklichen Dinge, für ihn waren das „brotlose Künste". Um ihn etwas umzustimmen und zu zeigen, dass damit durchaus Brauchbares zu schaffen war, animierte mich die Mutter, zum folgenden Weihnachtsfest eine Krippe mit einer Vielzahl an Figuren aus-zusägen und zu bemalen. Am Küchentisch befestigte ich mein Sägetisch-chen, auf dem Fußboden wurde eine Zeitung zum Sammeln des Säge-mehls und der Abfälle ausgebreitet, und dann konnte ich arbeiten. Bevor der Vater aus dem Büro heimkam, raffte ich die Zeitung zusammen und ließ sie im Kohlenkasten verschwinden, für ihn sollte es ja eine Überra-schung werden.

Neben dem Wohnzimmer gab es noch ein „Herrenzimmer", das im Sommer zwar sonntäglich, im Winter aber nur zu besonderen Anlässen benutzt wurde, besonders in Kriegszeiten mit Kohlenknappheit. In die-sem Raum standen Tannenbaum und Gabentisch. Am Abend des letzten Adventstages, dem „Heiligen Abend", sollte ich mit der Mutter, die noch einen Stall und einen Ziehbrunnen gekauft hatte, meine Krippe aufstellen. Unter den hölzernen Heiligen, Hirten und Tieren waren kleine Brettchen befestigt, ihre Standfestigkeit zu garantieren. Mit getrocknetem Moos wur-den sie kaschiert. Die Mutter ermahnte mich, nicht auf den Gabentisch zu schielen, das Christkind sollte ja erst in der Nacht kommen. Aber mich in-teressierten im Moment weder der schon geschmückte Tannenbaum noch der Tisch mit seinen Geschenken: Das Zimmer war eiskalt und dunkel, wegen der feindlichen Flieger waren die Verdunkelungsrollos herunterge-lassen, und es brannte nur ein schwaches Licht, das gerade reichte, unse-re Tätigkeit zu beleuchten. Der Weihnachtsmorgen zeigte dann ein ganz anderes Bild. Alle Sinne wurden da angesprochen: Wir fühlten die Wär-me des Ofens, den die Eltern schon vor dem Kirchgang angeheizt hatten, wir sahen den festlichen Baum, der mit Kugeln, Lametta und brennenden Wachskerzen geschmückt war, auf der Spitze ein silbrig glänzendes Gebilde wie ein Kirchturmknauf, wir rochen die Plätzchen auf unseren Tellern, den Harzgeruch der Tanne und den süßen Duft des brennenden Wachses. Mund und Ohren waren gleichzeitig gefragt durch Singen und Hören der Weihnachtslieder, die wir zuvor schon in der Kirche geschmettert hatten. Und mitten darin meine Krippe. Der Vater war einigermaßen versöhnt.

Im Juli 1941 wurde mein Vater zur Stadtverwaltung in Luxemburg versetzt, und wir folgten ihm im Februar 1942 nach. Wir wohnten, der unsicheren Zeiten wegen, zunächst in einer Pension. In der wollten die Eltern mit uns Kindern nicht das Weihnachtsfest 1942 feiern, zumal dort auch immer wieder Männer in schwarzen Uniformen logierten. Nach einigem Briefwechsel hieß es eines Tages im Advent: Wir feiern das Christfest bei Tante Maria und Onkel Georg in Witten, unseren Lieblingsverwandten.

Es war damals üblich, dass die Bescherung erst am Weihnachtsmorgen nach dem Kirchgang stattfand. In aller Frühe gingen die beiden Familien zur Marienkirche. Die war schon rappelvoll, und wir verteilten uns, jeder den besten erreichbaren Platz anstrebend. Ich hatte mich an meine Tante gehalten; wir standen im Seitenschiff an der Männerseite. In einem Pulk von anderen Gläubigen sah ich nur Mäntel und Jacken, aber ich hörte immer genau, an welcher Stelle der Messe der Priester gerade war. Vor allem aber hörte ich die Orgel, und die Lieder, die sie intonierte, kannte ich alle auswendig. In Luxemburg gab es, außer den von einem Chor begleiteten feierlichen Ämtern, nur stille Messen, die Gläubigen wurden an dem heiligen Geschehen nicht durch Gesang beteiligt. Umso mehr sang ich jetzt begeistert mit, ja ich schrie aus vollem Halse meine Texte, so dass die Tante mich anstieß: „Mensch Junge, schrei doch nicht so!" Aber ich war nicht zu bremsen. Wie kann man auch „In dulci jubilo" leise singen; „Ihr Kinderlein kommet" verlangte einen kräftigen Ruf. „Auf Christen, singt festliche Lieder" musste geschmettert werden. „Mit süßem Freudenschall" sollte ja laut schallen. „O du fröhliche, o du selige" verlangte nach einer frohen Stimme und die „Hirten und Männer und Frauen", die da kamen „das liebliche Kindlein zu schauen" kamen gewiss nicht leise. Die „Hallelujas" und das „Friede auf Erden" drängten sich mir aus innerster Seele. Die Umstehenden schauten mich an, einige unwillig, andere lächelten über die Lebensfreude des kleinen Jungen. Meine Tante versuchte noch einmal mich zu bremsen, es half nichts: Das war mein Weihnachtserlebnis.

Das Leben besteht aus einer Vielzahl kleiner Episoden, die, aneinandergereiht, erst das Dasein eines Menschen würzen, belehren, hochranken lassen. Die Erinnerungen aus der Kindheit sind ein Gerüst, an dem das ganze weitere Leben klettern kann. Es sind keine großartigen Sachen, aber das Leben war damals halt bescheidener als heute.

Allgemeines Erwachen um 3.30 Uhr

❅❅❅

Theo Tumbült, Jahrgang 1928, kam als zweiter Sohn einer zehnköpfigen traditionsreichen Handwerkerfamilie mit kleiner Landwirtschaft in Ochtrup zur Welt. Viele Jahre leitete er einen eigenen Schreinerbetrieb in seiner Heimatstadt, den später sein Sohn übernommen hat.

I ch bin 1928 als zweiter Sohn von sieben Jungen und einem Mädchen geboren. Wir sind eine alte Handwerkerfamilie mit einer kleinen Landwirtschaft in einer Kleinstadt. Bei uns in der Familie lebten noch mein Großvater und ein Onkel.

Als Kinder wurden wir am Heiligabend gebadet. Der Reihe nach in einem Mauerbecken in der Waschküche. Das Wasser wurde in einem Waschkessel erhitzt. Wenn alle fertig waren, wurden in dem Wasser noch die Holzschuhe geschrubbt. Danach durften wir den Weihnachtsbaum schmücken. Sobald alle Hausbewohner fertig waren, wurde zu Abend gegessen. Es gab das Eintopfgemüse, was vom Mittag übrig war. Dazu gab es einen Topf Milchsuppe (Papp), die aus Magermilch gekocht wurde, mit Knabbeln, Reis oder Ähnliches. Nach dem Essen wurde das Haus eingesegnet. Die ganze Familie betete mit dem Großvater kniend vor Stühlen. Während dieser Zeit ging mein Vater mit einem Palmzweig und Weihwasser segnend durch das ganze Haus, die Werkstatt und den Stall. Danach gingen wir alle schlafen. Nur meine Mutter stellte für jeden einen Teller mit Geschenken unter den Weihnachtsbaum. Ab 3.30 Uhr war dann allgemeines Erwachen, denn um 4 Uhr war die Ucht mit drei kleinen Messen. Mit 12 oder 13 Jahren durfte ich dann nach der ersten Messe nach Hause gehen und musste das Vieh füttern. Nachdem das Vieh versorgt war, gab es gemeinschaftliches Frühstück. Zum Frühstück gab es auch schon satt Kuchen. Zu Weihnachten backte Mutter ein großes Blech mit Streuselkuchen, Apfel- oder Pflaumenkuchen. Nach dem Frühstück wurde dann die Wohnzimmertür aufgeschlossen, und alle begaben sich an ihre Geschenke. Als Geschenk gab es dann einen Teller mit üblichem Weihnachtsgebäck, Nüssen, einem Apfel und einer Apfelsine sowie die uns fehlenden Kleidungsstücke. Wenn dann noch ein paar Weihnachtslieder gesungen wurden, war es auch schon Zeit für das Hochamt mit mehrstimmigem Gesang. Um 15 Uhr war dann Festandacht, die wir heranwachsenden Söhne besuchten. Am Abend versammelten sich alle Hausbewohner um den Weihnachtsbaum und sangen Weihnachtslieder. Damit war das Weihnachtsfest beendet. So feierten wir Weihnachten bis 1944.

1944 wurde ich als Schreinerlehrling dienstverpflichtet für Arbeiten auf dem Flugplatz in Rheine, wo wir bis Oktober blieben. Dann, nach dem schweren Luftangriff auf Münster, war ich bei der Firma Brand in der Neubrückenstraße, hier nahmen wir nur Reparaturen in den Wohnungen vor. Weihnachten 1944 bekam ich den Stellungsbefehl für den Reichsarbeitsdienst nach Kulm in Polen an der Weichsel. Dort brach der Russe durch. Am 20. Januar 1945 waren wir eingekesselt und konnten nur über das Eis der Weichsel aus dem Kessel entkommen. Ich war noch nicht einmal 17 Jahre und nicht ausgebildet.

Es folgten eine Ausbildung in Wittenberg und Bremen, bis wir am 16. März von der Wehrmacht übernommen und in Hamburg-Harburg in der Lettow-Vorbeck-Kaserne bei den Granatwerfern ausgebildet wurden. Nach einigen Wochen hatte ich Glück, dass ein Hauptmann Leute als Funker suchte. Mit dem kam ich dann nach Dänemark. Dort gerieten wir am 4. Mai 1945 in Gefangenschaft. Bereits im Sommer 1945 kamen wir nach Hause.

Dann konnte ich meine Ausbildung fortsetzen. Auch meine fünf Brüder hatten sich als Meister in ihrem Handwerk weitergebildet. Sie gründeten eine Familie. Mit den Brüdern und Familien hatte ich immer eine gute Gemeinschaft, so dass meine Frau an den meisten Weihnachtsfesten bis zu 25 Besucher zählte. Unser Familiensinn wurde vor allem durch die Mitgliedschaft in der Kolpingfamilie gefestigt.

„Mathilde hat eine Puppe!"

✳✳✳

Hermine Reiling aus Coesfeld, Jahrgang 1926, wuchs als ältestes von acht Kindern im Letter Bruch auf. Mit ihrer Heirat zog sie in das Dorf Lette, wo sie noch heute lebt. Sie hat fünf Kinder, einen Enkel und eine Urenkelin. Ihre Geschichte widmet sie ihrem Bruder Siegfried.

Am Tag vor Weihnachten wurde das ganze Haus geputzt und geschrubbt. Zum Schluss die Holzschuhe der ganzen Familie. Heiligabend wurde früher bei uns nicht gefeiert. Wir freuten uns auf die feierliche „Ucht" am ersten Feiertag. Als Kinder – etwa mit zehn Jahren – durften wir sie mit den Eltern besuchen. Es hieß früh aufstehen. Morgens um halb fünf Uhr gingen wir durch die winterliche Nacht zur Kirche. Diese füllte sich bald bis zum letzten Platz.

Drei Generationen der Großfamilie Reiling in Lette –
Weihnachten 1957

Hermine Reiling mit Tochter Rita und Puppe Marion

Festlich geschmückt erstrahlte unsere Kirche. Die Orgel erklang und die schönen Weihnachtslieder erfüllten Herz und Seele. Andächtig feierten die Menschen mit dem Priester den Gottesdienst.

Mit dem Lied: „O, du fröhliche, o, du selige" machten wir uns auf den Heimweg. Voller Erwartung, was uns das Christkind beschert hatte. In der guten Stube glänzte der wunderschöne Weihnachtsbaum. Darunter die Geschenke. In der Kriegszeit fielen sie allerdings nicht üppig aus. Nach dem Frühstück gingen wir zu den Nachbarn, um frohe Weihnachten zu wünschen und den Weihnachtsbaum anzusehen. Dabei fing mein kleiner Bruder in einem Jahr plötzlich an zu weinen und rief: „Mathilde hat eine Puppe!" Sie war aus Stoffresten selbst gemacht. Als Älteste von acht Kindern machte ich aus buntem Stoff und Wollresten auch so eine Puppe, die er dann am zweiten Weihnachtstag bekam.

Der Traum vom Schlittschuhlaufen

❅❅❅

Hedwig Gockeln aus Brakel, Jahrgang 1924, ist mit fünf Geschwistern auf einem Bauernhof in Willebadessen am Fuße des Eggegebirges aufgewachsen. Sie lebt seit 1950 auf einem Bauernhof mit Pferden und Ackerbau in Brakel-Gehrden. Die Mutter von zwei Söhnen und drei Töchtern und Großmutter von zehn Enkelkindern ist seit 1993 Witwe. Hedwig Gockeln beschäftigt sich mit vielen Hobbys und hat gerne ihre Enkelkinder um sich.

In meiner Kindheit war die Advents- und Weihnachtszeit eine völlig andere als wir sie heute kennen. Sie war gekennzeichnet von Bescheidenheit, da viele Dinge, die in unserem heutigen Tagesablauf selbstverständlich sind, nicht selbstverständlich waren. Wenn ich meinen Enkelkindern aus dieser entbehrungsreichen Zeit erzähle, kommen sie aus dem Staunen nicht heraus und fragen immer wieder nach, wie zum Beispiel: „Über selbstgestrickte Handschuhe oder Wollsocken habt ihr euch gefreut?" Trotz alledem war es auch eine schöne, und ich denke, auch huldvolle Advents- und Weihnachtszeit.

Im Monat November, wenn der toten Angehörigen gedacht wurde und man sich auf die harten Wintermonate vorbereitete, bemerkte man von der bevorstehenden Weihnachtszeit noch nichts. Wenn aber dann zum Ende dieses Monats die Nächte und Tage kälter wurden und sich zum Abend der Himmel rot verfärbte, so wurde uns schon als Kleinkind erzählt: Das Christkind beginnt mit dem Plätzchenbacken.

Zu Beginn der Adventszeit wurde in dem Geschäft meinem Elternhaus gegenüber ein Nikolaus dekoriert, der den ganzen Tag freundlich nickte, als wenn er sagen wollte: Kinder, seid in der Adventszeit alle recht brav! Die Nikolausfigur löste in jedem Jahr erneute Freude aus, so dass wir Kinder unsere Nasen an der Schaufensterscheibe platt drückten, um dem Nikolaus möglichst nahe zu sein.

Der erste Schnee meldete sich, und in den Häusern duftete es nach der Weihnachtsbäckerei und der Geruch von Bratäpfeln erfüllte die Küchen und Stuben. Die alte Puppe oder verschiedene andere Spielzeuge wurden schon im Herbst heimlich von unseren Müttern eingesammelt, so dass unsere Mütter und Großmütter Zeit genug für die Reparaturmaßnahmen an den Puppen und Teddybären hatten. Die alte abgegriffene Puppe wurde mit einem neuen Kleid versehen, so dass sie fast wie neu aussah. Der neu ausgestopfte Teddybär bekam einen neuen Schal, so dass auch sein Aussehen im neuen Glanz erstrahlte. Holzspielzeug musste repariert werden, damit auch die jüngeren Geschwister etwas zu Weihnachten bekamen. Ebenfalls wurde in den Abendstunden fleißig gestrickt und gehäkelt, dann, wenn wir Kinder in den Betten friedlich schliefen und vom Christkind träumten.

Zum ersten Adventssonntag wickelte meine Mutter einen großen Adventskranz, der mit vier roten Kerzen und roten Bändern geschmückt, im großen Hausflur aufgehängt wurde. Meine Geschwister und ich schrieben unseren Wunschzettel an das Christkind und legten diesen abends auf die Fensterbank im Wohnzimmer. Die Briefe waren natürlich am anderen Morgen, wenn wir nachschauten, alle verschwunden, und wir glaubten fest daran, dass das Christkind in der Nacht unsere Briefe abgeholt habe. An das Christkind glaubten wir ja recht lange, auch wenn wir manchmal ein wenig zweifelten. Am Sonntagabend versammelte sich die ganze Familie unter dem Adventskranz, und wir veranstalteten eine kleine Prozession durch Küche, Wohnzimmer, Flur und wieder zurück. Jeder trug dabei eine brennende Kerze in der Hand, und es wurden Adventslieder gesungen wie „Leise rieselt der Schnee" oder „Schneeflöckchen, Weißröckchen". Schöner konnte die Vorfreude nicht sein.

Im Jahre 1937 wünschte ich mir mit 13 Jahren zu Weihnachten ein Paar Schlittschuhe. Obwohl kein Mädchen in Willebadessen auf solchen Dingern fuhr, war dies mein größter Traum. Wie in den Jahren zuvor, schrieben wir auch im Jahre 1937 unseren Wunschzettel an das Christkind. Aufgrund meines außergewöhnlichen Wunsches war meine Vorfreude kaum zu bremsen. Bevor jedoch der Weihnachtsbaum aufgestellt wurde, mussten wir Kinder für das Brennholz der nächsten Tage sorgen. Alle Holzkisten im Haus wurden bis an den oberen Rand gefüllt, damit niemand während der Weihnachtsfeiertage Brennholz von draußen herein holen musste und außerdem sollte es ja in den Stuben schön warm sein. Wie es sich für ordentliche Katholiken gehörte, waren wir natürlich auch zur Beichte gegangen, damit unser Herz rein von Sünden war.

Nach dem Aufstellen des Tannenbaumes wurde das große Wohnzimmer verschlossen. Das Schmücken des Baumes und auch das Verteilen der

Weihnachtsgeschenke wurde hinter verschlossener Tür vorgenommen. Solange wir an das Christkind glaubten, meinten wir natürlich, dass das Christkind das Schmücken des Baumes und auch das Verteilen der Gaben übernahm. Fasziniert hockten wir heimlich vor der Wohnzimmertür oder schlichen auf dem Flur herum, versuchten gar durch das Schlüsselloch zu spähen, wobei oftmals die Fantasie mit uns durchging. Da die Bescherung in unserem Elternhaus am Vormittag des ersten Weihnachtstages stattfand, wurden diese Vorbereitungen von unserer Mutter am Heiligabend erledigt, wie wir dann in späteren Jahren erfahren durften. An Schlaf war in dieser Nacht überhaupt nicht zu denken, denn die Spannung war viel zu groß. Natürlich schlichen wir in der Nacht noch mal hinunter, es hätte ja sein können, dass das Christkind vergessen hatte, die Tür zu verschließen. Aber wir waren stets erfolglos.

Am ersten Weihnachtstag mussten wir sehr früh aufstehen, denn morgens um fünf Uhr ging die ganze Familie in die Christmette. Trotz der frühen Morgenstunden war die Kirche sehr gut besucht. Und erst danach wurde auch die Wohnzimmertür geöffnet. Die Kerzen am Weihnachtsbaum waren entzündet und beleuchteten das große Wohnzimmer wunderschön. Wie in jedem Jahr leuchteten unsere Kinderaugen mindestens so hell wie die Kerzen am Weihnachtsbaum! Nachdem wir im Kreis der Familie ein Weihnachtslied gesungen hatten, konnten wir zum Gabentisch und zu unseren Weihnachtstellern gehen. Damit wir Kinder keinen Streit untereinander bekamen, erhielt jeder einen eigenen Weihnachtsteller mit Plätzchen, Äpfeln und Schokolade sowie eine Apfelsine, welche es nur einmal im Jahr, zu Weihnachten, gab. Die Teller haben wir Kinder zuvor am Heiligabend, versehen mit den entsprechenden Namensschildern, selbst aufgestellt. Elf Teller standen auf dem großen Gabentisch: Zwei Teller für unsere Eltern, ein Teller für unsere Oma, sechs Teller für uns Kinder und zwei Teller für die zwei Knechte, die uns im Stall und auf dem Feld halfen und bei uns in der Familie lebten.

Ganz schnell wurden von uns Kindern die jeweiligen Geschenke in Augenschein genommen, wobei ich sehr schnell feststellte, dass mein großer Wunsch nicht erfüllt worden war. Keine Schlittschuhe lagen auf meinem Platz! Innerlich war ich total enttäuscht, äußerlich ließ ich es mir nicht anmerken. Anstatt der Schlittschuhe fand ich ein Päckchen mit einem Puppenherd, etwas zum Anziehen, wie Strümpfe, Handschuhe und ein Nachthemd sowie Taschentücher auf meinem Platz. Ansprüche hatten wir als Kinder keine, denn wir sind alle sehr bescheiden erzogen worden, und es gab auch nicht viel. In manchen Familien fiel das Weihnachtsfest noch bescheidener aus, da freute sich der Sohn oder die Tochter über ein paar neue Holzschuhe und ein Paar Wollsocken. Wir waren ja immerhin stolze Besitzer von ein paar Lederschuhen.

Die Schlittschuhe waren meinen Eltern zu gefährlich gewesen, sie hatten offensichtlich Angst, dass ich mir beim Fahren die Knochen brechen würde, denn dann hätten sie auch noch die Arztkosten tragen müssen, denn in einer Krankenversicherung war in dieser Zeit kaum jemand versichert. In späteren Jahren konnte ich meine Eltern schon verstehen, warum sie mir den Wunsch von Schlittschuhen nicht erfüllt hatten!

Der Puppenherd hat mir und meiner Freundin viel Spaß bereitet. Da wir in der Woche nicht nur zur Schule gingen, sondern auch noch im Haus und auf dem Hof helfen mussten, konnten wir nur sonntags mit dem Herd spielen. Weil wir uns bei gutem Wetter stets draußen aufhielten, haben wir bei schlechtem Wetter eine neue Beschäftigung gefunden. Wir stellten einen Kerzenstummel in den Herd, sodass wir mit vier kleinen Töpfchen zum Beispiel Grießbrei oder Nudeln kochen konnten, denn das war am einfachsten.

Die Weihnachtsfeste meiner Kindheit werden mir immer in Erinnerung bleiben!

Turmblasen, Spritzgebäck, Weihnachts-
lieder und ein Christbaum

❄❄❄

Werner Trienens, Jahrgang 1925, wurde 1943, kurz vor dem Abitur zur Wehrmacht eingezogen. Er leistete zwei Jahre Kriegsdienst und wurde zweimal verwundet. 1945 erlebte er den großen Bombenangriff auf Paderborn mit. Später holte er sein Abitur nach, absolvierte dann ein Lehrerstudium in Paderborn und war zuletzt als Schulrektor tätig. Werner Trienens ist verheiratet und hat fünf Kinder.

Weihnachten, das begann für mich eigentlich schon, wenn auf dem Paderborner Karlsplatz, in der Nähe der Marktkirchschule, die ich seit 1931 besuchte, die ersten Weihnachtsbäume angeboten wurden. Schließlich durfte ich mit dem Vater dem Christkind helfen, den Baum auszusuchen. Dann fing in meinem Kindergarten für mich Weihnachten an.

Den heute so übertriebenen weihnachtlichen Rummel der Geschäftswelt, den kannten wir noch nicht. Doch waren auch an einigen Sonntagen – Silberner und Goldener Sonntag – einige Geschäfte geöffnet. Schließlich wollten ja unsere Eltern gemeinsam für das Fest einkaufen können. Die sechs Wochentage waren Arbeitstage von früh bis spät.

Und zu Hause? Adventskranz, Adventskalender, dieser Brauch kam gerade mal auf und bei dem bescheidenen und sparsamen Leben meiner Eltern gaben sie dafür kein Geld aus. Mutter sang schon mal ab und zu mit uns Kindern: „Leise rieselt der Schnee" und „Tauet Himmel". Dabei blieb es auch, zumal sich der Schatz an „weltlichen Adventsliedern" auf „Freue dich, Christkind kommt bald" beschränkte. Weihnachtlich duftete es im Haus, wenn die ersten Plätzchen gebacken wurden: Spritzgebäck. Ich durfte den Fleischwolf drehen. Aber Vorsicht, die Finger!

„Mutter, die Stube ist abgeschlossen!" Selbst das Schlüsselloch war von innen verhangen. Meine neugierigen Blicke sollten das Christkind nicht bei den weihnachtlichen Vorbereitungen stören. Die gute Stube – nur zu Weihnachten und an besonderen Familienfesten wurde sie benutzt.

Das Christkind kam bei uns am Morgen des ersten Feiertages. So blieb am Heiligen Abend Zeit, und Vater nahm mich an die Hand zu einem Spaziergang in die Stadt. Mutter konnte dann schon einige Vorbereitungen treffen. Auf dem Paderborner Rathausplatz stand ich ganz ergriffen vor der hohen Tanne, die mit vielen elektrischen Kerzen geschmückt war. Heute ist man bequem und hängt ein paar Leuchtketten an den Baum. Mit zahlreichen Paderbornern lauschten wir den weihnachtlichen Weisen, die von einem Männerchor vorgetragen wurden. „Stille Nacht, Heilige Nacht!" Bei unserem Stadtbummel besuchten wir auch die Herz-Jesu-Kirche. Hoch vom Turm erklangen Weihnachtslieder einer Bläsergruppe. Turmblasen, an das ich mich heute noch gern erinnere. Zudem störte uns kaum Verkehrslärm bei unserem fast andächtigen Zuhören. Schneeflocken fielen und auf dem Heimweg läuteten die Kirchenglocken das Fest ein, wie es damals üblich war.

Am ersten Weihnachtstag nahm Mutter mich mit zur Christmette um fünf Uhr in die Herz-Jesu-Kirche. Strahlender Lichterglanz, das Brausen der Orgel, der Gesang des Pfarrers „Gloria in excelsis Deo", das ganze Gotteshaus gefüllt mit fröhlichen Menschen, die aus Leibeskräften sangen „Auf Christen, singt festliche Lieder". Das war Weihnachten. Dreimal durfte der Priester früher am ersten Weihnachtstag das Messopfer feiern. Mutter und ich blieben in der Engelmesse und in der Hirtenmesse. Bei letzterer, das muss ich ehrlich gestehen, beschäftigten sich meine Gedanken mehr mit der baldigen Bescherung.

Wieder zu Hause: Der Ofen im Weihnachtszimmer musste noch angeheizt werden. Wir warteten auf Oma von nebenan, das Frühstück schnell aus der Hand, und dann läutete das Christkind. Eintreten ins Weihnachtszimmer. Auch heute noch finde ich keine Worte für das, was mich damals bewegte. Der Christbaum und die brennenden Kerzen, die bunten Kugeln und das glänzende Lametta und die Süßigkeiten, mit denen der Baum geschmückt war. Ja, und das Engelshaar, heruntergezogen von der Baumspitze bis zum Fuß. Der Christbaum ist der schönste Baum. War das Vögelchen, dem im vorigen Jahr der Schnabel abgebrochen war, auch wieder auf seinem Platz? Unsere Krippe mit Maria und Josef und dem Jesuskind. Gab es etwas Neues dazu? Es war Weihnachten!

Eine kleine Feier mit meinem Gedicht, in der Schule bei Frau Kappelhoff gelernt: „Als zu Bethlehem im Stalle ..." Weihnachtslieder, nicht immer in der richtigen Tonlage, aber aus lauter Freude von Herzen kommend. Und jetzt ein Blick auf die Spielsachen. Ich erinnere mich noch an eine Eisenbahn, keine elektrische, die gab es wohl in meinen Träumen, aber sie stand nicht einmal auf meinem Wunschzettel, sie war den Kindern der Wohlhabenden vorbehalten. Meine Lokomotive musste ich mit einem Schlüssel aufziehen, sie zog zwei oder drei Wagen auf einem Schienenkreis, der auf dem Küchentisch Platz hatte. Einen Bahnhof und einen Tunnel gab es noch dazu. Wie glücklich war ich mit der Eisenbahn. Zu den Geschenken gehörte natürlich auch der Weihnachtsteller. Er war gefüllt mit Gebäck, Nüssen, Feigen, Süßigkeiten, so wie heute, nur nicht so üppig. In den 1930er Jahren waren die Menschen bescheidener, und sie verlebten trotzdem ein frohes Weihnachtsfest. Das Christkind meiner Kindheit dachte auch ganz praktisch: „Was zum Anziehen", ein Paar dicke Wollsocken für den Winter. Mutter hatte sie persönlich in aller Heimlichkeit gestrickt. Die Feiertage verbrachte die Familie zu Hause. Für frische Luft sorgte ein Spaziergang, verbunden mit einem Krippenbummel zu verschiedenen Kirchen der Stadt. Ein Weihnachtsfest, das noch lange nachklang, über den Dreikönigstag hinaus, der damals noch ein Feiertag war, bis hin zum 2. Februar. Mariä Lichtmess markierte das Ende der Weihnachtszeit. Wehmut, gemischt mit Fröhlichkeit, wenn wir endlich den Christbaum plünderten, der eigens noch einmal mit Süßigkeiten behangen war.

Viele Jahre später: Auf meine Bitte hin sollten Baum und Krippe bis zum Lichtmesstag stehen bleiben. Schließlich wurde ich noch im Januar aus dem Lazarett entlassen, das ich wegen einer schweren Verwundung einige Monate hüten musste. Ein Genesungsurlaub würde folgen. Am 17. Januar 1945 erlebte ich dann den Bombenangriff auf Paderborn. Der Luftdruck hatte nicht nur Dachziegel und Fensterscheiben zertrümmert, gründlich abgeräumt hatte er auch Krippe und Christbaum.

Sünte Barbaradag (4. Dezember)

✻✻✻

Helga Börsting, Jahrgang 1938, besuchte die Private Realschule für Mädchen in Borghorst. Nach der mittleren Reife absolvierte sie eine Ausbildung zur Zahnarzthelferin. Später war sie Angestellte bei der Raiffeisen- und Volksbankenversicherung und bei der Kassenärztlichen Vereinigung Westfalen-Lippe. Sie schrieb bereits verschiedene Beiträge, unter anderem für die „Steinfurter Schriften" und den Heimatverein Borghorst. Helga Börsting lebt in Steinfurt.

Vandag an Sünte Barbara
Flögg mi en Bruuk in' Sinn.
De Kiärsbaum steiht noch stakerig un kahl,
alls wass kien Liäben drin.

Ick bruok en Toog.
Un will em nu to't Bläihen brengen.
To Wihnachten dann bläiht he fien.
Un de Wiärmt in't heimelikke Huus,
dött to dütt Wunner drängen.

Un inne stille, hillige Nacht,
dao sint de Knöpkes sprungen.
De Wihnachtsfriär ligg up de Welt.
Un datt „Gloria" wett sungen.

Das Lebkuchenhäuschen

❄❄❄

Frauke Valentin wohnt in Paderborn und ist 43 Jahre alt. Die allein erziehende Mutter hat drei Kinder im Alter von 19, 16 und sieben Jahren. Frauke Valentin ist als Ergotherapeutin tätig.

Das Weihnachtsfest meiner Familie ist mit vielen Traditionen verbunden. Eine wunderschöne Tradition hat mein Großvater mütterlicherseits eingeführt, die er seinerseits selber aus seinem Elternhaus kannte. Meine Mutter und ihre drei Geschwister sind in den 1930er Jahren geboren und erlebten die Kriegsjahre in ihrer Kindheit und Jugend mit. Obwohl mein Großvater als Tierarzt im Heimatpferdelazarett tätig war, ließ er es sich nicht nehmen, seine ganz persönliche, liebevoll gepflegte Tradition trotz der Kriegswirren fortzusetzen.

Zu Weihnachten backte er für seine vier Kinder ein Lebkuchenhäuschen. Ein ganz besonders schönes, mit vielen liebevollen Details verziertes Lebkuchenhäuschen. Die Fenster wurden von innen mit roter Blattgelatine verziert, damit eine innen installierte Glühbirne ein heimeliges Licht verbreiten konnte. Leider starb mein Großvater kurz vor Heiligabend 1948 im Alter von 49 Jahren an einer seltenen Form von Rückenmarkkrebs.

Meine Mutter vergaß die von dem Lebkuchenhaus ausgehende Faszination nie und pflegte diese Tradition auch mit uns vier Kindern. Mein besonders familienbewusster Bruder Lutz backte 55 Jahre später ein Lebkuchenhäuschen für seine kleinen vier Jahre und 18 Monate alten Töchter. Am Heiligen Abend 2003 brachte er die letzten Verzierungen an, als er starke Rückenschmerzen bekam und umgehend ins Krankenhaus in Lemgo eingeliefert werden musste. Nach sechs Wochen starb er an einer seltenen Art von Rückenmarkkrebs, er wurde 45 Jahre alt. Seitdem gab es in meiner Familie kein Lebkuchenhäuschen mehr.

Bis zu diesem Weihnachtsfest! Meine 15-jährige Tochter Luzie wollte mich überraschen und hat mit ihrem kleinen Bruder ein Lebkuchenhäuschen für mich gebacken. Ich habe mich sehr gefreut – trotz allem.

Telefongespräch aus Kassel

✾✾✾

Anny Weber, Jahrgang 1921, ist gebürtige Münsteranerin und von Beruf Hausfrau. Ihrer Heimatstadt hat sie ihr Leben lang die Treue gehalten. Einen Sohn verlor Anny Weber im Krieg. Auch im hohen Alter ist sie Mittelpunkt ihrer Familie und pflegt den Kontakt zur Tochter, zu zwei Enkeln und vier Urenkeln.

Weihnachen 1939: Wenn ich so zurückdenke, war das wohl der schönste Heiligabend, den ich verleben durfte. Wir hatten schon ein paar Monate Krieg, aber trotzdem, es war friedlich und ergreifend. Ein wunderschöner Heiligabend.

Mein Freund war damals Berufssoldat in Kassel und hatte leider Dienst. Ich wohnte bei meinen Eltern, die noch kein Telefon hatten, und war sehr erschrocken als gegen 23 Uhr die Türglocke ging. Ein junger Mann von der Post brachte mir nur die Nachricht, ich möchte zur Hauptpost am Domplatz in Münster kommen, für mich sei ein Gespräch aus Kassel da. Mein Vater ließ mich natürlich nicht allein gehen, und so machten wir uns auf den Weg. Es schneite, und es war wunderbar, durch den frisch gefallenen Schnee zu gehen. Inzwischen war es 24 Uhr geworden, und wir erreichten die Lamberti-Kirche. Genau in diesem Moment läuteten die Glocken Weihnachten ein. Für uns ein wunderschönes Erlebnis und sehr ergreifend. Vater und ich wünschten uns „Frohe Weihnachten" und dass bald wieder Frieden sein möge!

Mein Vater ist Jahre später leider im Krieg gefallen. Mein damaliger Freund wurde mein Ehemann und ist auch schon viele Jahre tot. Ich selbst werde in ein paar Wochen 89 Jahre alt. Vergessen werde ich diesen Heiligen Abend nie. Er war der schönste in meinem Leben!

Unvergessliche Weihnachten

❅❅❅

Erika Reichel, geb. Borghoff, Jahrgang 1940, wuchs mit zwei Brüdern in Iserlohn auf. Sie ist verheiratet und hat einen Sohn.

Nur noch wenige Tage bis zum Weihnachtsfest. Hell erleuchtete Fenster und Girlanden, prunkvoll geschmückte Weihnachtsbäume und laute Weihnachtsmusik in vielen Geschäften sollen auf das Fest aller Feste einstimmen. Nicht jeder mag diesen Rummel, der so rein gar nichts mit der christlichen Weihnacht zu tun hat.

Wie schön war es doch in der Kindheit. Mutter saß mit uns Kindern, meinem großen Bruder, und dem kleinen Brüderchen und mir in der kleinen Stube und erzählte die Weihnachtsgeschichte. Wir zwei Großen aber übten die Weihnachtslieder, die wir im Kindergarten gelernt hatten. Auch die selbst gebastelten Strohsterne lagen parat, denn sie sollten den Weihnachtsbaum schmücken, den wir sehnlichst erwarteten.

Aber würde es einen Weihnachtsbaum geben? Es war ja Kriegszeit und man bekam nur das Nötigste. Doch in der Frühe des Heiligabends stand, wie von Zauberhand, ein kleines Bäumchen vor unserer Tür. Es verströmte noch den Duft des Waldes. Mutter schmückte es liebevoll mit silbernen Kugeln und weißen Wachskerzen. Jetzt konnten wir auch endlich unsere Strohsterne anbringen. Zum Schluss kamen noch kleine weiße Wattebäuschchen auf die grünen Zweige, welche mit weißem Kinderpuder von Mutter bestreut wurden. Das sah dann aus wie Schnee! Für uns Kinder war es das schönste Weihnachtsbäumchen der Welt.

Brach dann die Dunkelheit heran, löschte Mutter die Gaslampe und zündete die weißen Wachskerzen am Weihnachtsbäumchen an. Das war so unbeschreiblich schön und feierlich, dass ich fast immer weinen musste. Selbst das kleine Brüderchen im Arm der Mutter schaute mit großen Augen zum strahlenden Bäumchen. Die bescheidenen Geschenke, es waren selbstgestrickte Socken, Pullover, Mützen und für meine Puppe Anton ein neuer Anzug, interessierten mich weniger. Der Weihnachtsbaum – er war doch das schönste Geschenk! Stundenlang sah ich dem Flackern der leuchtenden, meist tropfenden Kerzen zu. Ich liebte diesen Wachsgeruch, aber auch den herausströmenden Duft der Tannennadeln, die das Feuer einer heruntergebrannten Kerze versengte.

Auf dem Tisch stand ein Bild unseres Vaters, der in russischer Kriegsgefangenschaft war. Mutter erzählte uns immer von ihm und wir beteten zum Christkind, dass es ihn doch bald nach Hause schicken solle. Erst als die letzte Kerze abgebrannt war und die Glut des Kohleofens erlosch, gingen wir schlafen. Der frühe Weihnachtsmorgen gehörte Mutter und mir ganz allein. Wir gingen dann um fünf Uhr zur Christmette in die Aloysiuskirche. Es war ein wunderbares Gefühl, wenn der frisch gefallene Schnee unter unseren Füßen knirschte und die herabfallenden Schneeflocken im Schein der Gaslaterne tanzten wie kleine Sterne.

Die Kirche war fast immer überfüllt, aber Mutter fand stets einen Platz für uns, nahe an der aufgebauten Krippe. Was war das schön, hier konnte ich alle Figuren bestaunen, die in der Weihnachtsgeschichte vorkamen. Erst als das Schlusslied in der Messe gesungen wurde, fand ich in die Wirklichkeit zurück. Freudig habe ich in das Lied „Zu Bethlehem geboren" mit eingestimmt. Zum Frühstück gab es dann anschließend Kakao und Kuchen, während ich meinem großen Bruder von der schönen Krippe erzählte.

Erst einige Jahre später erfüllte sich unser größter Weihnachtswunsch. Vater kam endlich aus russischer Kriegsgefangenschaft nach Hause. Das war im Jahr 1948.

„Trudel brennt!"

✱✱✱

Gertrud Köhne ist jetzt 80 Jahre alt und lebt seit 64 Jahren in Westfalen. Sie stammt aus einer kinderreichen Familie. Der Vater war Bergmann. Die Familie wurde im Jahre 1946 aus Niederschlesien vertrieben.

Meine älteste Schwester nähte von alten Sachen für uns Kleinen die schönsten Puppenkleider. Natürlich heimlich. Dann bekam jedes Kind einen bunten Teller mit Obst und Süßigkeiten, auch für jedes Kind alleine eine Dose Ölsardinen. Die Freude war riesig groß. Meine Schwester und ich steckten auch schon mal am Baum die Kerzen alleine an. Natürlich von unten nach oben. Was nicht so gut war, denn ich hatte plötzlich Feuer gefangen und meine Schwester lief zur Mutter und rief: „Muttel, Muttel, die Trudel brennt!". Der Schreck war natürlich sehr groß, und es gab auch noch Ärger für uns zwei.

An Weihnachten wurde gespielt und gesungen und Mutter machte noch die schönsten Bratäpfel für alle, aber die Dose Ölsardinen, das war das Größte.

Vor der Bescherung ging es erst in die Kirche, um die Christnacht zu feiern. Vater war Bergmann, wir waren eine kinderreiche Familie, aber wir haben nichts vermisst und haben eine wunderbare Jugendzeit erlebt.

Tränen am Weihnachtsfest

✳✳✳

Margret Nolte aus Dortmund ist 1929 geboren. Mit zwei Schwestern und einem Bruder wuchs sie in einem kleinen Dorf am Teutoburger Wald auf.

Wir, meine Eltern, ich sowie zwei Schwestern und ein Bruder, wohnten in einem kleinen Bauernkotten in Kirchdornberg, einem kleinen Dorf zwischen Bielefeld und Werther. Es war sehr einsam dort, Hase und Fuchs sagten sich hier „Gute Nacht", aber es war romantisch. In der Winterzeit waren wir immer eingeschneit, so dass der Weg zum Dorf von meinen Eltern erst freigemacht werden musste.

Die Adventszeit war für uns Kinder immer etwas Besonderes. Ging doch der Nikolaus durch den Wald. Das dachten wir immer, wenn wir frische Fußspuren im Schnee sahen. Wir Kinder mussten immer um 19 Uhr ins Bett. Wir waren aber noch gar nicht müde, so beschlossen wir, sämtliche Weihnachtslieder, die wir kannten, mit allen Strophen zu singen. Daher kann ich heute noch alle Lieder auswendig. Ab und zu durften wir auch bei Kerzenschein – wir hatten kein elektrisches Licht, sondern Petroleum, eine Kerze stand auf der Kante am Kopfende des Bettes mit einem Zeichen, bis wohin die Kerze abbrennen durfte – eine Geschichte vorlesen. Das war immer meine Aufgabe. Meine Geschwister hörten aufmerksam zu.

Bei uns war nicht am Heiligabend, sondern am ertsen Weihnachtstag Bescherung. Mein Vater stand immer zuerst auf. Er heizte den Ofen an, damit wir in eine warme Stube kamen. Wir konnten aber die Zeit bis zur Bescherung kaum noch erwarten. Mein Vater merkte unsere Aufregung und meinte: „Erst einmal singt ihr alle Weihnachtslieder und dann ist Bescherung". Wenn das Glöcklein läutete, sprangen wir aus den Betten und hinein in die gute Stube.

Der Weihnachtsbaum erstrahlte in vollem Lichterglanz, die Geschenke lagen auf unseren Plätzen, nun hatten wir alle Hände voll zu tun. Ich habe immer zuerst geguckt, ob ein Buch für mich da war. Es war für mich immer das schönste Geschenk, habe ich doch immer gern gelesen (heute auch noch).

Der einsam gelegene Kotten der Familie von Margret Nolte in Kirchdornberg

Aber wichtig für uns alle war der bunte Teller. Den mussten wir Mädchen immer in Sicherheit bringen, unser Bruder hat seinen Teller immer schnell leer gegessen und die Versuchung war dann groß, an unsere Teller zu gehen.

Einmal bekam ich einen kleinen Puppenherd, mein Bruder ein Pferd mit Wagen. Wir spielten damit, dann rief meine Mutter uns. Sie saß an der Nähmaschine und nähte Pantoffeln für uns, diese sollten wir anprobieren. Ich bat meinen Bruder, meinen Herd nicht kaputt zu machen. Aber kaum hatte ich ihm den Rücken zugekehrt, trat er drauf und mein Herd war kaputt. Wutentbrannt rannte ich zu ihm hin und trat ebenfalls auf sein Pferd mit Wagen, da war auch das kaputt. Beide bekamen wir ein Tracht Prügel. War das ein schönes Weihnachtsfest!

Einen Heiligabend werde ich nie vergessen! Wie immer gingen wir früh ins Bett. Sangen unsere Lieder und warteten aufs Christkind. Mein Vater war immer noch nicht zu Haus. Wo war er nur? Plötzlich, ich weiß nicht mehr, wie spät es war, aber es muss schon sehr spät gewesen sein, hörte ich lautes Sprechen und Poltern auf der Deele. „Was war das nur, war es der Nikolaus?" Dann aber hörte ich meine Mutter weinen. Leise bin ich aufgestanden, ging in die Stube, da stand schon der Weihnachtsbaum. Ich habe mich aber nicht getraut genau hinzugucken, es war ja noch kei-

Die Mutter von Margret Nolte mit ihren Kindern Renate, Wolfgang, Margret und Elfriede (von links nach rechts)

ne Bescherung. Meine Mutter stand im Nachthemd in der Stubentür, auf der Deele war mein Vater mit seinem Bruder, beide waren betrunken und lachten über meine weinende Mutter. Ich hatte Angst, so etwas kannte ich nicht, was ging hier vor? Ich ging dann wieder in mein Bett und zog mir die Decke über den Kopf, ich wollte nichts mehr hören und sehen. Ich habe mich dann wohl in den Schlaf geweint.

Am nächsten Morgen stand mein Vater auf wie immer. Alles lief so ab wie jedes Jahr, bloß meine Mutter war nicht unter uns. Sie kam erst viel später verweint aus der Küche. Wir Kinder waren alle traurig, sahen wir unsere Mutter doch nie weinen. Was war hier nur los? Vater und Mutter sprachen nicht miteinander, so etwas hatten wir noch nie erlebt. Wir wagten nicht etwas zu sagen oder zu fragen. Wie es mit den Eltern weiterging, habe ich nie erfahren, irgendwann sprachen sie wieder miteinander. Dieses Weihnachten habe ich bis heute nicht vergessen.

Viele Jahre später habe ich meine Mutter auf dieses Weihnachtsfest angesprochen. In all den Jahren hat es mich zu Weihnachten wieder eingeholt und ich wollte endlich wissen, was damals war. Der Bruder meines Vaters mochte meine Mutter nicht. Sie war ihm zu strebsam, ordentlich und korrekt. Sie konnte seine Schlamperei nie für gut heißen, das hat er ihr übel genommen und wollte ihr wohl eins auswischen. Er hat meinen Vater zum Trinken verführt, obwohl er wusste, dass mein Vater Alkohol nicht vertrug. Er wusste, er konnte meine Mutter damit sehr verletzen und ihr somit das Weihnachtsfest verderben. Ich habe meinem Onkel das nie verziehen, denn wir Kinder haben ja auch sehr darunter gelitten.

„Mießdeiner"-Dienste

✳✳✳

Werner Garwers aus Rosendahl wurde 1936 geboren und arbeitete als selbstständiger Bäckermeister. Er war Gründungsmitglied und langjähriger Vorsitzender des Heimatvereins Darfeld und liebt die plattdeutsche Sprache. Er hat schon einige Kurzgeschichten über erlebte Ereignisse veröffentlicht.

Se kümp lat, over man denkt an so nache Stun inne Kärk, vor allem wao et nu up Wiehnachten to geiht. En so'n Fest, dat wör ick wull nie vergiärten.

Mießdeiner te sein was daomaols ne Sölfstverständlichkeit im Schatten der Kärk. Daomaols was de Ucht noch um fief Uhr, met drei hiellige Messen, und dao to was ick un ne graute Riege Mießdeiner indellt. Nao de twedde Mieß kam de sogenannte stille Hirtenmieß. Hier waor de Kärk all lieriger, denn so etlicke gongen dao all nao Hus. Miene Familg auk, äs Mießdeiner kam ick ne Tied later. In de mesten Familien was dann erst Bescherung – der hillige abend här daomaols noch nich de Bedeutung äs vandage. Miene fief Geschwister mossen men waochten, bes ick ut de Kärk kam.

Und dann um kurt för tein Uhr kloppt et bie us ant Fenster, en Mießdeiner in voller Montur: „Werner, du musst forts kurmen, et schiält en – und dat geiht nich." Un to drei Uhr to de Festandacht staohn ick wier uppen Plan. Frohe Wiehnachten!

Die gestifteten Weihnachtsbäume

✳✳✳

Paul Walter, Jahrgang 1938, ist mit drei Brüdern auf einem Bauernhof auf dem Haarstrang aufgewachsen. Er lebt seit 1968 in Münster, ist verheiratet und hat zwei Enkelkinder, eines in Chile und eines in der Schweiz.

Es war fester Brauch bei uns, dass meine Familie die Weihnachtsbäume für die Dorfkapelle stiftete, obwohl unser Hof keineswegs der größte war. Und da auch die kleinen Fichten einmal größer werden, als ein Kirchenschiff hoch ist, sorgte mein Vater auf Schneebruchlichtungen oder am Waldrand immer wieder für Nachwuchs. Dies hatte sich offensichtlich bis ins Kirchdorf herumgesprochen, denn einmal kam Anfang Dezember der Pastor dieses Nachbardorfes den Weg zu uns herauf. Er eröffnete meinem Vater: „Ich bin in großer Verlegenheit. Der Schulte hat dieses Jahr gar keine Weihnachtsbäume. Könnten Sie nicht ...?" Weiter kam er nicht, da polterte mein Vater schon los: „Was? Der Schulte hat keine Weihnachtsbäume?" Und dann fuhr er ganz freundlich fort: „Ja, wenn das so ist, dann seien Sie nur unbesorgt. Dann liefere ich ihnen die Weihnachtsbäume."

Und als der Pastor gegangen war, hörte ich ihn murmeln: „Na wachte Fröneken!" Was mich sehr verwunderte, denn so respektlos wurde sonst nie über den Pfarrer gesprochen. Oder sollte er jemand anderen meinen?

Der Schulte war als sparsam, um nicht zu sagen knauserig bekannt. Wenn wieder einmal ein Beispiel besonderer Sparsamkeit beredet wurde, pflegte mein Vater zu sagen: „Hei kann do nit vör, hei heat Schulten Blaut."

Eine Woche vor Weihnachten spannte mein Vater Pferd und Wagen an, um Weihnachtsbäume zu holen. Das war für uns Kinder natürlich immer ein großer Spaß. Aber er nahm nicht den gewohnten Weg zu unserem Wald. Als wir vor einer Schonung schönster Weihnachtsbäume hielten, fragte ich meinen Vater: „Ist dies denn unser Wald?" Er schien meine Frage aber schon nicht mehr gehört zu haben. Mit der Axt verschwand er im Dickicht und pfiff dabei ein Lied, das klang wie: „So weit die braune Heide reicht ...!"

Nachdem wir die Weihnachtsbäume vor der Kirche des Nachbarortes abgeladen hatten, mussten wir uns alle erst im Pfarrhaus aufwärmen. Mein Vater und der Pastor tranken zusammen einen Schnaps und uns machte die Haushälterin eine heiße Schokolade. Nach Meinung des Pastors konnte mein Vater des Gotteslohnes gewiss sein und auch mir schien es bei so viel Opfersinn selbstverständlich, dass er dereinst geradewegs in die Gemeinschaft der Heiligen einmarschieren würde.

Beim Hinausgehen drehte sich mein Vater noch einmal um: „Übrigens, Herr Pastor, damit ich nicht zu Ihnen in den Beichtstuhl kommen muss: Die Weihnachtsbäume sind vom Schulte! Er hatte nur keine Zeit, sie selbst zu bringen."

Das Christkind kann nichts kaufen

✸✸✸

August Waldhoff, Jahrgang 1935, wuchs mit zwei Brüdern in Steinheim, Kreis Höxter, auf und ist seit 43 Jahren verheiratet. Er ist Vater von drei Söhnen und Großvater von vier Enkelkindern.

Es ging auf Weihnachten zu im Jahre 1941, mitten im Krieg. Die nötigen Dinge des Alltags waren kaum zu beschaffen, Lebensmittel waren rationiert. Unsere Mutter stellte uns frühzeitig darauf ein, dass zu Weihnachten an Geschenken nicht viel zu erwarten sei.

Sie sagte wörtlich: „Es ist Krieg, auch das Christkind, das die Geschenke bringt, kann nichts kaufen!" Meine Antwort darauf war: „Wenn das Christkind Gott ist, dürfte es doch kein Problem sein." Dieser Einwand war meiner Mutter recht peinlich und ich bekam eine völlig unbefriedigende Antwort.

Was ich seinerzeit nicht wusste, unsere Mutter hatte ihren Bruder Klemens, der zu der Zeit Besatzungssoldat in Paris war, gebeten: „Versuch doch einmal, ob du in Frankreich etwas für die drei Jungs kaufen kannst." Einige Tage vor Weihnachten bekam mein Vater überraschend Heimaturlaub, sodass er die Möglichkeit fand, für seine drei Söhne etwas zu basteln.

Weihnachten kam und wir waren mit den Geschenken vom Christkind recht zufrieden. Die große Überraschung für meine Mutter kam dann zwei Tage nach dem Fest. Das Paket mit Spielsachen von Onkel Klemens aus Frankreich war angekommen. Wir Jungs hatten nichts bemerkt und meine Mutter hatte die Sachen in Sicherheit gebracht.

Erst im nächsten Jahr zu Weihnachten brachte uns das Christkind die Spielsachen aus Frankreich. Unsere Nachbarn staunten nicht schlecht, als wir mit Blechtrommel, Flöte und einer Blechtrompete als kleine Musikkapelle die Straße herauf und herunter marschierten.

Das Christkind ist schon weitergeflogen

❊❊❊

Ursula Kettner, geborene Grothe, Jahrgang 1936, stammt aus Lübbecke, Westfalen. Heute lebt sie in Siegen.

Es war Kriegsweihnacht 1941 – mein Vater war in Russland, und meine Mutti versuchte, mir einen besonders schönen Heiligen Abend zu bereiten. Ins Wohnzimmer durfte ich ab Mittag nicht mehr, aber hinter der verschlossenen Tür hörte ich es rascheln und meine Mutti leise sprechen – mit dem Christkind natürlich. Als endlich das Glöckchen läutete und sich die Tür öffnete, sah ich mit klopfendem Herzen und glühenden Wangen den strahlenden, reich geschmückten Weihnachtsbaum mit vielen brennenden Kerzen.

Vor lauter Rührung machte ich einen tiefen Knicks und sprach inbrünstig und voller Ehrfurcht: „Guten Abend, liebes Christkind!" Ich glaubte, im Sessel das Christkind sitzen zu sehen – es war meine Schildkrötpuppe, die dort saß – in einem langen weißen Tragekleid, es war ein langes Wickelkleid ohne Ärmel. Meine Enttäuschung war groß, aber Mutti nahm mich in den Arm und tröstete mich. „Weißt du, Ursula, das Christkind mag nicht so gerne von den Kindern gesehen werden, es ist schon weitergeflogen zu anderen Kindern. Ich lief an das geöffnete Fenster und meinte auch noch in der Ferne das Christkind fliegen zu sehen. Jedes Jahr erinnere ich mich an diesen „Heiligen Abend" und glaube dann immer noch das Gefühl der Ergriffenheit zu verspüren, das mich damals bewegt hat. Meinen Kindern und Enkelkindern habe ich mein Weihnachtserlebnis oftmals erzählt. Vielleicht wird es ja noch weitergegeben.

Lasst uns froh und munter sein!

❋❋❋

Emmi Beck, Jahrgang 1939, stammt aus Dortmund. 1970 zog sie mit der Familie (vier Kinder) nach Schwerte. Emmi Beck lebt heute als Witwe allein in der neuen Heimatstadt. Die Verwaltungsangestellte war lange Zeit ehrenamtlich tätig, davon über 30 Jahre in der Kommunalpolitik auf unterschiedlichen Ebenen, in der Stadt, im Kreis und beim Landschaftsverband Westfalen-Lippe. Nach der Familienphase entdeckte sie die Literatur, ihre alte Leidenschaft, neu. Neben aktuellen journalistischen Veröffentlichungen publizierte sie auch Texte in Anthologien und Fachzeitschriften.

Lasst uns froh und munter sein": Dieses Lied begleitete mich durch die Kindheit. Wir schmetterten es in der Vorweihnachtszeit aus voller Kehle. Als Lockgesang am Nikolaustag klang es verhaltener, schwoll erst zum Crescendo an, wenn wir den Heiligen Mann draußen mit seinen schweren Stiefeln stampfen und Knecht Ruprecht rumoren hörten. Vor Aufregung und auch Angst verloren wir die Melodie und das Lied musste sich wie geschrieener Sprechgesang angehört haben.

„Lasst uns froh und munter sein" klang es später mehrstimmig im Blockflötenchor. Ein lustiges Kinderlied, im 19. Jahrhundert entstanden, dessen Textdichter und Komponist nicht bekannt sind. Es sagt uns aufmunternd voraus, dass es schöne Dinge als Geschenk gibt und – das wird oft vergessen – dass man für die Gaben zu danken habe.

Erwartung, Erfüllung und Dank in wenigen schlichten Liedzeilen für Kinder zusammengeführt. Wie schwer die Erfüllung der Wünsche damals, in der so genannten schlechten Zeit sein musste, begriff ich erst mit dem Heranwachsen.

Die Eltern schienen die Gabe zu haben, aus 50 lumpigen Pfennigen eine Mark machen zu können. Mutter konnte mit einer kleinen Dose Ölsardinen einen ganzen Stapel Brote beschmieren, die alle köstlich nach dem herrlichen Fisch schmeckten, obwohl man bei einigen Schnitten nichts mehr von ihm sehen konnte. Das eingesunkene Öl brachte den traumhaft fremden Geschmack.

In einem harten Jahr sagten die Eltern: Weihnachtsgeschenke wird es nicht geben, das Christkind kann nur zu ganz armen Kindern gehen. „Dann soll das ganze Fest ausfallen!", weinte der kindliche Trotz. Advent in den 40er Jahren des 20. Jahrhunderts: Es wurde früh dunkel, und der erste Schnee fiel. Abends brannte ein Kerzenstummel auf dem Tisch. Großvater legte einen dicken Holzklotz ins Feuer. Noch heute rieche ich das frische Holz. Es knisterte und knackte. Durch die offene Ofentür ließ flackernder Feuerschein Kobolde und Hexen an Wänden und Decken herumtollen. Sie liefen über die Tapete, und meine Augen liefen hinterher, bis ich schwindelig wurde. Die Glut fiel zusammen, und der Zauber erschöpfte sich. Ich schmecke noch das Apfelstückchen, das mir Großvater reichte.

Die Zeiten schienen besser zu werden, denn Mutter sagte, ich solle mit Hilfe meiner großen Schwester einen Wunschzettel schreiben und auf die Fensterbank legen. Ich träumte von einem Puppenwagen, meine Freundin Marlies hoffte auf einen Roller. Wir wollten gemeinsam spazieren gehen und die Geräte natürlich tauschen.

Die Adventszeit schlich dahin, Nikolaus brachte einen knallroten Apfel und einen duftenden Stutenkerl. Aus dessen Pfeife ließ ich schillernde Seifenblasen aufsteigen. In der Bastelstunde schnitten wir Transparentsterne aus alten Schulheftdeckeln aus. Ich durfte Mutter beim Backen des Spritzgebäcks helfen. Alle bemühten sich, freundlich zueinander zu sein, es war ja Advent.

Für mich wuchs ein Problem, ich brauchte Geld für ein Geschenk an die Eltern. Sie rieben sich morgens ihre Hände mit einer Creme ein und rochen so wohlig nach ihr. Es gab kaum Gelegenheiten, Geld für die Spardose zu verdienen. Die paar Pfennige, die im Sparschwein klimperten reichten nicht aus solch ein blaues Döschen im Seifengeschäft zu kaufen. Ich mühte mich Geld zu verdienen, schleppte Taschen, holte Kohlen aus dem Keller und erledigte Einkäufe mit stundenlangem Schlangestehen. Man freute sich über meinen Eifer und dankte es mir mit einem Bonbon. Die Spardose wurde nicht voller. Ein alter Nachbar erkannte meine Sorgen und vergab Aufträge an mich gegen Bezahlung. Zwei Tage vor Weihnachten konnte ich eine kleine Dose Nivea-Creme für 96 Pfennige kaufen. Diese umwickelte ich zu Hause mit verschiedenen Papieren, damit sie als Geschenk richtig was hergab.

Endlich war Heiliger Abend. Schon morgens wurde die Tür zur „Guten Stube" verschlossen. Nur Erwachsene durften gucken, ob das Christkind schon bei der Arbeit sei. Die Wartezeit bis zur Bescherung verging dadurch schnell, dass ich nachmittags in der Kirche dreimal hintereinander das Engelchen an der Krippe spielen durfte, das das Jesuskind beschützen musste. Auf dem Rückweg von der Kirche schob ich schon in Gedanken meinen Puppenwagen und sprach mit meinem Puppenkind. „Bibbi" wollte ich es taufen.

Zu Hause angekommen, sagte Vater: „Komm nur schnell, das Christkind hat schon mit dem Glöckchen geläutet!" Ich trat mit ihm in die „Gute Stube". In der Ecke stand auf der Nähmaschine ein kleiner geschmückter Weihnachtsbaum. Auf dem Boden – kein Puppenwagen.

„Schau mal hierher", rief Mutter, die ich vor lauter Aufregung noch gar nicht vermisst hatte. Was war das für ein weißes Ding auf dem niedrigen Tischchen? „Schau einmal her, das Christkind hat eine Wiege gebracht. Eine Wiege hat nicht jeder." „Das stimmt, aber ich kann damit nicht auf der Straße spazieren gehen", dachte ich. Plötzlich sah ich in den bunten Kissen eine Puppe liegen! Ich breitete meine Arme aus und drückte sie ganz fest an mich. „Bibbi, wie ich mich auf dich freue!" Eine richtige Puppe, die ich baden konnte. Ich konnte mein Glück kaum fassen. Dass „Bibbi" „kriegsversehrt" war, ihr fehlten ein Auge und die Zehen am rechten Fuß, störte nicht. So liefen viele Menschen in der Zeit herum.

Langsam freundete ich mich mit der Wiege an. Man konnte sie richtig schaukeln, die Kissen aufschütteln, und am Fußende war eine wunderschöne Rose aufgemalt. Solch eine Wiege hatte bestimmt nicht jeder. Mutter hat Recht. Singen, Essen, Gedicht aufsagen und erzählen, es wurde der schönste Heilige Abend, zumal sich die Eltern so sehr über die Dose Nivea freuten.

Am nächsten Morgen stand meine Freundin Marlies vor der Tür – ohne Roller – und wollte mich zum Spielen abholen. Sie hatte einen neuen Kaufladen vom Christkind bekommen. „So groß ist der", deutete sie mir an und breitete ihre Arme weit aus. „Du kannst tausend Sachen bei mir kaufen!" „Erst musst du dir aber die Wiege ansehen und Bibbi, meine neue Puppe", entgegnete ich. Wir spielten die Weihnachtsferien über mit dem Kaufladen und der Wiege. Wenn die Eltern uns nicht an die frische Luft geschickt hätten ...

Meine Freundin Marlies bekam in dem Jahr eine große Uhr mit schwarzem Band, die sie stolz am Arm trug. Wenn man das Ziffernblatt dicht ans Ohr drückte, hörte man kein Ticken. Marlies behauptete aber, die Uhr sei in Ordnung und gehe richtig, obwohl sich die Zeiger nicht weiterbewegten. Ganz traute ich ihr nicht. Mein Vater fragte Marlies einmal: „Wie spät ist es denn?" Mit klugem Gesicht schaute sie auf das Zifferblatt und meinte: „Zweimarkfünfzig!" Die Erwachsenen lachten schallend. Marlies und ich verstanden nicht, warum. Mit dieser Begebenheit neckten wir sie noch etliche Jahre, sehr zu ihrem Ärger.

Damals, in der schweren Zeit, wie wir sie heute nennen, hatten wir alle nicht viel. Manche waren arm und ausgehungert. Wir waren glücklich und freuten uns über noch so kleine Geschenke. Wir waren dankbar, Lichtblicke im harten Lebensalltag zu finden.

Lasst uns auch heute froh und munter sein, und uns von Herzen freuen – und danken.

Kriegsweihnachten in Münster-Nienberge

✳✳✳

Hubert Markmann, Jahrgang 1928, stammt aus Münster-Nienberge, wo er auch heute noch lebt. Er wuchs als ältestes von acht Kindern auf. Die Eltern hatten eine kleine Landwirtschaft. Nach einer Schlosserlehre arbeitete Hubert Markmann unter anderem als Maschinenführer, Werkstatt- und Maschinenmeister im Münsterland. In den 1970er Jahren begann er noch einmal neu als Betonmeister. Hubert Markmann hat mit seiner Frau drei Kinder und sechs Enkelkinder.

Von 1939 bis zur Schulentlassung 1943 war ich in der Volksschule Nienberge-Dorf. Meine Eltern hatten eine kleine Landwirtschaft. Eine Kuh, zwei bis drei Schweine, ein Schaf, zehn bis zwanzig Hühner. Da mein Vater mit 19 Jahren zu einhundert Prozent kriegsbeschädigt aus dem Ersten Weltkrieg kam (er trug auch ein Holzbein), half er meiner Mutter bei allen Arbeiten. Ich bin das älteste von acht Kindern. Als ich 13 Jahre alt war, wurde meine jüngste Schwester Toni in Altenberge geboren. Alle anderen Geschwister, auch ich, sind in Münster geboren. Weil die Luftangriffe 1942 auf Münster schon so stark waren, hat meine Mutter Toni im Altenberger Krankenhaus entbunden.

Einige Tage vor Heiligabend machte meine Mutter Marzipanriegel und Kugeln aus gekochten Kartoffeln, Puderzucker (auf Bezugschein – sogenannte „Marken"), auch eine Flüssigkeit aus kleinen Fläschchen wurde dazu benötigt. Die Riegel wurden in einem angerührten Brei aus Ersatzkakaopulver und Wasser halb eingetaucht und zum Abtropfen hingelegt. Bessere Zutaten konnte man wegen des Krieges nicht bekommen. An mehreren Nachmittagen hat meine Mutter Plätzchen gebacken im Küchenherd, der mit Holz beheizt wurde. Die Plätzchen wurden in einem Blechkasten dicht verschlossen. Da wir kein Herdfeuer mit Rauchabzug und mit einer Abstellbank hatten, wo andere Frauen die Plätzchen aufbewahrten, damit sie nicht von der Feuchtigkeit aufweichten, wurden sie auf einer Bank im beheizten Wohnzimmer über dem Ofen aufbewahrt. Das Wohnzimmer war der einzige beheizte Raum im ganzen Haus, der nicht feucht war. Das Backen von Plätzchen und Kuchen im Backofen des Kohleherds, der im Krieg nur mit Holz geheizt wurde, war nicht so einfach wie heute im Elektroherd. Es musste immer passendes trockenes Holz nachgelegt werden, damit die Backofenhitze gleichmäßig blieb.

Um genügend Weizenmehl zu Weihnachten zu haben, gaben meine Eltern dem Müller Niemann aus Hansell, der dort seine Kornmühle von Wind auf Gasmotorenbetrieb umgebaut hatte, einen Sack voll Weizen mit. Er packte auch noch anderes Korn, das für das Vieh gemahlen werden sollte, auf den Schlitten. In jenen Jahren lag zu Weihnachten fast immer Schnee, so dass der Müller Niemann mit Pferd und Schlitten die vier Kilometer weiten Transporte machte. Das meiste Land war von dem Gutsbesitzer Schumacher gepachtet. Die Pacht wurde zu Weihnachten bezahlt. Da im Krieg das Geld für das Pachtland immer weniger wert wurde und gute Nahrungsmittel nach drei Jahren Krieg knapp waren, wurde alle 14 Tage eine Schale (ein Pfund) gute Butter für Familie Schumacher mitgemacht. Wenn die gute Butter in der Miele-Butterkerne fertig war, wurde sie in einer Holzform mit eingeschnitztem Muster fest eingepresst und glatt abgezogen. Die Holzform wurde über einem flachen Teller umgedreht, so dass die geformte Butter mit dem Muster nach oben auf dem Teller lag. Mehrmals musste ich als Kind die Butter zu Schumacher bringen.

Einige Tage vor Weihnachten schickte mich mein Vater los, einen Weihnachtsbaum zu schlagen. Mit einem Beil ging ich zur Grünen Wiese. In Schlautmanns Büschken suchte ich mir eine kleine Tanne aus, die im Wald zu dicht stand und schlug sie ab. Für den einen Weihnachtsbaum, der im nächsten Sommer sowieso vertrocknet wäre, musste mein Vater viel für den Bauern arbeiten. Schon im November hatte uns der Bauer den Weihnachtsbaum versprochen. Bei schlechtem Wetter kam er mehrmals in der Woche zu meinem Vater und ließ einige Sachen reparieren. Mal schärfte und schränkte mein Vater für Bauer Schlautmann die Hand- und die Bogensäge, mal brachte er Schwanz-Pferdehaare und abgenutzte Kleiderbürsten, Handfeger oder Besen mit, an denen mein Vater die alten Haare entfernte und nun Pferdehaare einzog. Mal brachte er einen Kochtopf, eine Kaffeekanne, einen Melkeimer oder einen Nachttopf mit, der an der abgeplatzten Emaillierstelle undicht war.

Beim Weichlöten der Töpfe musste mein Vater den Lötkolben im Küchenherd aufheizen. Elektrische Lötkolben gab es damals noch nicht. Weil er mit dem Holzbein nicht so schnell den heißen Lötkolben von der Kochküche in den Schuppen zur Werkstatt tragen konnte, wurde der Geschirrabwaschtisch von der Tenne in die Küche neben den Kochherd getragen und beim Löten benutzt. Beim Löten des Nachttopfes, bei dem unten eine braune Schicht fest an der Innenwand saß, stank es gewaltig. Der Geruch drückte die Atemwege zu und drang durchs ganze Haus. Da man in den Kriegsjahren kein Lötzinn kaufen konnte, musste mein Vater aus alten Regenwasserrinnen neue Stäbe schmelzen und gießen. Der Preis für einen Weihnachtsbaum war für unsere Familie demnach sehr hoch.

Als ich die zirka zwei Meter lange Tanne abgeschlagen hatte und wieder auf die Lichtung zuging, wo weniger Bäume und mehr trockenes Gras standen, zog ich die Tanne hinter mir her. Ab und zu sprang noch ein Kaninchen auf und lief von der Lichtung aus in den dichten Tannenwald. Auch flog ein Fasan hoch, der durch das Geräusch von der Tanne, die ich durch das Unterholz schleppte, aufgeschreckt war. Mit lauten Schreien flog er niedrig zirka 50 Meter weiter und landete wieder im Unterholz. Dabei warnte er alle anderen Tiere. Ich war erstaunt, dass noch einige Tiere da waren, weil noch einen Tag vorher in dem Wald eine Treibjagd stattgefunden hatte. Viele abgeschossene leere Jagdpatronen waren unterwegs an Wiesenrändern und Gräben und vor dem Wald zu sehen. Als ich die Lichtung verlassen wollte, kurz vor einem Feldweg, sah ich eine Fasanenhenne, die stark blutete und nicht mehr fliegen konnte. Ich ließ die Tanne und das Beil fallen und fing die Fasanenhenne ein. Der eine Flügel war angeschossen und hing herunter. Das eine Bein war blutig. Das Tier gab nur noch schwache Laute von sich. Ich erlöste es von den Schmerzen, indem ich es an den Beinen fasste und mit dem Kopf gegen einen Baum schlug. Der Fasan war sofort tot. Ich nahm ihn mit nach Hause. Als ich den Wald verlassen hatte, konnte ich den anderen Fasan, der aufgeschreckt worden war, immer noch hören. In kurzen Abständen waren seine Laute zu hören. Es konnte auch sein, dass der Fasanenhahn durch seine lauten Rufe die Fasanenhenne suchte. Mein Vater wusste, das die Jagd in Schlautmanns Büschken Herrn Schumacher gehörte. Ich musste den toten Fasan, obschon es schon dunkel war, sofort zum Gutsbesitzer Schumacher bringen. Den Weg dorthin benutzte ich mehrfach. Ich ging dann aber immer im Laufe des Tages, wenn es noch hell war. Nun war es schon dunkel.

Damals führte ein geschlungenes Schlackenpättchen vom Schmitthausweg, neben der Hofeinfahrt zum Bauernhof (damals gepachtet von Bauer Winkelmann) zum Haus des Gutsbesitzers Schumacher. Das Schlackenpättchen ist heute, 50 Jahre später, zugewachsen. Der Fußweg führte hinter den Häusern an einer tiefen Kuhle vorbei, wo im Sommer viele tausend Seerosen blühten, und unter großen Eichenbäumen her, an denen

Holzbänke standen. Ich hatte schon etwas Angst, als ich mit dem Fasan in der Hand ohne einen Lichtschein den Schlackenweg entlanglief. Als ich das erste schwache Licht erkennen konnte, es bestand schon Verdunkelungspflicht, stand ich schon vor dem Haupteingang der Villa. Ich stieg mehrere Stufen hoch und klopfte, da ich in der Dunkelheit keine Schelle erkennen konnte, mehrmals kräftig an die dicke Eichentür. Eine Haushälterin mit einer weißen Schürze, die mich schon kannte, öffnete die Tür. Ich zeigte ihr den Fasan und sagte, dass ich ihn an Schlautmanns Büschken vor zwei Stunden gefunden hätte. Von der Haustür aus ging an der linken Seite eine gewaltige Treppe hoch. Die Frau rief durch das Treppengebäude nach Herrn Schumacher. Als Herr Schumacher die halbe Treppe herunter war, konnte er mich sehen und sagte: „Wer bringt uns da noch einen Fasan?" Er sah sofort, dass der Fasan noch nicht lange tot war. Als ich ihm alles erzählt hatte, sagte er, ich hätte alles richtig gemacht, und bedankte sich. Wenn ich wollte, könnte ich den Fasan mit nach Hause nehmen zu meinem Elternhaus. Ich nahm also den Fasan wieder mit. Mein Vater hat den Fasan am Abend noch mit heißem Wasser gerupft und ausgenommen. Meine Mutter machte am anderen Tag ein Fasanenragout, sonst hätten wir nicht alle etwas abbekommen bei der großen Familie. Dazu gab es reichlich gekochte Kartoffeln und reichlich Apfelkompott aus eigener Ernte. Ab und zu legten meine Eltern ein kleines Bleistückchen zurück auf den Tisch. Wir Kinder haben davon nichts gemerkt, weil es so gut schmeckte.

Eine Woche vor Weihnachten fuhr mein Vater mit dem Fahrrad nach Münster und kaufte Lebensmittel und Geschenke ein. Sein Fahrrad hatte er umgebaut, so dass er auch mit dem beschädigten Bein die eine Fußpedale treten konnte. Das andere Bein, ein Holzbein, stand fest im Bügel. Die Antriebskraft erfolgte von einer Handkurbel, die an der Verbindungsstange zwischen Lenker und Sattel befestigt war. An der Handkurbel war ein Kettenzahnrad angebaut. Das Kettenrad trieb eine Fahrradkette nach unten auf ein zusätzliches Kettenrad, das neben dem normalen Kettenrad befestigt war. Da die eine Hand die Kurbel drehte, war für den halben Lenker auch nur ein Handgriff vorhanden und unten auch nur eine Pedale zum Treten. Bei Hill in Münster kaufte Vater Lebensmittel und bei Althoff Spielzeuggeschenke. Bei den Lebensmitteln waren auch Feigen und Datteln, wenige Apfelsinen und eine Dose Fisch in Tomatensauce. Die Dose Fisch war etwas Besonderes. Bei dem Spielzeug war ein Gewehr, mit dem man Papierkugeln drei Meter weit schießen konnte. Auch gab es einen kleinen Panzer, der durch Federkraft aufgezogen wurde. Das gekaufte Spielzeug hielt nach der Bescherung nur wenige Tage. Der Feuerstein in der Panzerkanone war abgenutzt. Neue Feuersteine konnte man nicht mehr nachkaufen im Krieg. Dann hatten wir nur noch das von meinem Vater selbst aus Holz hergestellte Spielzeug, das schon mehrere Jahre alt war. Auch einige Spielzeuge aus einem russischen Kriegsgefangenenlager bei der Baufirma Peter Büscher und Sohn in Münster, die von russischen Gefangenen nach Feierabend gemacht worden waren, konnten wir mehrere Jahre benutzen. Mein Onkel August hatte sie von der Firma, bei der die Russen beschäftigt waren, bei einem Fronturlaub mitgebracht. Da sie immer großen Hunger hatten, haben sie die Spielsachen für etwas Essbares abgegeben. Meine Lehrerin, Frau Rommerswinkel, hatte uns strengstens untersagt, bei den Russen, die sie als „Untermenschen" bezeichnete, Nahrung gegen Spielzeug einzutauschen. Auch das Schaukelpferd machte mein Vater zu Weihnachten wieder einsatzbereit. Er hatte es vor Jahren aus Holz, Sägespänen und mit einem selbstgegerbten, rotbunten Kalbsfell zusammengebaut. Es wurde von allen Kindern viele Wintermonate benutzt, bis es vor Überlastung repariert werden musste. Beim Schaukeln saßen und standen auch schon mal fünf Kinder auf dem Schaukelpferd. Der Holzfußboden in der Wohnstube nutzte jeden Winter durch das Schaukelpferd mehrere Millimeter ab.

Anfang des Krieges kam zu Weihnachten ein Textilkaufmann aus Borghorst, der uns jedes Jahr besuchte. Er verkaufte meinen Eltern Kleider- und Anzugsstoff. Als er meine älteste Schwester sah (etwa zehn Jahre alt), wie sie nicht richtig laufen konnte – sie hatte wegen Kinderlähmung mehrere Wochen im Krankenhaus gelegen – ging er zu seinem kleinen Pkw (Opel P4) zurück, holte eine Rolle bunter Reststoffe und schenkte sie ihr. Er hat noch eine ganze Zeit bei meinen Eltern im Wohnzimmer gesessen und sich mit ihnen unterhalten. Ich musste dabei das Zimmer verlassen. Als er wieder abfuhr, hatte er Tränen in den Augen. Mein Vater sagte zu mir: „Schade, er kommt nicht wieder. Es ist ein Jude aus Borghorst, er wird ‚umgesiedelt'". Darum hatte er für meine gehbehinderte kleine Schwester ein Paket Stoffreste geholt und meinen Vater angehalten, sie das Schneiderinnenhandwerk erlernen zu lassen. Schon als Schulkind hatte sie nun mehrere Jahre reichlich Stoffe, um Puppenkleider zu nähen. Später ist sie dann auch Schneiderin geworden. Ob mein Vater und der Textilkaufmann aus Borghorst damals schon wussten, dass alle Juden umgebracht wurden, kann ich nicht sagen. Gesprochen wurde davon nie.

Am Heiligabend, an dem damals noch überall bis Mittag gearbeitet wurde, hatte meine Mutter noch viel Arbeit, um alles für das Weihnachtsfest vorzubereiten. Ihre erste Arbeit noch vor dem ersten Kaffee war, die Kuh zu melken. Sie wurde drei Mal am Tag gemolken, auch an den Weihnachtstagen. Fast die ganze Milch wurde in einer Zentrifuge durchgedreht. Alle Arbeiten, die mein Vater mit dem einen Holzbein machen konnte, hat er gemacht. Auch schälte er jeden Tag einen großen Eimer voll Kartoffeln für die große Familie, die zwei Jahre lang durch ein Pflichtjahrmädchen (14-15 Jahre) größer geworden war.

Zu Weihnachten mussten wir Kinder, die schon zur Kommunion gekommen waren, die drei Kilometer bis zum Dorf mit dem Fahrrad fahren oder bei Schnee zu Fuß zur Kirche laufen und beichten. In der Kirche wurde damals nicht geheizt. Auf der Rückfahrt kaufte ich dann bei Frau Brandes, die damals noch keine Autos verkaufte, ein Geschenk für meine Mutter zu Weihnachten. Mal war es eine Glasschüssel oder ein Tortenteller. Wenn wir wieder zu Hause ankamen, war es schon dunkel.

In der Kochküche roch es gut nach einem Braten, den meine Mutter zubereitete für den Weihnachtstag. Meist gab es zu Weihnachten mit Trockenobst, Pflaumen, Birnen und Äpfeln gefüllte Schweineripppe vom eigenen, vorher geschlachteten Schwein. Alles Trockenobst hatte mein Vater den Sommer über geerntet, zubereitet und getrocknet. Dafür benutze er den mit Holz (Buschen) beheizten Kohlekochherd. Es dauerte viele Stunden, bei kleiner Flamme und mit zwei Zentimeter offen stehender Ofentür, bis das Obst auf den selbstgemachten Holzrosten getrocknet war. Das gesammelte getrocknete Obst wurde in Leinenbeutel gefüllt. Damit es im Winter nicht von der Feuchtigkeit schimmelte, wurden die Beutel in einem Trockenschrank, in dem später auch das Geräucherte vom Schwein trockengehalten wurde, aufgehängt. Der Trockenschrank stand im Zimmer oben über der Wohnstube. Eine Öffnung in der Wohnstubendecke führte von unten in den Trockenschrank. Oben im Trockenschrank führte ein Rohr in den Schornstein. Aus dem allein beheizten Raum im Haus führte die warme, trockene Luft durch den Trockenschrank nach draußen. Heute, nach 70 Jahren, wird das gekaufte Trockenobst so mit Zusätzen behandelt, dass es nicht schimmelig wird.

Noch vor der Weihnachtsbescherung wurden bis auf die jüngsten Geschwister, die noch nicht laufen konnten, alle Kinder vom Vater gebadet. In unserem Nebenhaus hatte mein Vater als erstem der Häuser am Bahnhof Nienberge einen Baderaum mit fließend Kalt- und Warmwasser eingerichtet. Neben der verzinkten Badewanne stand ein mit Holz beheizter Heißwasserkessel auf einem gemauerten Podest. Das heiße Wasser konnte durch einen Wasserhahn hinten in die Badewanne fließen. Eine Handbreit daneben war der Kaltwasserhahn, durch den das kalte Wasser eingelassen werden konnte.

Mein Vater sägte die Tanne als Weihnachtsbaum auf die richtige Länge ab und befestigte den Baum in einem dafür hergestellten Betonklotz, der mit Papier umwickelt wurde. Der Weihnachtsbaum stand so fest, dass auch kleine Kinder ihn nicht umwerfen konnten. Dann schmückte er den Weihnachtbaum mit alten Kugeln, Lametta und Engelhaar. In den Kriegsjahren gab es keine Weihnachtskerzen mehr. In einigen Kerzenhaltern waren noch Restkerzen vorhanden. Sie wurden eingeschmolzen zu einer dicken Kerze. Auch konnte man keine Wunderkerzen zum Abbrennen mehr kaufen. Die Rohstoffe wurden für den Krieg gebraucht. In meinem Laubsägekasten, den ich ein Jahr vor dem Krieg zu Weihnachten bekommen hatte, war noch eine Vorlage von einem Stern mit Feuerschweif abgebildet. In wenigen Stunden hatte ich einen Stern aus einer Sperrholzplatte ausgesägt. Dieser Stern wurde mit Silberfarbe gestrichen und oben im Weihnachtsbaum befestigt. Trotz der fehlenden Kerzen sollte der Weihnachtsbaum dennoch etwas beleuchtet werden. In der Mitte des Sterns wurde ein Loch in die Sperrholzplatte gebohrt. Eine kleine Sechs-Volt-Birne, die für den beleuchteten Muttergotteskasten vorrätig war, wurde in den Stern eingesetzt. Zwei dünne Kabel wurden vom Stern bis zum Transformator vom Muttergotteshäuschen verlegt und angeschlossen. Wenn nun die Lampe mit dem roten Glas im Muttergotteskästchen an war, leuchtete auch der selbstgemachte silberne Stern am Weihnachtsbaum. Mein gewünschtes Weihnachtsgeschenk, ein Bund Laubsägeblätter, gab es nicht mehr zu kaufen. Mit den letzten Sägeblättern sägte ich noch nach einer Vorlage ein Bild der Feldherrnhalle aus Sperrholz und das Völkerschlachtdenkmal von Leipzig aus. Beim Aussägen der vielen kleinen Fenster vom Bild des Völkerschlachtdenkmals brach das letzte, zwei Millimeter starke Laubsägeblatt durch.

In der Zeit, wenn alle Geschenke unter den geschmückten Weihnachtsbaum gelegt wurden, mussten alle Kinder, bis auf die Jüngsten, das Wohnzimmer verlassen. Wir gingen dann durch die Kochküche auf die Tenne, wo bis auf die Hühner das Vieh untergebracht war. Da über den niedrigen Viehställen alle Hillen mit Heu gefüllt waren, war bis zur höheren Balkendecke, auf der das Stroh gepackt war, auch im kalten Winter die Luft von der Körperwärme der Tiere immer bis zehn Grad warm. Als dann nach einer Zeit, die uns Kindern sehr lang vorkam, die Stubentür aufging, durften wir die Stube betreten und die Geschenke übernehmen. Für jedes Kind gab es einen Weihnachtsteller voll mit Nüssen, Früchten, eigenen Äpfeln, selbstgemachten Süßigkeiten, selbstgebackenen Plätzchen, einer Apfelsine, Feigen oder Datteln. Papierweihnachtsteller gab es nicht. Es wurden Essteller benutzt, die am nächsten Mittag wieder gebraucht wurden, wo die meisten Teller auch wieder leer waren. Mehrere Advents- und Weihnachtslieder wurden gesungen. Aus dem Deckel eines leeren Geschenkpappkartons schnitt mein Vater eine Papierspirale aus. Der Mittelring wurde auf eine lange Stricknadel gesetzt, so dass die größer werdende Spirale herunterhing. Wenn man eine Kerze unter die Spirale stellte, drehte sich die Spirale durch die aufsteigende Hitze rund. Damit die Stricknadel senkrecht stehen konnte, schnitt er eine vier Zentimeter dicke Scheibe einer Runkelrübe ab und steckte die Stricknadel hinein. Das Unterteil einer kleinen, leeren Schuhcremedose, in der die Reste der Kerzenenden mit einem Docht eingeschmolzen waren, stellte er daneben. Der Docht in der hergestellten dicken, kurzen Kerze wurde angesteckt, und die Papierspirale drehte sich. Für uns Kinder war es ein Erlebnis, wie die aufsteigende warme Luft über der Kerzenflamme den Papierkreisel drehte.

Alle warmen Kleidungsstücke, die Geschenke zu Weihnachten sein sollten, hatte meine Mutter schon bei Einbruch der kalten Tage den Kindern angezogen. Als die letzten halben Kerzen am Weihnachtsbaum abgebrannt waren, ging die ganze Familie um 21 Uhr zu Bett, wenn es keinen Fliegeralarm gab.

Am anderen Morgen, dem ersten Weihnachtstag, hörte ich, wie mein Vater schon früh unten im Wohnzimmer den Stubenofen von Asche reinigte und mit Buschenholz das Feuer entzündete. Wenn das Anmachholz im Ofen aufgefüllt war, hörte ich das Rascheln des elektrischen Feueranzünders, mit dem der Vater das Holz anzündete. Die Mutter hat um sechs Uhr die Kuh gemolken, wenn die Kuh das Heu fraß, das mein Vater von der Hille mit einem Haken heruntergezogen hatte. Auch hörte ich, wie meine Mutter den Melkeimer nahm und sich neben die Kuh setzte, um zu melken. Wenn die Kuh nicht richtig stand, für den Eimer kein Platz frei war, rief die Mutter „Hummedi", und die Kuh stellte sich richtig hin, der Melkeimer passte. Dann hörte ich die ersten Milchstrahlen in den Eimer strullen. Das leise Klirren der Kuhhalskette, mit der die Kuh festgebunden war, konnte ich auch hören.

Die Mutter musste sich dann fertig machen, um mit dem Fahrrad die drei Kilometer zum Dorf zu fahren und an der Frühmesse teilnehmen zu können. Mein Vater stellte ihr Fahrrad an der Brunnenwand bereit. Er prüfte den Luftdruck der Reifen, füllte die Karbidlampe mit Wasser und Karbidstückchen. Für alle Kinder, die noch nicht zur Kommunion gingen, schmierte er die Butterbrote. Alle anderen Kinder gingen nüchtern zur Kirche. Für meine Mutter, die auch nüchtern zur 7-Uhr-Messe gefahren war, stellte er ein besonders gutes Frühstück zurecht. Er überwachte das Ankleiden der Kinder, die die 8-Uhr-Messe besuchten. Für den drei Kilometer weiten Weg zur Kirche im Dorf war bei gutem Wetter eine halbe Stunde nötig. Am Vorbergshügel musste man das Fahrrad hochschieben, die Straße war damals noch nicht ausgebaut. Da wir nicht für jedes Kind ein Fahrrad hatten, mussten immer einige Kinder laufen. Wenn das Wetter sehr schlecht war, es regnete oder ein Schneesturm tobte, spähten die zu Fuß laufenden Kinder nach den Kutschwagen eines großen Bauern aus.

Zu Weihnachten war die Kirche meist so voll, dass wir Kinder von Häger nur einen Stehplatz zwischen den Erwachsenen hatten. Der Stehplatz war so eng, dass das Knien bei der Wandlung fast nicht möglich war. Die Kriegsweihnachten, die ich als Kind erlebte, waren auch sehr traurig. Wegen der Verdunkelungspflicht lag die Kirche im Dunkeln. Die Glocken läuteten nicht. Sie waren abmontiert und abgeholt worden. Sie wurden eingeschmolzen, damit Zünder für Granaten hergestellt werden konnten. Am Weihnachtstag wurden die Namen der gefallenen und vermissten Soldaten vorgelesen und es wurde für sie gebetet. Die Witwen wurden immer zahlreicher. Die kleinen Soldatenkreuze der gefallenen, getöteten Soldaten vor der Kirche wurden immer mehr, so dass der Platz dafür erweitert werden musste. Auch konnte man einige schwer verwundete Soldaten mit vielen Auszeichnungen zu Weihnachten in der Kirche sehen, die noch mit dem Leben davongekommen waren. Wie schwer deren weiteres Leben sein konnte, wusste ich von meinem Vater, der im Ersten Weltkrieg schwer verletzt wurde und ein Bein verlor. Die Rente, die für den Einsatz eines Lebens gezahlt wurde, war sehr gering gegenüber jenen Männern, die unverletzt aus dem Krieg zurückgekommen waren und gegenüber denen, die im Krieg unabkömmlich waren oder einen Parteiposten hatten. Sie konnten nach dem Krieg wieder voll arbeiten und sich eine Altersrente sichern. Noch bevor die Messe zu Ende war, verließen die Geschäftsleute, meist Frauen, die Kirche vorzeitig, um pünktlich im Geschäft zu sein, wenn die Messe beendet war. Außer anderen Waren kauften die

Leute noch Kuchen, Wurst, Fleisch und Aufschnitt. Auch die Schneiderin und der Schuster hatten geöffnet. Die Kutschwagenfahrer kehrten in einer Gastwirtschaft ein. Viele Frauen gingen zu Bäcker Dirks und tranken Kaffee. Einige Kutschwagenfahrer kehren erst gegen Mittag zurück. Mein Vater besuchte die 10-Uhr-Messe, wenn er mit dem Spezialfahrrad fahren konnte. Der Vorbergshügel musste eisfrei sein. Da er mit dem Holzbein und dem anderen beschädigten Bein nicht lange stehen konnte und in einer langen Kirchenbank sein Holzbein nicht unterbringen konnte, erlaubte ihm ein angesehener Nienberger Bürger, seinen bezahlten, mit einem Namensschild gezeichneten Platz in einer kurzen Kirchenbank hinten in der Kirche zu benutzen. Einen gemeinsamen Weihnachtsgottesdienst mit der ganzen Familie zu besuchen, war damals nicht denkbar.

Nach dem reichlichen Mittagessen mussten wir Kinder uns schon wieder fertig machen für die Nachmittagsandacht in der Kirche. Mein Vater half der Mutter beim Spülen, eine Spülmaschine gab es vor 70 Jahren noch nicht. Mit dem Spülwasser wurden noch die Schweine gefüttert. Mit einem Besen fegte mein Vater Stube, Küche und Tenne ab. Den Küchenherd hat er mit Schmirgelpapier blankgerieben. Alle Knochenreste von den noch weichen Rippenknochen zerkleinerte mein Vater mit der Kneifzange für die Hühner.

Wenn wir das zweite Mal zu Fuß daheim ankamen, waren wir sehr müde. Da wir Kinder bei vielen Kirchgängen auch nassregneten, ist es ein Wunder, dass keiner von uns so krank war, dass der Arzt aufgesucht werden musste. Heute, nach 70 Jahren, müssen die Enkelkinder etwa 30 Mal mehr im Jahr zur ärztlichen Behandlung.

Wenn der Weihnachtsbaum nach Heilige Drei Könige abgebaut war, wurde der Tannenbaum an einem Samstag im Backraum unter dem Heißwasserkessel verbrannt. Es gab damals kein Entsorgungsproblem. Am Weihnachtsabend gab es Bratkartoffeln, in Speck (vom eigenen Schwein) gebraten. Mittags wurden so viel geschälte Kartoffeln gekocht, damit abends noch genügend Kartoffeln für die Bratkartoffeln da waren. Sonntags und an Feiertagen gab es jeden Abend Bratkartoffeln mit eingemachtem Obst: Pflaumen, Äpfel, Birnen, Pfirsiche oder Zuckergurken. Etwa 400 Glas mit einem oder eineinhalb Litern Inhalt wurden jeden Sommer eingekocht. An den Wochentagen gab es abends aufgewärmtes Durchgemüse vom Mittag mit Mehlpfannkuchen oder Reibeplätzchen. Im Krieg und bis zur Währungsreform wurden für jede Person zwei Zentner eigene Esskartoffeln eingekellert. Wenn am ersten Weihnachtstag zum Abendessen noch Besuch da war, wurde das gekaufte Brot gegessen, welches für den zweiten Weihnachtstag gedacht war. Dann machte mein Vater am zweiten Weihnachtstag in der Küche den Küchenherd an, und meine Mutter machte den Teig fertig für ein großes Kastenbrot (Stuten). Wenn das Brot aus dem Backkasten entfernt war, legte mein Vater etwa 16 dicke Boskop-Äpfel aus dem eigenen Obstgarten in den noch heißen Backkasten und machte Bratäpfel daraus. Oben in den geöffneten, entkernten Apel, strich er ein Stückchen gute Butter, die dann in und um den Apfel schmorte. Das selbstgebackene Brot schmeckte besonders gut. Sonst gab es nur Roggenbrot auf Marken.

Um vier Uhr früh im Bescherungszimmer

✳✳✳

Elli Pabel, Jahrgang 1936, stammt aus Halle/Westfalen. Als 15-Jährige begann sie
nach der Schulzeit eine Ausbildung zur Einzelhandels-Kauffrau. Mit 20 Jahren
heiratete sie, 1957 kam die erste und 1961 die zweite Tochter zur Welt. Später
betrieb Elli Pabel bis 1975 in Brockhagen ein kleines Lebensmittelgeschäft. Danach zog sie zurück nach Halle und arbeitete unter anderem als Leiterin eines
Supermarktes. 1993 ging Elli Pabel in den Ruhestand. Zu ihren Hobbys zählen
die Gartenarbeit, das Malen und nicht zuletzt das Geschichtenschreiben.

In meiner Erinnerung müsste es Weihnachten 1942 gewesen sein,
denn mein Schwesterchen, das ich im Frühjahr des Jahres bekommen hatte, konnte noch nicht laufen.

Es war Krieg, und da war alles anders, als man es heute gewohnt ist.
Draußen brannte keine Laterne und schon gar keine Weihnachtsbeleuchtung. Ganz davon zu schweigen, dass Elektrizität eine Mangelware war
und dass es zeitweise gar keinen Strom gab. Es gab ein Gesetz, nach dem
alles verdunkelt sein musste. Wenn man des Abends durch Städte und
Dörfer kam, war es stockfinstere Nacht. Nirgendwo blitzte auch nur der
kleinste Lichtstrahl – wegen der Angriffsgefahr der feindlichen Bomber.
Durch diese Maßnahmen konnten die Flieger die Ansiedlungen schlecht
ausmachen. Wer im Dunkeln mit dem Fahrrad unterwegs war, der musste sein Licht abdunkeln. Dazu hatte man eine Kappe mit ganz schmalem
Schlitz, die über die Fahrradlampe gezogen wurde. Bei Kraftfahrzeugen
war das ebenso, aber die gab es sowieso kaum. Es war eine schlimme Zeit
damals. Fliegerangriffe und Entbehrungen waren an der Tagesordnung.

Aber Weihnachten wurde selbstverständlich gefeiert, denn das Christkind musste ja kommen. Wenn auch die Geschenke sehr bescheiden aus-
fielen, so war das für uns Kinder – ich denke noch mehr als heute – eine
aufregende Zeit. Wir konnten die Bescherung kaum erwarten, und unsere
Geduld wurde auf eine harte Probe gestellt. Obwohl ich schon längst sechs
Jahre alt war, glaubte ich natürlich noch an das Christkind. Wie gesagt,
damals war alles anders. Die Wohnungen waren nicht so großzügig wie

heute. Meine Eltern hatten eine Küche und zwei Schlafzimmer. Alles lag in einer Reihe hintereinander. Die Türen dazwischen hatten oben kleine Fensterchen. Das Christkind, es ließ sich ja vor den Kindern nicht sehen, musste doch in Ruhe werkeln können. Das war also sehr schwierig und nur möglich, wenn die Kinder schon schliefen. Bescherung an Heiligabend, das ging gar nicht. Das passierte über Nacht. Schon Abende vorher war eine Geheimnistuerei im Gange, und durch die Fensterchen konnte man sehen, dass noch ganz lange gearbeitet wurde. Aus der Küche drang der Lichtschein ins Schlafzimmer, wenn ich abends mit großer Anstrengung versuchte, wach zu bleiben, denn zu gerne hätte ich gewusst, was da wohl passierte. Nur Mama und manchmal auch Papa durften dem Christkind behilflich sein, und nichts, aber auch gar nichts durften sie verraten. Es hätte sonst passieren können, dass das Christkind nicht zu uns gekommen wäre. Aber manchmal konnte ich am anderen Morgen sehen, dass das Christkind gearbeitet hatte. Ein paar Plätzchen auf der Fensterbank, ein Stern oder etwas Engelhaar zeugten davon, dass in der Nacht mächtig was los gewesen sein musste.

So kam denn der Heilige Abend heran. Alles war sauber geputzt, und eine große Zinkbadewanne wurde in die Küche gestellt. Auf dem Kohleherd standen Kessel und ein großer Einkochtopf mit heißem Badewasser. Jetzt also noch hinein in die Wanne.

Die Zeit bis zum Abendbrot zog sich unendlich hin, und dann ging es ab ins Bett. Das warme Bad hatte mich doch ziemlich müde gemacht, und eine Wärmflasche sorgte dafür, dass ich bei aller Aufregung doch schnell einschlief, denn endlich konnte das Christkind nun kommen. Mama und Papa, die ja helfen mussten, gingen viel, viel später ins Bett und lagen noch im festen Schlummer, als ich am Morgen gegen vier Uhr aufwachte. Nun hielt ich es nicht mehr aus. Papa und Mama wurden wach gemacht, und in froher Erwartung fragte ich, ob ich schon nachsehen dürfte, denn das Christkind müsste jetzt wohl lägst da gewesen sein. Schmunzelnd sagten meine Eltern: „Dann guck doch mal, ob du etwas bekommen hast." Endlich, endlich durfte ich losflitzen, und während ich die Küchentür aufstieß, war ich von dem Anblick schier ergriffen. Da stand in dem halbdunklen Raum der Weihnachtsbaum mitten auf dem Tisch. Es war überwältigend. Die süßen Teller und andere Sachen, die darunter lagen, fielen im Moment gar nicht ins Gewicht, so entzückt war ich. Wunderschön geschmückt glitzerten die Kugeln und das Lametta im kargen Schein des Schlafzimmerlichtes. Mit einem Jauchzer lief ich zurück und berichtete von dem, was passiert war. „Ja, aber hast du denn gar keine Geschenke bekommen?" fragten meine Eltern. Ich rannte wieder los, und da lag doch auf Mamas Platz so eine Fahrradkappe mit engem Schlitz, die musste ich aber mal schnell zeigen. Doch so richtig freute Mama sich gar nicht und fragte: „Sonst hat es nichts gegeben?" „Doch", sagte ich und sauste wieder los. Da schwamm doch auf einem rosa Puddingteller ein kleines gelbes Celluloid-Entchen. Sicher war das für meine kleine Schwester, und flugs musste ich auch das ins Schlafzimmer tragen. Das Wasser aus dem Puddingschälchen schwappte über und landete, Gott sei Dank, auf dem Fußboden, bevor ich wieder an Mamas Bett ankam. Aber meine Eltern wollten doch sehen, was für mich denn unter dem Weihnachtsbaum lag, und so rannte ich wieder los. Boah, ein ganzer Schuhkarton. Voll mit Fidibüssen! Das waren lange, dünne Holzstäbchen, aus Brennholz geschnitzt. Nun konnte Papa wieder Feuer aus dem Herd holen, um seine Pfeife anzustecken, denn Streichhölzer und Feuersteine waren knapp zu der Zeit. Also musste erst einmal der Schuhkarton den Weg ins Schlafzimmer nehmen. Papa freute sich riesig, aber eigentlich waren meine Eltern doch gespannt darauf, wie ich wohl auf meine Geschenke reagieren würde. Das begriff ich erst viele Jahre später, als ich wusste, dass es zwar das Christkind gibt, aber dass es doch unmöglich in der heiligen Nacht gleichzeitig zu allen Kindern persönlich kommen kann.

Jedenfalls hatte ich jetzt endlich Zeit, mich um meine Geschenke zu kümmern. Da hing so ein feiner dunkelblauer Mantel, mit roten Paspeln, und ein blaues Hütchen gab es dazu. In den Taschen steckten die passenden Fingerhandschuhe, ebenfalls alles ganz passend abgepaspelt. Und was stand da unter dem Küchentisch? Ein Schlitten, genau wie Onkel Fritz, der Stellmacher, immer welche machte. Obenauf saß eine neue Puppe, mit echtem Haar, und meine alte Erna hatte ein ganz neues Kleid an. Nun war die Reihe aber an Mama, ganz ungeduldig zu werden. Wie der Mantel da so hing, konnte ich doch sehen, wie schön er war. Sie wollte aber unbedingt, dass ich ihn anziehe um zu sehen, ob er auch passt. Na klar passte der. Zwar ein bisschen reichlich groß, aber immerhin musste er ja mindestens zwei Jahre seinen Dienst tun. Wie konnte Mama nur glauben, dass er nicht passen würde? Schließlich hatte ihn das Christkind gebracht – und das kannte mich doch. Das war nun doch eine große Freude, und wenn es auch noch in der halben Nacht war, mochte ich eigentlich nicht mehr ins Bett gehen. Aber mit Erna und der neuen Annemarie im Arm ging es dann doch.

Ich erinnere mich, dass all diese Weihnachten aus meiner Kinderzeit etwas ganz Besonderes waren. Natürlich war es sehr schön, als ich später selber Kinder und dann Enkelkinder hatte. Aber diese Spannung, diese Aufregung erlebt man wohl nur als unwissendes Kind.

Die mechanische und die
elektrische Eisenbahn

❄❄❄

Wilfried Diener, Jahrgang 1940, ist gebürtiger Iserlohner und lebt in seiner Heimatstadt. Er ist verheiratet und hat zwei Kinder. Ursprünglich lernte er Schriftsetzer und war anschließend, bis zu seiner Pensionierung 2004, Pädagoge und Schulleiter im Berufskolleg.

Weihnachten 1942 freute ich mich über meine erste Eisenbahn, die das Christkind gebracht hatte. Das Schienenoval hatte Mutter vor dem Weihnachtsbaum im Wohnzimmer aufgebaut. Die Räder der Lokomotive wurden von einer Feder angetrieben. Diese musste wie bei unserer Küchenuhr mit einem großen Schlüssel aufgedreht werden, damit die Lok ein paar Runden fahren konnte. Sie zog zwei Personenwagen und zwei Güterwagen. Über dem Gleis wölbten sich zwei Tunnel, die man beliebig verstellen konnte. Oder man stellte sie zu einem langen Tunnel zusammen, in dem fast der ganze Zug verschwand. Zusätzlich gab es noch einen beschrankten Bahnübergang und ein Signal. Die Schranken schlossen sich durch das Gewicht der Lokomotive und der Wagen, wenn diese den Übergang passierten. Das Signal musste man von Hand auf „Freie Fahrt" stellen. Mein Freund Ferdi brachte als Kulisse bemalte Häuser aus Holz mit, die sein Vater in der elterlichen Schreinerei für ihn gefertigt hatte. Die Häuser stellten wir zur Stadt zusammen. Die Kirche und eine Fabrik mit einem hohen Schlot waren auch dabei. Bei trübem und regnerischem Wetter war die Eisenbahn unser beliebtestes Spielzeug. Wir spielten dann aber nicht wie zu Weihnachten im Wohnzimmer, sondern in der Wohnküche. Das Wohnzimmer blieb im Winter meistens ungeheizt, weil man Kohlen sparen musste. Und nach dem Krieg war es auch nicht durch uns zu nutzen, da wir es zur Unterbringung der Schauspieler eines Schauspielstudios vermieten mussten, das in unserer Stadt sehr früh wieder für kulturelle Bereicherung sorgte.

Eine elektrische Eisenbahn konnte ich Weihnachten 1947 im Wohnzimmer einer befreundeten Familie bestaunen. Es war nach dem Krieg so üblich, dass man Freunde und Bekannte am Vormittag des zweiten Weihnachtstages besuchte, um ihnen ein frohes Weihnachtsfest zu wünschen. So war es auch in jenem Jahr, als auf dem großen Ausziehtisch im Wohnzimmer eine Märklin-Eisenbahn aufgebaut war und ihre Runden drehte. Den Zug konnte man vom Trafo aus steuern. Die Weichen und Signale wurden per Knopfdruck gestellt. Alle Kinder, die zu Besuch waren, durften den Zug mal in Bewegung setzen. Am Bahnhof hielt er von selbst an, weil das Signal auf „Halt" stand. Stellte man das Signal auf „Freie Fahrt", drehte der Zug automatisch wieder seine Runde. Das gab rote Wangen vor Aufregung und das Staunen über das ferngesteuerte Vor- und Zurückfahren und Ausweichen auf das Nebengleis nahm kein Ende.

Weihnachtlicher Briefwechsel 1942/43

❄❄❄

Ingrid Brüggenwirth, Jahrgang 1937, wuchs in Iserlohn auf. Nach Abitur und Studium war sie Lehrerin an der Vinckeschule in Arnsberg. Seit ihrer Heirat lebte sie in Münster, Wuppertal und Solingen und kehrte nach dem Tod ihres Mannes nach Arnsberg zurück. Sie interessiert sich sehr für Kulturgeschichte. Ingrid Brüggenwirth hat zwei Söhne und eine Enkelin.

Ich war sechseinhalb Jahre alt und gerade eingeschult, als mein Vater im Oktober 1943 eingezogen wurde und an die Ostfront kam. Als Selbstständiger mit einem Exportgeschäft war er vorher zur Schutzpolizei in Iserlohn abkommandiert worden und versah dort einen „Ersatz-Kriegsdienst".

Unsere Verwandten wohnten in Ihmert, einem kleinen Ort in der Nähe von Iserlohn. Wegen der größeren Sicherheit auf dem Lande beschloss meine Mutter, in der Vorweihnachtszeit mit mir zu Onkel Karl und Tante Lene umzuziehen. Die fürsorgliche Tante gab sich die größte Mühe, uns den Trennungsschmerz von unserer Wohnung und vor allem von meinem Vater vergessen zu lassen.

Eine besondere Freude war mir das Helfen beim Plätzchenbacken. Ich besitze noch einige Rezeptblätter aus der damaligen Zeit und kann mir kaum vorstellen, dass das Gebäck so köstlich schmeckte, wie ich es in Erinnerung habe. Die Haferflockenmakronen waren meine Favoriten! Die Grießplätzchen – ohne Fett – waren hingegen nicht nach meinem Geschmack. Ob meinem Vater qualitativ wertvolleres Gebäck geschickt wurde, weiß ich nicht. Er lobte es auf jeden Fall in seinen Briefen, die noch alle vorhanden sind!, meist mit überschwänglichen Worten.

Auf den Tag vor Heiligabend freute ich mich sehr. Der Hauptmann der Schutzpolizei hatte meine Mutter und mich und noch viele andere Kinder und Mütter zu einer Julfeier (!) in eine Iserlohner Kaserne eingeladen. Obwohl es leckeren Kuchen gab und ich mit einem schönen Puppenwagen beschenkt wurde, erinnere ich mich an ein Gefühl der Unsicherheit und Enttäuschung. Im Nachhinein glaube ich, die Missempfindung erklären zu können: Einmal war es das Lärmen der großen Kinderschar, die mir Angst machte, und dann waren es die im nationalsozialistischen Sinn umgedichteten Weihnachtslieder, die ich so nicht kannte. Deshalb gefiel mir am Heiligen Abend die Christfeier mit dem Kindergottesdienst in der Ihmerter Kirche viel besser. Die dort gesungenen Lieder waren mir alle vertraut. In unserer Familie war es üblich, uns am Weihnachtsmorgen nach dem Kirchgang um sechs Uhr (Ucht) zu bescheren. Auf dem Dorf gab es keinen Frühgottesdienst. Wir standen trotzdem schon um sechs Uhr zur Bescherung auf.

Aus einem Brief meiner Mutter vom 25. Dezember 1943 an meinen Vater im Feld:

„Als wir das Weihnachtszimmer betraten und sangen „O du fröhliche", stand Ingrid, an Karls Hand, gebannt und schaute in den Lichterbaum. Dann erst die laute Freude beim Anblick der Geschenke. Als sie die Puppe entdeckte, war ihr Glück vollkommen. Den ganzen Tag hat sie damit gespielt."

Weil ich erst einige Buchstaben schreiben konnte, habe ich meiner Mutter diktiert, was ich dem Vater erzählen wollte:

„Mein liebes Papiken!
Nun war endlich das Christkind da. Ich bekam eine Puppe, ein Spiel, Schuhe, Strümpfe, Pantoffeln, die das Christkind selbst gemacht hatte, Bilderbücher und einen Teller voll.
Der Nikolaus brachte mir bei der Polizei einen Sportwagen für meine Puppe. Jetzt kann ich schön ‚Mutter und Kind' spielen. Die Puppe hat ganz viel Zeug, sogar einen Hüftgürtel mit Strumpfbändern und lange Strümpfe. Sie hat auch einen Mantel und ein Hütchen. Sie kann auch schlafen und ‚Mama' rufen. Diese Puppe habe ich jetzt am liebsten. Sie heißt Angelika. Bei Oma Ihmert brachte das Christkind noch einen Schal und Handschuhe, zwei Taschentücher und ein Glanzbildchen. Dieses Bildchen schicke ich dir. Jetzt bekommst Du einen ganz dicken Kuss von
Deinem Mäuschen."

Am nächsten Tag ein weiterer Brief:

„Mein liebes Papiken!

Mutti soll noch einmal für mich schreiben. Ich muss Dir doch noch sagen, was ich bei Oma Ihmerterbach bekommen habe vom Christkindchen. Es lag bei Oma noch ein Unterrock, und Onkel Rudi und Tante Lotte hatten 2 Spiele, 1 Paar schöne bunte Handschuhe und einen bunt bemalten Kleiderhaken für mein Zimmer bestellt. Ich bin doch artig gewesen, meinst Du nicht auch?

Mutti bekam noch ein Paar Strümpfe, eine Vase, eine Tüte Äpfel, einen Milchtopf, eine Bezugscheinmappe und Eier. Ob bei Dir das Christkind auch war? Mutti hat sich nur gewünscht, dass Du Post und Päckchen von uns bekommen hast. Jetzt will ich den Brief schnell fortbringen, damit Du ihn bald erhältst. Tausend Grüße schickt Dir Dein Mäuschen."

Was Vater an Weihnachten 1943 erlebt hat:

„Liebste Mutti!   Im Osten, 25.12.'43

Gestern war der Weihnachtsmann mit langem weißen Bart persönlich hier, und jeder erhielt ein Päckchen, das etwas Hartgebäck, Bonbons und Zigaretten etc. enthielt. Dann bekam jeder noch einen fabelhaften Christstollen, 180 Zigaretten, 15 Stumpen, 1 Flasche Rum-Verschnitt, 1 Tüte mit Gebäck, Tabak, Bonbons und 1 Päckchen Backpulver. Na, da staunst Du wohl!?

Wenn Euch doch auch solche Zuteilungen gegeben würden! Es tut mir jedes Mal leid, wenn Ihr bei den geringen Zuteilungen noch für mich etwas abgebt! Für uns wird in jeder Hinsicht gesorgt. Sogar einen Becher Glühwein erhielten wir zum Stützpunkt gebracht. Weihnachten selbst haben wir nur in Gedanken feiern können, denn der Tagesablauf an Heiligabend und am 1. Weihnachtstag war derselbe wie sonst auch. Das Päckchen mit Gebäck, der Hefe, den Feuersteinen und der Kerze habe ich bis jetzt nicht erhalten. Es wäre schade um die organisierten Sachen!

Herzliche Grüße und Küsse, auch für mein liebes Mäuschen, von Eurem Papi."

Weihnachtsfeste in Everswinkel

❊❊❊

Die Volkswirtin Waltraud Benteler aus Münster wurde 1934 geboren. Sie ist verheiratet und hat einen Sohn. 1943 wurde sie nach Everwinkel evakuiert und kehrte 1945 mit ihrer Familie wieder nach Münster zurück.

Zwei Weihnachtsfeste habe ich in Everswinkel verbracht. Ich habe keine besonderen Erinnerungen daran, ich könnte nicht einmal sagen, wo der Weihnachtsbaum stand. Es wurde viel gesungen, und das fand ich mit so vielen Personen besonders schön. Mit Sehnsucht dachte ich allerdings an den Besuch bei den Tieren, den meine Mutter und ich immer am Heiligen Abend machten. Mein Vater fand das zwar immer „Dumm Tüg", aber bevor in der Familie die Weihnachtsfeier begann, gingen wir mit einem Korb voller Leckereien, Brot, Äpfel und Möhren durch den dunklen Garten zum Stall.

Wir öffnen leise die Tür und machen nur ein kleines Licht an. Dann sprechen wir leise zu den Tieren, damit sie nicht erschrecken. Die Pferde begrüßen uns sofort mit freudigem Schnauben. Die Schafe springen auf und rennen zum Futtertrog, bei ihnen geht es immer sofort ums Fressen. Die Kühe erheben sich schwerfällig und sehen uns mit ihren sanften, feuchten Augen entgegen. Nachdem wir unsere Leckerbissen verteilt haben, streichen wir allen Tieren über die Köpfe und wünschen ihnen frohe Weihnachten. Mutters Stimme, die sie genau kennen und gern haben, beruhigt sie und sie schlafen friedlich wieder ein. Zu den Schweinen gehen wir nicht. Sie verstehen nichts von weihnachtlichen Gaben und würden sofort das große Futter erwarten und nicht aufhören zu schreien. Auch die Hühner darf man nicht stören. Wenn sie im Dunkeln von der Stange fallen, finden sie nicht wieder herauf. Deshalb gehen sie auch immer so früh schlafen, damit sie im Hellen auf die Stange fliegen können. Dann gehen wir manchmal durch glitzernden Schnee auf das hell erleuchtete Haus zu und der Heilige Abend hat begonnen.

Warme Sachen waren gefragt

✻✻✻

Gisela Hennemann, Jahrgang 1938, stammt aus Bad Fredeburg im Hochsauerland. Nach ihrer Schulzeit arbeitete sie bis zu ihrer Hochzeit im Jahre 1963 in der Strumpfindustrie. Gisela Hennemann hat zwei Töchter, einen Sohn und sechs Enkelkinder. Nahezu 20 Jahre war sie Küsterin in der St. Hubertus-Gemeinde in Schmallenberg-Dorlar, wo sie jetzt schon seit 47 Jahren ihre Heimat hat.

Weihnachten und Weihnachtszeit bringe ich seit Kindertagen in Verbindung mit strenger Kälte, viel Schnee, Eisblumen an den Fensterscheiben, Bratäpfeln und vielen Heimlichkeiten. Im Krieg und nach Kriegsende gab es wenig zu kaufen, da war Einfallsreichtum gefragt: Aus Wenigem etwas machen. Die meisten Familien in meiner Heimat waren Selbstversorger mit kleiner Landwirtschaft oder Garten. So war wenigstens der Hunger gebannt. Wir, meine Schwester und ich, wünschten uns warme Sachen wie Strümpfe, Mütze, Schal und Handschuhe vom Christkindchen, die aus Wollresten und aufgeribbelten Wollsachen mit viel Fantasie gearbeitet wurden. Unsere Püppchen legten wir dem Christkind auf die Fensterbank, damit die Engelchen ihnen neue Kleidchen nähen konnten. Unser Vater war Soldat an der Westfront, aber einer unserer Onkel war Schreiner, daher standen zur Bescherung zwei Puppenwagen unter dem Tannenbaum: ein Kistchen aus Holz mit Holzscheiben als Räder, einer Stange zum Schieben und alles himmelblau angestrichen. Wir waren selig!

Beim Plätzchenbacken durften wir dabeisein und helfen. Die Gebäckdosen wurden dann auch ans Fenster gestellt und von den Engelchen geholt. Auf dem bunten Teller lagen die Plätzchen dann zusammen mit Äpfeln, Nüssen und Karamellen, die Mutter selbst in einer Bratpfanne aus Milch (Buttermilch) und Zucker zauberte. Man musste sehr aufpassen, dass die Masse nicht zu dunkel wurde, dann schmeckten die Bonbons bitter. Selten gab es eine Apfelsine oder einen Riegel Schokolade. Der Christbaum stand, da die gute Stube nur selten geheizt wurde, bis Lichtmess.

Unvergesslich war die Feier der Christnacht in der immer noch zum Teil zerstörten, aber doch sehr festlich geschmückten Kirche. Sie war vollbesetzt, und die Orgel spielte „himmlisch schön". Auch wir Kinder spürten schon: Das größte und schönste Weihnachtsgeschenk war der Mensch gewordene Gottessohn, dem wir all unsere Sorgen, Nöte und Ängste in den schlimmen Kriegsjahren anvertrauen konnten. Unvergesslich sind mir die Abende, wenn alle um den Weihnachtsbaum versammelt waren und die schönen, alten Weihnachtslieder gesungen wurden. Unter dem Baum stand eine schlichte Krippe mit bunten, schon sehr angeschlagenen Figuren. Das Christkind war aus rosa Wachs, trug eine winzige Windel und wurde mit großer Ehrfurcht in die Hand genommen. Wir Kinder beteten dann sehr andächtig:

Oh du liebes Jesuskind!
In der Kripp' im Stalle
Wehte ja so kalt der Wind,
littest für uns alle.
Aber jetzt sollst warm du liegen,
jetzt soll unser Herz dich wiegen.
Komm in unsre Herzen!

Unser aller Gedanken waren in diesen Tagen besonders bei den Soldaten an der Front, dem Vater an der Westfront, den Onkeln in Stalingrad und auf See, von denen niemand die Heimat wiedersah bis auf zwei, die als Krüppel zurückkamen. Abends sahen wir oft mit Mutter zu den Sternen und dem Mond am Himmel hinauf und wünschten uns, dass Papa auch gerade jetzt zu den Sternen aufsehe und sich unsere Blicke dort oben treffen möchten.

In den Tagen vor dem Fest sangen wir oft abends im Bett, mit einem heißen Ziegelstein an den Füßen:

„Die Nacht vor dem Heiligen Abend, da liegen die Kinder im Traum.
Sie träumen von schönen Sachen und von dem Weihnachtsbaum.
Und während sie schlafen und träumen, wird es am Himmel klar.
Und durch den Himmel fliegen, drei Engel wunderbar.
Sie tragen ein holdes Kindlein, das ist der heilige Christ.
Er ist so fromm und freundlich, wie keins auf Erden ist.
Und wie es durch den Himmel still über die Häuser fliegt,
schaut es in jedes Bettchen, wo nur ein Kindchen liegt.
Und freut sich über alle, die fromm und freundlich sind,

denn solche liebt von Herzen das liebe Himmelskind.
Will sie auch reich bedenken mit Lust aufs allerbest
Und wird sie schön beschenken zum lieben Weihnachtsfest.
Heut' schlafen schon die Kinder und seh'n es nur im Traum,
doch morgen tanzen und springen sie um den Weihnachtsbaum."

Heute erschöpft sich die Weihnachtsfreude meist in vielen und teuren Geschenken, gutem Essen und dem Abspielen der Weihnachtslieder von Tonträgern. Wo liest man noch das Weihnachtsevangelium und singt die schönen alten Lieder? Wo uns die Botschaft der Engel verloren geht, da wird unsere Welt kälter, dunkler und ärmer. In unserer Familie hat am Heiligen Abend die jüngste Enkelin die schönen Weihnachtslieder auf der Blockflöte gespielt, und alle haben kräftig mitgesungen (oder gebrummt!)
Aus meiner Feder ein Gedicht:

Heilige Nacht
Nacht voll Licht und Nacht voll Gnaden,
Nacht voll Singen – Nacht voll Glück,
wolltest uns den Heiland bringen,
gabst den Himmel uns zurück.

In der Mutter lieben Armen
liegt als Kind der Gottessohn,
zeigt uns Menschen sein Erbarmen,
wählt die Krippe sich zum Thron.

Heilige Nacht, du Nacht voll Segen,
hast der Welt das Heil gebracht.
Gott geht mit auf unser'n Wegen,
hat in Liebe uns bedacht.
Aller Menschen Los und Leben
Sei in seine Hand gegeben.
Er hat alles gut gemacht.
Lob sei dir, du Heilige Nacht!

Entbehrungsreiche Zeit

✳✳✳

Eva Herrmann, Jahrgang 1933, wuchs mit zwei Schwestern auf. 1944 kam sie mit der Kinderlandverschickung nach Bad Reichenhall. Sie ist verheiratet und war nach dem Krieg beim Westfälischen Heimatbund beschäftigt.

Im Jahre 1944 war ich mit der Kinderlandverschickung im zweiten Winter in Bad Reichenhall. Von daheim, aus Münster, kamen fast keine Pakete mehr und trotzdem hatten wir 12- bis 13-jährigen Mädchen einen schönen Heiligen Abend. Die Lehrerin und die Heimleiterin hatten sich alle Mühe gegeben, es uns so gemütlich wie möglich zu machen. Der Tagesraum der Gaststätte war mit einem Tannenbaum und Tannenzweigen im Herrgottswinkel geschmückt, und es war angenehm warm geheizt, was im Kriegswinter 1944 nicht selbstverständlich war.

Köchin Sophie und Zwangsarbeiterin Wanda aus Russland durften an der Weihnachtsfeier auch teilnehmen. Es wurden viele Weihnachtslieder gesungen, und wir bekamen alle Spanholzschächtelchen, die mit den An-

Mit der Kinderlandverschickung in Bad Reichenhall, Winter 1944/45

Die Kinder, die im Zuge der Kinderlandverschickung fern der Heimat waren, freuten sich über kleine und kleinste Aufmerksamkeiten am Weihnachtsfest, Bad Reichenhall, Winter 1944/45.

fangsbuchstaben unserer Namen bemalt waren, und eine Ansichtskarte des Hauses geschenkt, auf der die Lehrerin für jedes Mädchen ein passendes Gedicht geschrieben hatte. Die meisten von uns „alten Reichenhallern" können dieses Gedicht noch heute auswendig. Karte und Holzschachtel habe ich bis heute aufbewahrt. Das Weihnachtsfest in Notzeiten ist mir noch in lebhafter Erinnerung.

Das zweite Weihnachtsfest, das mir so lebendig in Erinnerung geblieben ist, war 1945, auch in der armen Zeit. Es gab ja wirklich so gut wie nichts zu kaufen! Wochenlang sammelte unsere Mutter Marzipan für den bunten Teller. Ich habe diese Marzipanteilchen noch eine ganze Zeit bis nach Weihnachten aufbewahrt, obwohl mir das Wasser im Munde zusammenlief. Ich wollte mir wohl die Vorfreude auf diesen einmaligen Genuss nicht nehmen.

Wir vier Frauen, Mutter und drei Töchter, bekamen von Vater noch ein – für die damalige Zeit – wunderbares Geschenk. Er hatte bei einer Holländerin einen Waschtisch eingetauscht gegen vier Halstücher aus reiner Seide! Meins war in verschiedenen Blautönen gehalten, und ich sehe es noch heute vor mir: So kann ein einziges Geschenk mehr Freude bereiten als ein mit Geschenken überladener Gabentisch.

Der letzte Zug ins Münsterland

✱✱✱

Brigitte Kurapkat, Jahrgang 1938, lebte 1944 mit ihren Eltern und dem älteren Bruder in Wanne-Eickel.

Unsere Familie war ausgebombt. Mein Bruder, acht Jahre älter als ich, war mit der Schule nach Pommern evakuiert. Er lebte dort bei einer guten Familie. Es war am Nachmittag des Heiligen Abends. Ich spielte auf einer Fensterbank des halb mit Brettern zugenagelten Fensters. Meine Aufmerksamkeit galt aber mehr meinen Eltern als meinem Spiel. Ich war bereits sechs Jahre alt und ich konnte die Situation schon ganz gut abschätzen.

Meine Mutter war bemüht, die zwei Zimmer, die uns Bekannte überlassen hatten, zu säubern. Die anderen Zimmer dieser Wohnung waren schon lange verwaist, weil die Bekannten wegen der Kriegsereignisse ins Sauerland geflüchtet waren und dort auch Unterschlupf gefunden hatten.

Mein Vater zog einen Mantel über und verließ das Haus. Es war mir inzwischen ganz bewusst, dass es an diesem Heiligen Abend weder einen Tannenbaum noch Geschenke gäbe. Vielleicht war eine knappe Stunde vergangen, als plötzlich die Tür aufging. Mein Vater kam von seinem Erkundungsgang zurück. Ich verstand nur, dass wir sofort zum Bahnhof müssten, um noch den letzten Zug ins Münsterland zu erreichen.

Meine Mutter hielt mit der Putzarbeit inne, band ihre Schürze ab, wusch sich die Hände, kämmte mir über das Haar und schon setzten wir uns in Bewegung. Die Wohnungstür sicherten meine Eltern mit einem Bindfaden, denn das Schloss funktionierte seit dem letzten Bombenangriff nicht mehr.

Die Fahrt war für mich unendlich lang. Kalt war es in der Eisenbahn. Fensterscheiben gab es nicht mehr. Ich fror so schrecklich, dass meine Mutter mir über meinen abgeschabten Mantel noch eine Strickjacke meines Vaters anzog. Endlich waren wir in St. Arnold, einer kleinen Dorfbauerschaft, angekommen. Hier wohnte Tante Luise, eine Schwester meines Vaters, mit ihrem Mann und ihren fünf Kindern. Sie hatte einen mittelgroßen Bauernhof.

Es muss bei unserer Ankunft bereits Mitternacht gewesen sein. Auf dem Weg von der Bahnstation zum Bauernhof unserer Verwandten konnte man die einzelnen Gehöfte dieser Gegend nur schemenhaft erkennen. Aber im Haus meiner Tante brannte noch Licht. Als wir den Eingang des Hauses betraten, öffnete sie uns mit den Worten: „Ich habe auf euch gewartet." Woher wusste sie nur von unserem Kommen? Wir hatten doch nicht geschrieben, und telefonieren konnte man damals auch nicht. Ich weiß nur noch, dass ich in dieser Nacht ganz fest und tief geschlafen habe. Und am nächsten Tag war Weihnachten.

Meine Cousinen und Cousins waren schon lange wach. Tante Luise führte mich in die gute Stube zum Weihnachtsbaum. Sie deutete mit dem Finger auf einen Teller mit herrlichen Plätzchen. „Für mich, der ganze Teller?", stotterte ich. So etwas hatte ich schon lange nicht mehr gesehen. Ich traute mich nicht, von dem guten Gebäck zu probieren. Aufheben wollte ich es, um ganz lange etwas davon zu haben. Da mein Vater wieder zu seiner Arbeitsstelle musste, fuhren wir nach den Feiertagen nach Wanne-Eikel zurück. Meine Tante hatte mir eine Tüte gegeben, in die ich meine Plätzchen einpackte.

Die Rückfahrt war noch ärger, als die Hinfahrt. Auf halber Strecke, der Zug hatte soeben eine kleine Anhöhe erreicht, hielt er mit einem heftigen Ruck an. Tiefflieger donnerten über uns hinweg. Die Menschen schrien und sprangen in Panik den Abhang hinunter. Bis zu diesem Moment hatte ich die Tüte mit den Plätzchen fest im Griff gehabt. Doch meine Eltern und ich sprangen in großer Angst den anderen nach, und meine Tüte riss. Der Inhalt flog in hohem Bogen teilweise unter den Zug und teilweise den Abhang hinunter. Ich habe schrecklich geweint.

Als die Tiefflieger abdrehten, krabbelten meine Mutter und ich die zerbrochenen Plätzchen aus dem Schotter. Die Reste packte ich, so gut es ging, in die kaputte Tüte. Nach dieser lebensgefährlichen und für mich sehr traurigen Heimreise, dennoch gut in Wanne-Eickel angekommen, ermutigte meine Mutter mich, nun endlich die verbliebenen Brocken aufzuessen.

Sehe ich im Fernsehen die traurigen, ausgehungerten und abgemagerten Menschen aus den Elends- und Kriegsgebieten unserer Tage, fällt mir immer wieder meine Weihnachtsgeschichte von 1944 ein. Für mich ist und bleibt sie unvergessen.

Brich den Hungrigen dein Brot

✻✻✻

Gerhard Krumm, Jahrgang 1928, absolvierte eine Ausbildung als Industrie-
kaufmann und war viele Jahre Geschäftsführer im elterlichen Betrieb. Gerhard
Krumm ist verheiratet und lebt heute in Niederdreisbach/Westerwald. Sein Hobby ist die Fotografie.

Weihnachten 1944, ein Fest, das anders war, als ich es bisher kannte.
Ich wuchs in einem behüteten Elternhaus mit vier Geschwistern
auf. Die Erinnerung an Heiligabend und auch an die Weihnachtstage als Kinder verbindet sich heute noch mit der gelösten feierlichen Atmosphäre, mit Geborgenheit und Wärme, mit Frieden und Freude. Aber
von alledem spürte ich an diesem letzten Kriegsweihnachten nur wenig.
Ich war im Januar 1944 im Alter von 15 Jahren als Flakhelfer eingezogen
worden. Im Oktober 1944 war ich 16 Jahre geworden. Heute sprechen wir
von Kindersoldaten. Damals war das normal. Weil es meinen Kameraden
genau so erging, empfanden wir das gar nicht einmal als so ungewöhnlich. Es war eben Krieg. Da stellte man keine großartigen Ansprüche. Jeder
war zufrieden, wenn er bis dahin überlebt hatte und noch einigermaßen
satt zu essen hatte. Die Erwartungen, die der Mensch an das Leben stellt,
werden in Kriegszeiten zurückgeschraubt, ob man will, oder nicht. Man
arrangierte sich. Entbehrung bringt einfach auch Bescheidenheit mit sich.
Damals lag einem das Lied in den Ohren „Glücklich ist, wer vergisst, was
nicht mehr zu ändern ist". Es war ein Teil der Propaganda, die den Menschen über manche Schwierigkeit hinweghalf.

Im Dezember 1944 hatten die amerikanischen Truppen hier und da
schon die Reichsgrenze im Westen erreicht. Eigentlich war dieser Krieg
bereits entschieden. Er ging aber in unverminderter Härte weiter. Es war
eine Zeit, in der die Menschen Tag und Nacht von den amerikanischen
Bomberverbänden oder Tieffliegern gejagt wurden. Die Pausen zwischen
Alarm und Alarm wurden ständig kürzer. Wer etwas zu erledigen hatte,
tat dies in den frühen Morgenstunden oder in der Dunkelheit.

Unsere Flakstellung mit drei Geschützen lag in Bad Salzig, dicht am Rhein. Unser Auftrag bestand darin, die vorbeifahrenden und vor Anker liegenden Schiffe gegen Tieffliegerangriffe zu schützen. Wir sollten die Eindringlinge verjagen. In Wirklichkeit wurden wir gejagt. Schließlich gewöhnt sich der Mensch an alles. Und doch ging uns das langsam auf die Nerven. Hilflos mussten wir zusehen, wie Tag für Tag riesige Bomberverbände über uns wegflogen. Nie war man sicher, ob sie ihre Bombenschächte nicht über unseren Köpfen öffneten und die tödliche Last auf uns abwerfen würden.

In diesem spannungsgeladenen Einerlei freuten wir uns schon auf Weihnachten. Vielleicht brachten uns die Festtage ein wenig Ruhe. Weihnachten ist einfach ein besonderes Fest, auf das wir keinesfalls verzichten wollten. Wenn jeder auch lieber diese Tage zu Hause verbracht hätte, so war uns klar, wir befinden uns halt im Krieg. Und doch versuchten wir, das Beste aus den Umständen zu machen. Unser Wachtmeister hatte einen tüchtigen Obergefreiten zur Seite, der vieles organisierte und herbeischaffte. Ein Schwein hatte uns ein Bauer gefüttert und es war schwarz geschlachtet worden. So gab es an Heiligabend in einer nahen Villa ein tolles Essen mit Kartoffelsalat, reichlich Soße und Schweinebraten.

Es ging wirklich festlich zu. Die Tische waren weiß gedeckt, feines Porzellan und Silberbesteck. Man gebrauchte damals häufig den Ausdruck „wie in Friedenszeiten". So empfanden wir es auch und vergaßen, in welcher schrecklichen Zeit wir eigentlich lebten. Das alles stand in krassem Gegensatz zu den primitiven Baracken, in denen wir hausten, und unserem bescheidenen Geschirr, das aus einem Kochgeschirr mit Aluminiumlöffel und Gabel bestand. Und, darüber freuten wir uns: Zum Essen und auch danach tranken wir leckeren Rheinwein. Wir sangen Weihnachtslieder, aber auch das Westerwaldlied wurde nicht vergessen. Der Abend und die Nacht verliefen ruhig, ohne Alarm. Erster Weihnachtstag. Wir durften sogar länger schlafen. Vielleicht sollte der Krieg mit seiner Härte und Grausamkeit einmal für die Festtage außen vor bleiben. Wir wünschten es. Aber die Realität holte uns bald wieder ein. Ein deutsches Jagdflugzeug war in der Nähe abgestürzt. Unsere Einheit musste im Wechsel von zwei Stunden bei dem Flugzeugwrack Wache halten. Wiesen und Felder waren tief verschneit. Minusgrade. Ein eisiger Wind blies mir ins Gesicht. Selbst der schwere Wachmantel bot keinen ausreichenden Schutz. Um zwölf Uhr hatte ich meinen Kameraden abzulösen.

Der Pilot lag tot neben der Maschine, ein Major, hatte noch sein EK1 (Eisernes Kreuz 1. Klasse) am Band um den Hals hängen. Einige Details lassen darauf schließen, dass dieser junge Offizier gerade von einer Feier kam, wo er sich mit seinen Kameraden über die Verleihung seiner ehrenvollen Auszeichnung gefreut hatte. Noch in seiner Ausgehuniform, eben die Fliegerkombination übergestreift, war er zu seinem Einsatz geflogen. Jetzt, fast zu Hause, abgestürzt, tot. Offensichtlich hatte er eine Notlandung versucht. Die Maschine hatte sich dabei überschlagen und den Piloten aus der Kanzel geschleudert.

Mit 16 Jahren neben dem Toten, alleine. Meine Stimmung ist getrübt. Die Gedanken wandern nach Hause zu den Eltern und den beiden Schwestern, zu den beiden Brüdern, die irgendwo an der Front sind, zu denen kein Kontakt besteht. Endlich kommt meine Ablösung. Hungrig und durchgefroren marschiere ich zurück zu meiner trostlosen Baracke in unserer Stellung. Mein Weg führt durch ein kleines Dorf. Alles ordentlich, hier und da ist ein Weihnachtsbaum zu sehen. Kein Mensch ist draußen, jeder bleibt in der warmen Stube. In Gedanken versunken schleiche ich über die Straße.

Da öffnet sich eine Haustüre. Eine Frau bittet mich herein und gibt mir ein großes Stück Kuchen, eine Kostbarkeit in dieser Zeit. Ich darf ein Stück essen und warmen Kaffee dazu trinken. Ich bin gerührt von dieser Freundlichkeit. Die Tränen sind nicht mehr weit weg. Ich atme die friedliche Atmosphäre in der warmen Wohnstube regelrecht ein. Die Kinder stehen um mich herum und bestaunen den fremden kleinen Soldaten mit Stahlhelm und Gewehr, der nur wenig älter ist als sie selbst. Ich denke an meine Mutter, die manchem Gastarbeiter, einerlei, ob Russe, Holländer oder Franzose, der an unserem Haus vorbeikam, etwas zusteckte. Gott im Himmel hat das gesehen und mir wurde jetzt vergolten, was meine Mutter anderen Notleidenden getan hat. Tief beeindruckt von diesem Geschehen, voller Dank, glücklich und mit frohem Herzen setzte ich meinen Weg fort. Dieses Erlebnis am ersten Weihnachtstag 1944 ist mir nach 65 Jahren noch in wertvoller Erinnerung. Ein Tag des Festes des Friedens – mitten in dem schrecklichen Krieg, der Tausenden den Tod brachte.

Vielleicht sollten wir neu darüber nachdenken, wie wir unseren Mitmenschen, die in Not oder in einer eingetrübten Stimmungslage sind, mit einem Wort, einer freundlichen Geste oder auch mit einer Hilfestellung irgendeiner Art Mut machen und weiterhelfen. Das ist eine Aufgabe christlicher Nächstenliebe, zu der die Bibel uns auffordert: „Brich dem

Hungrigen dein Brot, und die im Elend ohne Obdach sind, führe ins Haus! Wenn du einen nackt siehst, so kleide ihn (Jes. 58,7). Heute bin ich noch dazu in der Lage. Möglicherweise sieht es Morgen schon ganz anders aus. Und dann empfinde ich tiefe Freude, wenn mir jemand hilfreich seine Hand reicht.

Die besseren Leute

✾✾✾

Toni Komnik, Jahrgang 1938, lebt seit ihrer Geburt in Ibbenbüren-Laggenbeck. Zunächst arbeitete sie als Verwaltungsfachangestellte, blieb dann, als Mutter von fünf Kindern, zu Hause und führte den Haushalt. Die vorliegende Geschichte hat sie 1998 für ihre Enkelkinder aufgeschrieben. Mittlerweile hat Toni Komnik neun Enkelkinder und ein Urenkelkind.

Weihnachten 1944. Deutschland befand sich im sechsten Jahr im Krieg. Ich war damals sechs Jahre alt. Wie alle Kinder in meinem Alter „glaubte" ich noch kindlich naiv, dass das Christkind artigen Kindern fast jeden Wunsch erfüllt. Dass die Wünsche im Rahmen blieben, dafür sorgten schon die Eltern. Man war eben nicht artig genug gewesen, das leuchtete ein.

Meine kleine Familie – Mama, ich und Papa – lebten in bescheidenen Verhältnissen, darin waren wir keine Ausnahme, die Mehrheit lebte so in unserem Ort. In vielen Familien war der Vater im Krieg – als Soldat. Mein Papa war vom Kriegsdienst befreit, weil er als Schlosser bei der Preußag Ibbenbüren – Steinkohle – arbeitete, denn das war ein kriegswichtiger Betrieb. Wir waren sehr froh darüber.

Wir Kinder hatten damals nicht sehr viele Spielsachen, spielten aber fantasievoll und sehr kreativ. Viel Spielzeug von mir war aus Holz und alles selbstgemacht: die Puppenstube, die Möbel darin, die Laden in den Schränken waren aus Streichholzkästchen, alles natürlich hübsch angemalt, so auch der Sport-Holzpuppenwagen und der Schlitten. Jungen- und Mädchenspielzeug waren genau definiert. Mädchen spielten vorwiegend mit Puppen, kleine Puppenmütter, die ihre spätere Mutterrolle probten. Meine drei Puppen waren Kriegsware. Die Lieblingspuppe „Erika" (ein damaliger Modename) war etwa 60 Zentimeter groß, hatte einen Blechkopf, angemalte Augen, angemalte Haare und einen Rumpf aus Stoff. Die Babypuppe namens „Baby" hatte einen Stoffrumpf, einen Pappmaschee-kopf, aufgemalte Haare und aufgemalte Augen.

Mein größter Wunsch war es, eine große Puppe mit einem Porzellankopf, langen Haaren, beweglichen Armen und Beinen und Schlafaugen zu besitzen, die beim Vornüberbeugen „Mama" sagen konnte. Solche Puppen aus der Vorkriegszeit kannte ich von den großen Geschwistern meiner Freundinnen. Spielen durften sie damit selten. „Das ist zu schade, wenn die kaputtgeht, es gibt keine neuen", hieß es. Sie saßen hübsch aufgemacht im Puppenwagen, der meistens im Elternschlafzimmer in einer Ecke stand. Ich hatte immer das Gefühl, heiligen Boden zu betreten, wenn Kinder mir diese Puppen zeigten.

Endlich durfte ich im Advent meinen Wunschzettel schreiben. „Puppe mit langen Haaren und Schlafaugen" stand ganz oben auf dem Zettel, darunter „viel Puppenzeug". Der Zettel wurde abends auf die Fensterbank gelegt, und zu meiner Beruhigung hatten die Engelchen ihn in der Nacht abgeholt, um ihn dem Christkind vorzulegen. Für mich war klar, ich bekomme die Puppe. Warum auch nicht – höchstens weil sich zu viele Kinder dieselbe Puppe wünschten und die Engelchen mit der Arbeit nicht nachkommen konnten.

In meiner Fantasie besaß ich diese Puppe schon – „meine Ursula" –, und ich versprach ihr, bei mir würde sie nicht in der Ecke sitzen.

Heiligabend, lang ersehnt, war da. Morgens wurde noch vom Bauern ein kleines Tannenbäumchen geholt. Das wurde – wie alle Jahre wieder – in der Wohnstube auf die Nähmaschine gestellt und wartete darauf, von den Engelchen geschmückt zu werden. Das geschah in der Heiligen Nacht. Am Weihnachtsmorgen stand es da – wie alle Jahre wieder – in vollem Silberglanz: Kugeln, Ketten, Lametta, Glöckchen, Vögelchen, alles in Silber, echte Kerzen und, nicht zu vergessen, der immer wieder bewunderte Zeppelin, und über allem eine Schicht Engelhaar, unter dem sich oft der ganze Baum versteckte.

„Alle Jahre wieder" stimmten wir alle Jahre wieder an. Bei uns wurde das ganze Repertoire der Weihnachtslieder gesungen. Während des Singens suchten meine Augen – „sie". Auf der Nähmaschine, schön aufgefaltet: Unterwäsche, Strümpfe, Handschuhe, Socken, Mütze und Pullover, alles selbstgestrickt, „kratzig", so mein erster Gedanke. Die Wolle war nicht so gut verarbeitet wie heute und nicht so weich. Neben der Nähmaschine stand mein alter Holz-Sportpuppenwagen in frischem Outfit, dunkelgrün gestrichen, ein großes rotes Herz an jeder Seite aufgemalt, und darin saß – o Schreck – meine „Erika" in neuem Glanz. Auf dem Blechkopf waren, so gut es ging, die Beulen und Kratzer übermalt worden. Daneben viel Puppenzeug vom Feinsten, denn meine Mama war Schneiderin.

Nach der ersten Schreckminute ließ ich mir nichts anmerken und stimmte mit ein: „O du fröhliche". Meine Mama, die meine Enttäuschung erkannte, bemerkte später: „Im Krieg kann auch das Christkind nicht alle Wünsche erfüllen", womit sie auf die Puppe anspielte.

Ich zog meiner Puppe all die schönen Sachen an und war glücklich, bis, ja bis ...

Am zweiten Weihnachtstag fuhr ich stolz mit meinem Puppenwagen und der „Erika" darin im Garten spazieren. Das Nachbarmädchen Margret rief mich, um mir ihre Geschenke zu zeigen. Stolz ging ich mit meiner Puppe im Arm zu ihr.

Mit Margret spielte ich sehr selten. Sie wuchs ganz anders auf als ich. Die Eltern waren wohlhabend. Sie besaßen zwei große Häuser uns gegenüber. In dem einen Haus war ein Textilgeschäft. Wir betraten das große Wohnzimmer, der Tannenbaum reichte von der Erde fast bis zur Decke, sehr beeindruckend. Und dann – ich verlor den Glauben an ein gerechtes Christkind – holte Margret ihren neuen Puppenwagen mit herunterklappbarem Verdeck und Spitzenkissen und nahm eine große Puppe mit Porzellankopf, langen Haaren und blauen Schlafaugen aus dem Wagen und sagte stolz: „Meine neue Puppe!"

Mir kamen die Tränen, ich konnte nichts sagen, ich wollte nach Hause. Mit meiner Puppe im Arm kam ich mir erbärmlich vor. Glücklich aus dem Haus gegangen, traurig zurück ins Haus geschlichen. „Was ist denn los?", fragte meine Mama. „Wieso hat Margret die Puppe bekommen, die, die ich mir so sehr gewünscht habe? Außerdem hat sie schon so eine ähnliche, das ist ungerecht vom Christkind!" Trotzig traurig erwartete ich von meiner Mama eine Erklärung. Sie war in Erklärungsnöten und sagte nur: „Das sind die besseren Leute!" Ich merkte instinktiv, dass weitere Fragen nicht angebracht waren. Aber es beschäftigte mich noch tagelang.

Wieso waren das bessere Menschen als wir? Ich dachte hin und her, kreuz und quer. Ich wurde zur Sozialistin. „Die besseren Leute!", das hatte sie schon einmal zu mir gesagt, als ich so drei bis vier Jahre alt war. Meine Mama schickte mich in das Textilgeschäft von Margrets Eltern, um Nähseide zu kaufen. Margrets Mama fragte mich: „Toni, was möchtest du denn haben?" Dabei beugte sie sich zu mir hinunter und lächelte mich freundlich an. Und – so etwas hatte ich noch nie gesehen: Vorne in ihrem Mund wuchsen drei Goldzähne. Aufgeregt erzählte ich meiner Mama davon.

„Goldzähne wachsen einem nicht, die lässt man sich machen. Das sind die ‚besseren Leute'. Damals beeindruckten mich die Goldzähne mehr als die Aussage meiner Mama.

Tatsächlich trugen „die besseren Leute" ihre Wohlhabenheit deutlich zur Schau. Gesunde Zähne wurden vergoldet. Wie sich die Zeiten geändert haben. Heute habe ich auch vergoldete Zähne, aber die verstecke ich hinter einer Porzellanverblendung. Einige Jahre später ist mir erst aufgegangen, dass „die besseren Leute", wie man allgemein von ihnen sprach, nicht als die „besseren Menschen", sondern als „bessergestellte Leute" zu definieren waren. Das änderte die Sichtweise enorm!

Lederstrumpf am Bombentrichter –
das letzte Kriegsweihnachten

✸✸✸

Wolfgang Pracht, Jahrgang 1933, gebürtiger Berliner, aber durch manche Ereignisse in vielen Städten Deutschlands aufgewachsen, lebt heute in Billerbeck.
Nach dem Abitur in Rostock 1954 und dem Staatsexamen in Greifswald 1959
war Wolfgang Pracht Fachlehrer für Biologie und Chemie. 1961 floh er aus der
DDR, 1978 kam er nach Billerbeck. Seit vielen Jahren ist Wolfgang Pracht aktiv in
der Evangelischen Kirche Billerbeck, wo er das Archiv pflegt und in der Schreib-
werkstatt mitwirkt. Der Autor hat fünf Kinder, acht Enkel und zwei Urenkel.

E s war am Morgen des 25. Dezember 1944 in einer Kleinstadt am
nordöstlichen Rande des Salzkammergutes: Wels an der Traun.
Mein Bruder und ich begutachteten die bescheidenen Weihnachtsgeschenke. Ich selbst las gleich einmal in dem neuen Buch „Leder-
strumpf". Unsere Mutter hatte von irgendwoher einen kleinen Rehbraten
erworben und bereitete ihn für das Mittagessen. Eine Erdbeertorte stand
für den Nachmittag bereit. Kurz vor 12 Uhr gab es Vollalarm. In gewohnter
Weise ergriffen wir das Köfferchen mit wichtigen Papieren und anderen
Dingen und suchten wie alle anderen Hausbewohner den Luftschutzkeller auf. Natürlich wurde das neue Lederstrumpfbuch mitgenommen. Man
konnte ja auch im Keller weiterlesen. Es dauerte gar nicht lange und das
typisch dumpfe Brummen der feindlichen Bomberverbände näherte sich.
Die bange Frage, ob sie wie manchmal nach Salzburg oder Linz abschwen-
ken würden, blieb uns in der Kehle stecken. Wie ein Keulenschlag brach es
über uns herein. Das Heulen, Pfeifen und Krachen wurde infernalisch. Das
elektrische Licht erlosch, selbst Kerzen wurden vom Luftdruck ausgebla-
sen. Flach lagen wir auf dem Boden, jeder hatte ein feuchtes Taschentuch
vor dem Mund, ein Kissen auf dem Kopf, was letzten Endes sicher auch
nicht geholfen hätte. Das Weinen und Jammern von uns allen war in dem
Höllenkrach kaum noch zu vernehmen. Ein älterer Mann betete laut und
wir dachten ernsthaft an das Ende, vor allem als sich nach einer besonders

101

heftigen Explosion der Betonboden unter uns wie Eisschollen übereinander schob. Erst nach zwei Stunden trat Ruhe ein, und irgendwo in der Ferne heulten die Entwarnungssirenen. Wie wir aus dem Keller gekommen sind, weiß ich nicht mehr. Die Doppeltür des Schutzraumes ging kaum auf. Durch die geöffnete Fensterschutzklappe rutschten Unmengen Schutt und Scherben in den Keller. Zwar stand das Haus noch, aber in allen Wänden klafften Risse. Ein gewaltiger Bombentrichter schloss direkt neben dem Luftschutzkeller mit der Wand ab. Erdbeertorte und Rehrücken waren wie die ganze Wohnung mit Dreck und Scherben gespickt. Keine Scheibe war mehr heil. Mit Pappen und Decken wurde das einigermaßen behoben. Schlafen mussten wir in einer Schule, die als Notunterkunft diente, das Haus war nicht mehr bewohnbar. Mein Lederstrumpfbuch war schlagartig uninteressant geworden. Wir hatten eben noch das nackte Leben gerettet – das war unser Weihnachten 1944.

Güllene un swatte Strieks in Chriskindkens Book

✳✳✳

Elisabeth Reher, Jahrgang 1941, stammt aus Gelsenkirchen. Ihre Familie wurde 1944 ausgebombt und nach Senden evakuiert. Nach der Schulzeit in Senden zog sie 1955 nach Münster um und arbeitete als Verkäuferin in einem Pelzgeschäft, später in einem Textil- und Handarbeitsgeschäft. 1978 zog sie nach Senden zurück. Elisabeth Reher ist seit 47 Jahren verheiratet und hat drei Kinder und vier Enkelkinder. Das Münsterländer Platt ist ihr seit Kindertagen in Senden geläufig.

De alleriärsten Nikelaosaomd, an de ick mi erinner, dat was 1944. An'n 1. Dezember waörn wie nao Senden henkuemen. Wie trocken in een Hus, wao unnen de Huswärt wuende. Eene Treppe harup up de rechte Siet wuende de Süster van de Huswärt met üöre Familig', un up de linke Siet keimem wi to wuennen. Christa, dat Döchterken van de Süster, nahm mi bi de Hand und gong met mi to de Naobers. Se sagg: „Dat is Lisabeth, de wuent nu bi us."

Eenen Dag sägg se to mi: „Van Aomd müets du een Teller upstellen, van Nacht kümp Sünte Klaos, de brengt di wat."

Ick sagg dat aomds to usse Mama. Mama un Oma keeken sick bedrööwt an, un Oma meinde: „Dat sall wuell nix wäern, de Nikelaos wiet jä gar nich, dat wi nu in Senden wuent, de sökt us nao in Geskiärken." Ich sagg: „Dao süht he jä dat kapotte Hus und dann kümpt he wisse nao hier hen." Oma un Mama meinden, dat sall wuell nich klappen.

Aomds satten wie an'n Disk und Oma vertellde us ne Geschicht. Up eenmaol was een Ramentern up de Trepp und dao kloppte et auck aal an de Düör. Wie reipen: „Harin!", un dao gong auck aal de Düör los. Een Kääl met een'n schöö'n Ümhang un met ne hauge Müsk stonn in'ne Düör un, kirrewitzdi, sat ick bi Oma up'n Schaut, dat Dümken in de Snut. Min klen Bröerken aower gong hen und gaw em de Hand. He har jä auck nao nich den swatten Kääl seihen, we ächter den Nikelaos harinkamm.

An den Kääl was aals swatt, de Ümhang, de Kapuzz, dat Gesicht und de Hänne. In de eene Hand har he ne Rode un fuchtelde daomet harüm, in de annere Hand har he een Sak un holl em up sienen Puckel fast. Ut den Sak keeken twee Beene haruut, met bruune Strümp an un haoge swatte Schoe, de Schobändkes uopen. Aower de Nikelaos küerde ganz fröndlick un fraog mit, ob ick dann wuell dat „Vater unser" biäden könn? Jau, dat konn ick und dat „Gegröß sießt du Maria" biätede ick gliegs ächterhiär. Dann frog he mi, ob ick nao mehr biäden könn. Ick sägg: „Jau, ick kann ‚Maria breit den Mantel aus', un ‚Die Eltern mein empfehl ich dir' kann ick auck." Dat hät em freit un he sagg, dat wie aomds auck en Teller upstellen dröffen. Erstan gaw he us nao en paar Nikelaosköckskes in die Hänn, denn trock he met sienen swatten Kääl wier af.

Mama sagg: „Dat was de Hans Muff." Crista sagg an'n annern Dag: „Dat was de Knecht Ruprecht." Aower wecke Been dat wöern, dat wuss se auck nich. Dat was min alleriärste Nikelaosbeliäwnis. Achterher sagg ick to Mama: „De Nikelaos het küert es de eene von Meies." Mama wuss gar nich, we ick meinde, se kannte sick jä auck nao nich in de Naoberschopp uut.

Vandage is't jä so, dat de Winachtstied aal kuort nao de Summervakans anfangt. Dao kann man in die Kaupmannsläden alle de Stollen un Winachtsköckskes un Slickerien kaupen, un mannigeen hät sick, wenn Winachten kümpt, aal de söten Saken leed giäten. Fröher fong de Winachtstied nich so fröh an. Wenn in'n laten Hiärwst de Sunn achtern Winkelbusk vörswunnen was und de Hiemel so schön aut un güllen löchtede, dann sag use Oma: „De Engelkes sint ant backen, nun müet ji schön arig sein. Nu sitt de Nikelaos up'n Kiärktorn un kiekt, ob alle Blagen auck arig sind. „Dann gao ick iäben dao, wo ick de Kiärktorn nich seihen kann, dann süht he mi auck nich", sagg ick to Oma. „Ne", sagg se, „de Nikelaos kann dür de Müern kieken. Un dann hät he jä auck no de Engelkes, de helpt em." „Ha", sagg ick, „de sind doch alle an't Backen." „Nee", meinde Oma, „et fleigt no genoch harüm, se schriwt aals up, in Nikelaos sien graute Book."

Un wenn de Nikelaosdag vörbie was, dann satt dat Chistkindken up den Kiärktorn, un de Engelkes maken för jede guede Tat een güllenen Striek und för jede laige Tat en swatten Striek in Chriskindkens Book. Miärsttied is't mi auck glückt, dat ich arig was, aower eenmaol is't mi nich gelungen. Et was aal iätlicke Dage frösterig, un up de Pfützen was Ies. Muonens in de School häbben wie Blagen us afspruoken, un naomedags gong't nao de Rüschkenkuel up Rorups Wieske. Eeen dicken Rengel neimen wie met. An'n Rand was Ies, in de Midde was nao lück Water. Met de Rengel wämsten wie up dat Ies, et passeerde nix. Ick mog een Tratt up't Ies, wippde lück, nix, de twedden Tratt, lück gewippt, nix, de diärden Tratt, klabatschkedie satt ick bes an de Knei in't Water, so äs summerdags de Köe, wenn se sick afköhlen wullen.

Met natte Been af nao Hus hen, alle Blagen klabasterden ächterhier. „Nu krieg 'se Buorstfewer, dat is ne Lungenentzündung, se is in't Ies inbruorken", reipen se aal van widem mine Mama to. Mama bekeek sick mine Beene und sagg: „Treck die es de natten Strümp uut." De wurden utwasket und üörwer de Häädstang hangen. De Schoe moss ick met Zeitungspapeer utstoppen, und dann kreeg ick de Beene afwasket. Use Mama holl viel van kolt Water. „Huh", sagg ick, „ich sin jä aal kolt." „Glieks büs du warm", sagg Mama resselweert un hal de Backsteen ut'n Backuom, de aobens dat Bedde anwiämde. De wuor in'n Handook inslaon, un ick kreeg en an de Fööt. Ne Diek kreeg ick üm de Buuk wickelt, und dann konn ick in't Liäsebook kieken.

Aomds kam Papa nao Hus. He fraog mi: „Wat sitz du denn so bedrööwt in'n Hook?" „Ick sin in't Ies inbruoken, in de Rüschkenkuel." Papa streek mi üöwer'n Kop un sagg to Mamma: „Dao wett se nich dümmer nao." Mama sagg, datt de annern Blagen meinden, ich könn' ne Lungenentzündung greegen. „Aowatt", sagg Papa, „du häs jä aalwier so raude Bäckskes, daoför bruuks kin Bammel to häbben." Har ick jä auck gar nich, ick har viel mähr Angst för'n swatten Striek in Christkindkens Book.

Äs wi klein warn, hät Mama heimlich backt, äs wi grötter warn, droffen wi helpen, Backblech infetten, Kökskes utstiäken un so. Wenn die Plätzkes backt wörn, keimen se inn Düörslagg an't Fenster, üm afteköhlen – in de Slapstuom. Nao ne Wiele fraog ick Mama, of de Plätzkes afköhlt wärn, ick wull gään es wecke probeern. „Jau", meinde Mama, „kiek man es nao." Ick gong in de Kammer un kreeg en bannigen Schreck. Alle Plätzkes wörn verswunnen, bes up twee Stück. Christkindken har se alle afhaalt.

Ich häbb nao lang an't Christkindken glowt, ick was aal so twielf Johr olt. De Wichter in de School, de lachten mangst achter minen Puckel. De Lärin meinde, se glaiwt an't Christkind, un as ick Mama fraog, meinde se, ick sall män söfst uppassen. Dat wull ick auck doon.

Hilligaomd laggen min Broer und ick in't Bedde – un wi wullen nich inslaopen. Wi keeken up dat Fenster. Nao buten konnen wi nich kieken, die Schiewen wassen dick met Iesblomen towassen. Af un an sog man eenen hellen Schien, dat konn blaoß dat Chistkindken ore de Engelkes sein, de kieken wullen, of wi aal sleipen. Aower wi wullen nich slopen, wie wullen kieken, un kieken, un kieken, un dann wörn wi doch inslaopen. Äs ick wach wuor, was dao wier en hellen Schien, de kam aower nich van buten, de kam van binnen.

Villicht moss ick erst es vöklöern, wu dat in use Wunnung uutsain het. Toerst was dao de Küek, wecke auck Wuenstuom was, geradeuut de Slapostuom van Mama un Papa und in'n rechten Winkel daoto de Slaop-kammer van min'n Broer un mi. De helle Schien, de ick saoh, de moss ut de Küek kuemen, aower so, es wenn die Düör blaoß eenen Spolt uo-pen stonn. Pielup satt ick in't Bedde und flisterde min'n Broer to, dat dat Christkindken dao ist. He wuor auck wach, un wi satten beide in't Bedde un kieken… un et wuor immer lechter, so, äs ob de Düör von de Küek langsam upgong. Wi beiden stölden ut de Bedden un leipen an Mama und Papa vörbie, de noch in üöre Bedden laggen, un wie krieskeden: „Dat Chriskind was dao, dat Chriskind was dao." Un richtig, wi stunnen in de Düör un staunden. In'n Hook stonn de Winachtsbaum un de sülwenen Kügelkes blänkden und de Käsen branden. Up den Disk laggen Päckskes un… dao stonnen auck usse Teler, vull met söte Leckerien. Un dao wörn auck usse Plätzkes, de dat Christkind afhaalt har. Aower, wu sogen de nu uut: schön, met witten und bruunen Suckerguet anmalt, dat konn ja blaoß in'n Hiemel passeert sein.

Dao keimen auck Mama un Papa in de Küek. Wie wiesen üör aals und wassen so upreegt, dat wi gar nich miärkden, wu Papa de Bindfaam, met de he van sien Bedde uut de Düör lostrocken har, van de Klink afknöppde.

Weihnachten in russischer Gefangenschaft

❄❄❄

Walter Traxl, Jahrgang 1925, stammt aus dem Sudetenland. Er wurde als 18-Jähriger eingezogen und kehrte 1948 aus dem Krieg zurück, aber nicht in seine Heimat, sondern nach Westfalen. Die nachfolgende Geschichte hat er zum Andenken für seine Kinder aufgeschrieben.

Es war Weihnachten. Wir versuchten bei Waldarbeiten einen Tannenbaum zu finden, um ihn als Weihnachtsbaum ins Lager zu schmuggeln. Das Hineinschmuggeln gelang, aber das Aufstellen geriet zur Pleite, denn als das russische Lagerpersonal, Offiziere und Wachposten unser Tun bemerkte, war die Weihnachtsbaumfreude zu Ende: Die Bäume wurden radikal entfernt.

Jedoch muss bemerkt werden, dass in den folgenden Jahren Weihnachtsbäume aufgestellt werden durften, sogar ein großer am Lagerversammlungsplatz. Sogar etwas Gebäck gab es, allerdings von den eingesparten Lebensmitteln unserer eigenen Verpflegung.

So ändern sich die Zeiten.

Eine Bommelmütze muss es sein

❄❄❄

Leni Hirsch aus Bad Sassendorf ist 1938 geboren. Sie wuchs mit einer Schwester auf, ist verheiratet und hat zwei Söhne und zwei Enkelkinder.

Weihnachten 1945. Der Krieg ist beendet. Im Alter von sieben Jahren durfte ich meinen Wunschzettel schreiben. Es gab viele Wünsche, die ich äußern wollte. Da waren der Traum von einem Puppenwagen, dem Fahrrad, den Rollschuhen und vieles andere. Der bunte Teller und der Tannenbaum durften nicht fehlen. Eines lag mir besonders am Herzen: Es war eine Bommelmütze!

Endlich war es Heiligabend. Im Radio spielten sie wunderschöne Weihnachtsmusik, von der Vater nicht genug hören konnte. Meine Schwester und ich mussten den Nachmittag im Bett verbringen. „Der Abend ist lang genug", pflegte die Mutter zu sagen. An Schlaf war nicht zu denken, wir versuchten, durch das Schlüsselloch zu sehen. Nichts konnten wir erblicken. Wahrscheinlich hatte die Mutter ein Handtuch über die Türklinke gespannt, sodass das Loch verdeckt war. Leise erzählten wir uns Geschichten unter der Bettdecke. Was würde das Christkindchen, an das wir noch glaubten, unter den Gabentisch legen? War es bei den Nachbarn, wie Vater das immer erzählte?

Endlich kam die Mutter und erlöste uns, wie sie glaubte, aus tiefem Schlaf. Der Tannenbaum mit seinen bunten Kugeln und den weißen Kerzen leuchtete mir entgegen. Fasziniert sah ich das Lametta, das für mich noch sehr wichtig wurde.

Unter dem Baum lagen die Geschenke. Es gab kein Fahrrad, weder den Puppenwagen, noch die Rollschuhe konnte ich erblicken. Zum Spielen lag eine kleine Puppe auf dem Tisch, auf dem der bunte Teller mit Süßigkeiten stand. Da war noch ein Kleid. „Warum das Kleid", dachte ich, „das hat doch die Mutter genäht!" Ich habe es oft genug zur Anprobe überziehen müssen. Aber dann sah ich die hohen braunen Schuhe! Die sind mir doch vor kurzer Zeit aus dem Nachtschrank gefallen! Vater und Mutter sahen sich entsetzt an und fragten: „Hast du geschnüffelt?" „Nein, ich bin aus dem Bett gefallen und habe meinen Kopf an der Schranktür gestoßen, dabei sind die Schuhe herausgepurzelt. Hohe Schuhe sehen ja richtig hässlich aus zu dem schönen Kleid!"

„Das Christkind ist genau so arm wie wir", meinte Vater, „es gibt viele Kinder auf der Erde, die gerne neue Schuhe haben möchten!" „Mein Wunsch, eine Bommelmütze", so dachte ich, „ist mir auch nicht erfüllt worden!" Doch den Bommel werde ich schon bekommen, ich hatte ja das Lametta. Ich besaß eine Baskenmütze mit einem Zipfel, und an diesem Zipfel befestigte ich ein paar Streifen Lametta mit einem dicken Knoten am Ende. Die Eltern hätten das nie erlaubt, so setzte ich meine Mütze erst auf dem Weg zur Kirche auf den Kopf. In der Kirche schüttelte ich stolz meinen Kopf, sodass die Bommel sich hin und her bewegten. Das Grinsen der Gottesdienstbesucher störte mich nicht. Es war meine Bommelmütze.

Viele Jahre später, als ich selbst den Weihnachtsbaum für meine Familie schmückte und natürlich das Lametta nicht fehlen durfte, dachte ich jedes Mal an meine wunderschöne Baskenmütze mit dem silbernen Bommel zurück.

Das letzte Weihnachten in Schlesien

❋❋❋

Käte Krumm, Jahrgang 1931, stammt aus Wolmsdorf/Kreis Hirschberg/Niederschlesien. Sie wurde 1946 aus der Heimat vertrieben und wohnt heute in Niederdreisbach/Westerwald. Ihr erlernter Beruf ist Krankenschwester. Käte Krumm ist verheiratet und hat drei Kinder. Ihr Hobby ist das Malen.

In jener Zeit arbeiteten russische Soldaten in der Tischlerei meines Vaters. Meist bauten sie Modelle von Unterständen und Bunkern. Auf großen Platten gestaltete man Landschaften mit Moos und Blockhäusern, die irgendwann in einem Wettbewerb prämiert wurden. Vor den Polen hatten wir, solange die Russen bei uns waren, Ruhe.

Weihnachten 1945 war für uns in jeder Weise eine Ausnahmesituation. Aber doch wollten wir versuchen, Weihnachten wie immer zu feiern. Wir lebten noch relativ gut. Meine Mutter nähte für Russen, die irgendwo in der Umgebung einquartiert waren. Sie bezahlten mit Butter, Mehl, Fleisch oder Zucker. Ich erinnere mich nur an einen Offizier, der mit Geldscheinen bezahlte, die er alliiertes Geld nannte. Wie er sagte, sollte es Zahlungsmittel für ganz Deutschland werden. Wahrscheinlich ist es in den Problemen des kalten Krieges untergegangen. Doch nun zum Weihnachtsfest.

Drei russische Offiziere, die an dem Modellbau beschäftigt waren, fragten, ob sie Weihnachten mit uns feiern dürften. Ihr ausdrücklicher Wunsch war der, sie wollten gerne erleben, wie man in Deutschland dieses Fest beging. Eine merkwürdige Kombination, so fand ich. Was hatten wir vom russischen Kommunismus bisher erfahren – und dann diese Bitte. Irgendwo leuchtete hier doch etwas Menschliches auf, und die Sache begann mich sehr zu interessieren. Wir bereiteten Weihnachten vor so wie früher auch – mit Weihnachtsbaum, mit Geschenken und all den schönen Heimlichkeiten. Es war alles ein wenig komplizierter als sonst. Seit neun Monaten waren alle Geschäfte geschlossen. Zu kaufen gab es nichts mehr. Aber es ging auch ohne Zitronat und Schokolade. Kreativität war gefragt.

Jedenfalls war es feierlich wie immer an diesem 24. Dezember 1945. Wir gingen zur Christmesse. Der Pfarrer ließ etwas deutlich werden von dem Mensch gewordenen Gott, mit dem die Herren des vorigen Regimes Probleme hatten, weil er Jude war. Dass die jetzigen Herren dem Pfarrer das Leben schwer machten so gut es ging, war uns bekannt. Er war nämlich evangelisch und sie katholisch. Die Nationalsozialisten hatten ihn wegen seiner Bibeltreue verfolgt. Weihnachten 1944 hatte er zu dem Thema gesprochen „Oh weh dem Land, oh weh der Stadt, das diesen König nicht mehr hat." Welche Folgen das nach sich ziehen könnte, wusste jeder. Die Repressalien gegen ihn von der anderen Seite setzten nach der Kapitulation sofort ein. Er hatte mehrere Gemeinden zu betreuen. Das Fahrrad zu benutzen, wurde nicht erlaubt. Talar und Schuhe nahm man ihm weg. Der lange Weg von der einen Kirche zu der anderen führte an unserem Haus vorbei. In größter Eile mit viel zu großen Schuhen, die ihm jemand aus Gnade und Barmherzigkeit geschenkt hatte, schlurfte der Pfarrer daher, um rechtzeitig zum nächsten Termin zu gelangen.

Doch jetzt zu unserem Weihnachtsfest: Zuhause begannen wir mit unseren Gästen, den drei russischen Offizieren, das Fest zu feiern. Wie üblich, las mein Großvater zuerst das Weihnachtsevangelium. Bei dem sich anschließenden festlichen Essen lockerte sich die Stimmung etwas. Alle russischen Offiziere beherrschten die deutsche Sprache, meist sogar sehr gut, so dass es keine Verständigungsschwierigkeiten gab. Man tastete sich vorsichtig aneinander heran, begann zu fragen – antwortete, erzählte, erörterte Einwände. So stiegen wir in die Unterhaltung ein. Das alles interessierte mich, weil das Menschliche so transparent wurde. Bei den Russen war es der Gedanke, mehr über die Deutschen und ihr Land zu erfahren als nur die „Hitlerlegende". Für uns ging das Interesse in die umgekehrte Richtung. Nur einer der Gäste war auffallend still und scheinbar geistig abwesend. Obwohl er gut Deutsch sprach, beteiligte er sich kaum am Gespräch. Die Augen sagten mir, dass er nicht bei uns war. Meine Großmutter sprach ihn darauf an. Auch sie meinte: „Der Krieg ist vorbei, Sie sind Sieger, für Sie ist alles gut geworden." Das Gesicht blieb unverändert geschlossen. Eine Reaktion stellte sich nicht ein. Und dann kam es: Mit einem Ausdruck unendlicher Hoffnungslosigkeit in seinen Augen sagte dieser junge Mann: „Für mich ist der Krieg immer verloren. In unserem Dorf lebten Partisanen. Deshalb sind alle Bewohner erschossen und alle Häuser verbrannt worden. Meine Frau und meine drei Kinder leben nicht mehr. Es wartet niemand auf mich." Es dauerte lange, bis wieder eine Unterhaltung zustande kam. Ein großes Mitgefühl für diesen Sieger kam auch in meinem Herzen auf. Auch das gehörte zu den Erlebnissen dieser Zeit, die man nicht vergisst.

Onkel, einfach nur Onkel

✣✣✣

Ursula Neveling, Jahrgang 1938, lebt in Hagen. Sie war viele Jahre berufstätig als Vorstandssekretärin und Personalsachbearbeiterin.

November 1945, der Krieg war aus. Meine Schwester war ein Jahr alt, und ich war im Oktober sieben Jahre alt geworden. Der erste Schnee bedeckte zart die Bäume, die vor unserem Haus die Straße begrenzten, die nach Schwerte führte. Durch die Geburt meiner Schwester im November 1944 gab meine Mutter ihre Berufstätigkeit auf, die sie täglich als Buchhalterin nach Dortmund geführt hatte.

Bis zu diesem Zeitpunkt wohnten wir bei meiner Tante, einer Schwester meines Vaters. Sie hatte uns ihr Wohnzimmer zur Verfügung gestellt, da mein Vater 1939 eingezogen wurde. Durch die Bombenangriffe konnte meine Mutter oftmals abends nicht nach Hause kommen. Unser Wohnort war die Einflugschneise für Hagen. So wurden wir weitgehendst von Angriffen verschont. Meine Tante wurde für mich zur Bezugsperson, die mir sehr viel bedeutet hat, und ich habe sehr darunter gelitten, dass meine Mutter – durch die Geburt meiner Schwester – in der Nachbarschaft eine Zwei-Zimmer-Wohnung mietete.

Die Eigentümer, ein älteres Ehepaar, hatten im Krieg ihren einzigen Sohn verloren. Aus dem Grund durften wir Kinder nicht in Sichtweite ihres Hauses spielen, sie vertrieben uns lautlos mit Handzeichen. Lachende und lärmende Kinder waren für dieses Ehepaar durch den Verlust ihres Sohnes unerträglich geworden. Für uns Kinder war es selbstverständlich, diese Einschränkungen ohne Groll und Widerstand zu akzeptieren. Bevor ich das Haus betrat, zog ich meine Schuhe aus, um unhörbar in die Wohnung zu gelangen. So lernte ich auch, lautlos zu spielen. Um ins Haus zu gelangen, mussten alle den Eingang vom Hof aus benutzen, der durch den dunklen Keller führte. Der Vordereingang war nur eventuellen Besuchern vorbehalten. Das Plumpsklo, das bei Dunkelheit und Kälte oftmals schwer zu erreichen war, befand sich ebenfalls im Hof. So stand unter unserem Bett ein Nachtgeschirr.

Es war Anfang Dezember 1945 als es an unserer Wohnungstür klopfte. Meine Mutter bat mich, die Tür zu öffnen, da sie gerade mit meiner Schwester beschäftigt war.

Vor mir stand ein Mann, nicht groß von Gestalt. Mir fiel zuerst der lange Militärmantel auf, der bis auf seine Fußspitzen reichte. Auf dem Kopf trug er eine Mütze, die mit Fell ausgeschlagen war. Ein großer Rucksack stand neben ihm. Meine Mutter bat den Fremden herein und bot ihm eine heiße Suppe an. Der Mann sagte, dass er Grüße vom Vater bringe, der sich noch in russischer Gefangenschaft befinde. Er und der Vater seien dort Freunde geworden, denn auch er sei – wie der Vater – Schneider von Beruf. Der Vater habe ihm den Auftrag gegeben, in der Zwischenzeit eine Schneiderwerkstatt einzurichten, die sie dann beide später leiten wollten. Auf dem Dachboden befand sich eine Mansarde. Die Vermieter erlaubten dem Fremden, dort zu wohnen. Ich verspürte sofort eine große Zuneigung zu dem Mann und nannte ihn „Onkel", einfach nur „Onkel". Aber in diesem Wort lag all meine kindliche Liebe, die ich damals mit sieben Jahren zu verschenken fähig war.

Advent: Meine Mutter kramte aus der Schublade Reste von Haushaltskerzen hervor, die im Krieg bei angeordneter Verdunkelung als Lichtquelle gedient hatten. Auf dem Kinderstühlchen saß ich vor Onkel und hörte ihm zu, wenn er von seiner Mutter erzählte, die in Thüringen lebte. Durch Onkel lernte ich den Text und die Melodie des wunderschönen Weihnachtsliedes „Stille Nacht, Heilige Nacht" kennen. Ich hingegen brachte ihm alle Strophen von „Mamatschi" bei. Dieses Lied hatten meine Tante und ich oft gesungen.

Onkel konnte Papier falten, mit der Schere etwas herausschneiden, so dass zu meinem größten Erstaunen Papierkinder entstanden, die sich an den Händen hielten.

Einen Tag vor Heiligabend gingen Onkel und ich mit Körben in den nahegelegenen Wald, um Holz zu holen, damit die Stube an den Weihnachtstagen warm und gemütlich war.

Heiligabend: Im Schlafzimmer wartete ich auf das Christkind. Ab und zu wagte ich einen Blick durch das Schlüsselloch, um zu sehen, wie das Christkind durch das geöffnete Fenster hereinflog. Endlich war es soweit. Die Schlafzimmertür wurde geöffnet, und ich sah einen wunderschönen Weihnachtsbaum, der mit brennenden Kerzen, silbernen Kugeln und etwas Lametta verziert war. Ganz oben auf der Spitze thronte ein silberner Engel mit weit ausgestreckten Flügeln. Unter dem Baum, der auf einem kleinen Tisch stand, erblickte ich drei Teller, die gefüllt waren mit Plätzchen, Äpfeln und Marzipankartöffelchen. Dazu hatte mir das Christkind noch ein Malbuch und bunte Kreide gebracht, auch noch eine Fibel für die Schule. Außerdem lag da noch ein Muff, der bei Kälte meine Hände wärmen sollte. Irgendwie kam er mir bekannt vor, weil er mich an die Pelzmütze von Onkel erinnerte. Ich hatte sie auch bei ihm nicht mehr gesehen. Onkel schenkte mir seine Marzipankartoffeln, als er bemerkte, dass ich meine schon längst gegessen hatte.

Irgendwann nach Weihnachten hatte Onkel tatsächlich eine Schneiderwerkstatt eingerichtet. Es arbeiteten bereits zwei Schneiderinnen dort. Else und Ingrid. Onkel nahm mich sehr oft mit, setzte mich auf den großen Tisch, gab mir Knöpfe, die ich einsortieren sollte. Ich kam mir sehr wichtig vor. So hätte ich neben Onkel erwachsen werden können, denn mein Herz war wieder froh und unbeschwert. Die Trennung von meiner Tante lag zurück.

Doch dann stand eines Tages der Vater vor der Tür. Er war aus der Gefangenschaft heimgekehrt und beanspruchte alles, was ihm gehörte, auch die Liebe, die ich Onkel entgegenbrachte. Alle Dinge, die sich anfassen und berühren ließen, bekam der Vater zurück. Doch meine kindliche Liebe gehörte weiterhin uneingeschränkt Onkel! Onkel war für mich ein Vater geworden, mein Vater ein Fremder!

Er wollte sofort die Leitung der Schneiderei übernehmen, denn Onkel sollte ja nur der Gründer sein. Aber waren die Gedanken und Gespräche in der Schneiderei nicht anders gewesen? Das fröhliche Singen in der Schneiderstube wurde leiser, bis es ganz verstummte – und dann war plötzlich alles so anders!

Onkel nahm mich nicht mehr mit, er gab mir nicht mehr seine Hand, er sprach nicht mehr mit mir, er ging mir aus dem Weg, wo er nur konnte. Ich verstand das alles nicht. Ich nahm nur wahr, dass sich alles durch die Heimkehr meines Vaters verändert hatte, und ihm gab ich innerlich die Schuld. Laut auszusprechen wagte ich es nicht. Die Stimme meines Vaters wurde Onkel gegenüber böser und drohender. Onkel schwieg. Ich lief zu ihm, um ihn zu beschützen. Doch dann spürte ich die großen Hände meines Vaters. Er schlug auf mich ein. Ich hatte gelernt, mich rechtzeitig zu verstecken, wenn sich die Stimme meines Vaters wieder erhob. Mein Versteck wurde der Kleiderschrank, und zwar hinter den dicken Militärmänteln. Hier vermutete mein Vater mich nicht, hier konnte ich um Onkel weinen, um die Liebe, die er mir nicht mehr gab, weil mein Vater es ihm verboten hatte.

Und dann steckte Onkel eines Tages die Nadel auf das Nadelkissen zurück, nahm seinen Rucksack und ging. Ich habe ihn nie mehr gesehen! Ich hatte aber vom Fenster aus beobachtet, wohin er gegangen war.

Und wieder war es Heiligabend. Der Weihnachtsbaum stand in seinem Licht wie im Vorjahr. Die silbernen Kugeln und der silberne Engel schmückten auch in diesem Jahr den Weihnachtsbaum. Mein Vater stimmte das Weihnachtslied an: „Stille Nacht, Heilige Nacht". Ich konnte und wollte nicht mitsingen. Mein Vater schalt mich ungehorsam, verstockt und missgelaunt. Aber all das berührte mich nicht! Meine Gedanken waren bei Onkel. Wie würde er nun ohne mich Weihnachten verbringen? Ich war unendlich traurig.

Am ersten Weihnachtstag ging ich zu meiner Tante, da zu ihr ja auch das Christkind gekommen war. Ich hatte von meinem Teller die Marzipankartöffelchen in meine Manteltasche gesteckt. Mein Weg führte an dem Haus vorbei, in dem Onkel ein Zimmer hatte. Ich legte das Marzipan vor seine Tür und ging. Ab diesem Zeitpunkt brachte ich Onkel jeden Tag heimlich etwas, was ich zu Hause ergattern konnte. So entwendete ich aus unserer Küche einen Teller, um die Brote, die ich ihm gemacht hatte, besser auf seine Fußmatte legen zu können. Am nächsten Tag stand vor seiner Tür ein gespülter Teller. Nun wusste ich, dass Onkel merkte, dass ich an ihn dachte. Meine Mutter hatte festgestellt, dass Brot und Zutaten fehlten. Sie schaute mich nur an, sagte aber nichts. Und vor allen Dingen sagte sie nichts zu meinem Vater.

Aber auch Schläge hätten mich nicht davon abbringen können, Onkel durch bescheiden geschmierte Brote meine Liebe und Anhänglichkeit zu zeigen. Eines Tages wollte ich wieder den Teller auf seine Fußmatte stellen, da kam die Hausbesitzerin und sagte, dass Onkel nicht mehr hier wohne, und sie wisse auch nicht, wohin er gegangen sei. Ich hob den Teller wieder auf und ging in mein Versteck.

Zu meiner Kommunion 1949 überbrachte mir eine Schneiderin in einem Umschlag eine Tafel Schokolade, die ihr Onkel für mich gegeben hatte. Mein Vater entriss mir den Umschlag, schleuderte ihn durch das Zimmer. Ich musste der Schneiderin die zerbröckelten Stückchen wieder mitgeben. Seit dem Tage, als Onkel die Schneiderstube für immer verlassen hat, sind 64 Jahre vergangen. Aber ich habe ihn nie vergessen. Und an den Weihnachtstagen denke ich ganz besonders an ihn.

Meine Suche im Jahre 1976 war leider vergebens. Ich erfuhr durch eine ehemalige Schneiderin, dass Onkel längst verstorben war. Die gläserne Wand zwischen meinem Vater und mir ist allerdings nie zersprungen.

Strandgut

❋❋❋

Karl-Ernst Kelm, Jahrgang 1931, stammt aus Bielefeld/Gadderbau. Nach dem Abitur 1951 studierte er Pädagogik und Sonderpädagogik in Bielefeld und Dortmund. Er war im Volksschuldienst und arbeitete zwischenzeitlich im Buchhandel und als Redaktionsvolontär bei einer Zeitung. In den Sonderschuldienst kam er 1964 und war sodann seit 1969 Sonderschulkonrektor an der Comeniusschule Bielefeld-Sennestadt. Seit 1992 ist Karl-Ernst Kelm im Ruhestand und wohnt in Schloß Holte-Stukenbrock. 2005 erhielt er „Die Goldene Stadtfeder" der Stadt Schloß Holte-Stukenbrock.

S trandgut des Krieges gab es zu genüge in jenen Zeiten nach Ende des Zweiten Weltkriegs 1945; aber teilweise versuchte es, irgendwo zu landen, Fuß zu fassen, sich neu zu orientieren. So tauchte bei unseren Eltern bzw. in unserem Elternhause „Hartmut Hogen" auf (zumindest nannte er sich so!), weil er – wie vor ihm und erst recht nach ihm viele andere – in das zu unserer Wohnung gehörende separate Zimmer „auf halber Treppe" eingewiesen worden war, und zwar im Zuge der „Wohnraumbewirtschaftung" in jenen Jahren.

Hartmut Hogen (bleiben wir bei dem Namen) war von mittelkleiner, schlanker, aber agil-drahtiger Gestalt und trug außer einer (gewiss überflüssigen) Brille auch noch einen schwarzen Oberlippenbart im Gesicht – ein „verbreitertes Hitlerbärtchen" hätte man es nennen können. Und tatsächlich erzählte er auch des öfteren von seinen Begegnungen mit dem „Führer" in Berlin und davon, dass es unmöglich gewesen sei, sich dem Blick und der Ausstrahlung jenes Mannes zu entziehen, wenn man ihm gegenüberstand.

Hartmut Hogen arbeitete „beim Tommy"; also als deutscher (Zivil-) Beschäftigter bei der Versorgungsstelle der britischen Armee in der nahen Kreisstadt. Und da „versorgte" er sich eben selbst auch mit den Dingen des täglichen Bedarfs, solange er nicht dabei auffiel.

Nun war Hartmut Hogen ein kontaktfreudiger Typ, klönte gerne mit uns und machte sich beliebt. Eines Tages – besser: abends – kurz vor Weihnachten, dem ersten Weihnachtsfest nach dem Kriege, das wir friedlich und ohne Gefahren-Angst zu erleben und genießen hofften, fühlte er sich bemüßigt, etwas zur Vermehrung unseres Brennmaterial-Vorrates beizutragen. Freilich hatten wir einen kleinen, dem alten Förster abgetrotzten Holzhaufen; und dann die „Schlammkohlen", die man vor dem Verbrennen kräftig einnässen musste, damit sie überhaupt brannten; woraus sich schon ergibt, welche Wärmegrade sie im Herd und damit im Zimmer zu erzeugen vermochten, und wie wir uns in Kleidung einzuhüllen hatten, um zu überleben.

Die Wohnküche – als normalerweise einziger Aufenthaltsraum – erreichte oft nicht mehr als zwölf Grad Celsius, und dort arbeitete unsere Mutter und erledigten wir Jungen, mein älterer Bruder Gerd und ich, unsere Schularbeiten; denn inzwischen hatte die Schule wieder ihren Betrieb aufgenommen – mit zumeist ostvertriebenen oder aus der Kriegsgefangenschaft schon entlassenen Lehrern, die, ständig wechselnd, den Lehrplan (falls überhaupt vorhanden) immer wieder von vorne begannen, während wir, ohne Schulbücher oder anderes Lernmaterial, auf Zeitungsrändern oder auch den Rückseiten von Tapetenresten das von den Lehrern mündlich Übermittelte mit Hilfe von Bleistiftstummeln mitschrieben und hernach zu behalten versuchten.

All dessen ungeachtet trainierte Bruder Gerd häufig in den freien Nachmittagsstunden auf seiner Geige Etüden, wobei er hinter mir, der ich, am Küchentisch sitzend, mich auf mein „Lernen" zu konzentrieren versuchte, auf und ab marschierte, auf und ab, auf und ab; mit den ständig gleichen, sich wiederholenden Tonfolgen, bis sie gefügig liefen. Es war sein gutes Recht; oft aber trieb mich dieses hartnäckig verfolgte Fingertraining bis an den Rand der Verzweiflung.

Hartmut Hogen hatte an jenem besagten Abend einen Fund gemacht: Unten nach dem Ende des holperigen Weges ins Tal und hinter seiner Einmündung in den breiten Querweg, in der alten, verlassenen Tongrube, die da in der großen Wiese im Talgrund lag, wo der Flüchtlings-„Fuhrunternehmer" seine beiden Gäule tagsüber immer weiden ließ – da lag eine zerfallene Bretterbude, die mal Wetter-Unterschlupf für die Tongrubenarbeiter gewesen war. Schöne, große Holzwand-Elemente! Nur: Man müsste sie transportieren können. Für einen Mann alleine waren die zu groß und zu schwer! Wenn einer mithelfen könnte?!

Groß war die Versuchung, und leicht war der Entschluss: Wir beschaffen auf leichte Weise billiges Brennholz! Klar! Am selben Abend gingen Hartmut Hogen, mein Bruder Gerd und ich bei tiefer Dunkelheit hinunter zur Tongrube. Eins, zwei Hauruck! Die Wandelemente waren leichter als befürchtet. Nur: Auf die Dauer zum Schleppen – und dann noch bergauf? Zu schwer, zu viel Zeit, zu auffällig!

Ein Laufjunge war schnell gefunden: „Lauf gerade nach Hause und hol' die Schubkarre. Los!" Gemeint war natürlich ich. Ich lief los; auch richtig nach Hause, jedoch kamen mir auf dem Wege Bedenken: Wem gehörte die Hütte eigentlich? Das war doch Diebstahl! Und ich soll mich daran beteiligen? Ich – ein Dieb? Und so fort. Eine Zeit lang konnte ich mich, zu Hause angekommen, nicht entscheiden, bis Vater oder Mutter oder beide sagten: „Du kannst die beiden jetzt nicht im Stich lassen. Bring ihnen zumindest die Schubkarre hin. Die können ja dann das Holz nach Hause schieben, wenn du nicht willst oder meinst, du könntest es nicht!" Also brachte ich die Karre halb den Berg hinunter, denn dort begegneten mir die beiden, keuchend und mit Zorn im Bauch. Entsprechend fielen die Vorwürfe aus. Aber erst bei der schneidend kommandoartigen Aufforderung: „Schieb jetzt mit!" brachte ich meine eigene Argumentations-Akrobatik zum Ende, die da hieß: Na gut – die Bretterwand „entwendet" habe ich ja nicht; anderen helfen, eine beladene Karre nach Hause zu schieben, dürfte ja möglich und unverfänglich sein, sicherte uns doch schließlich diese Aktion immerhin eine Weile lang, jedenfalls über Weihnachten hinweg, eine warme Wohnung oder zumindest eine beheizte Wohnküche.

Bald darauf kam der richtige, dicke, kalte und schneereiche Winter; und damit nahte nun endgültig das Weihnachtsfest. Zu diesem Anlass hatte sich Bruder Gerds Familiensinn geregt und ihn beflügelt, etwas zur Verschönerung der Feier des Heiligen Abends beizutragen: Auf dem Schwarzmarkt nämlich (was er freilich bestritt!), vielleicht ja auch offiziell in einem harmlosen Laden hatte er Kerzen aufgetrieben! Lange, „ganze" Weihnachtskerzen! Das war unglaublich, aber wahr. Vater ließ die zum wiederholten Male schon aus zusammengesuchten alten Kerzenstummeln aufgeschmolzenen und in leeren pappenen Tablettenröhrchen mit eingespannten Baumwollfäden neu „gezogenen", in undefinierbaren, schmutzigen Farbtönen erkalteten Stearinkerzen in den uralten Kartönchen liegen und steckte freudig die Neuerwerbungen in die Kerzenhalter auf dem wie immer mit dem bewährten Schmuck und viel Liebe und Zuwendung aufgeputzten Tannenbaum, um ihn so in einen Weihnachtsbaum zu verwandeln.

Zum Heiligen Abend aber gehörte – und in diesem Jahre nicht nur aus Tradition – in unserer Familie der Besuch der Christmette; zumal jetzt, zur ersten Friedensweihnacht nach Ende des Krieges. Es war wohl ratsam, sich frühzeitig auf den Fußweg in die doch eine halbe Stunde entfernt liegende Kirche zu begeben, stand doch zu erwarten, dass viele Familien, Gruppen und Einzelpersonen den gleichen Entschluss gefasst haben würden, das erste friedliche Weihnachtsfest nach langen Jahren als Lobes- und Dankesfest zu begehen.

Zum ersten Mal erstrahlte die Kirche wieder in ihrem herrlichsten Lichterglanz auf ihrem Hügel. Es war ein Strömen und Eilen zur Stätte der Freude und des Dankens hin, dass die Erwartung zu einer freudigen Erregung hin wuchs. Es erforderte schon etwas Anstrengung, sich in und durch den festlichen Innenraum zu zwängen. Auf den drei Emporen konnte man vielleicht noch ein paar Sitzplätze erlangen; aber vorher warf man doch erst einen Blick von oben auf die beiden hohen und vor allem mit echten Kerzen über und über besteckten Tannenbäume zu beiden Seiten des Altarraumes.

Gerade in diesen wenigen Sekunden wurde die angenehme, eintönige, aber doch auf- und abschwellende Geräuschkulisse der tausend erwartungsfrohen Stimmen in unpassend hässlicher, aufgeregt hektischer Disharmonie lauter Schnarrstimmen übertönt, und ein sich zum Gezänk hochtreibendes Gezeter erregte schnelle Aufmerksamkeit. Zwei schneidend streitende Männerstimmen kreuzten die akustischen Klingen, und die dazu sich aufbäumenden Bewegungsabläufe ließen auf ein angehendes Kraftgerangel schließen: Wahrung des vermeintlichen Besitzstandes durch Verteidigung eines Platzes auf der Kirchenbank, deren Aufnahmekapazität ein anderer, herandrängender Kämpfertyp als weitaus ergiebiger beurteilte als sein Kontrahent. Ein paar besonnenere Männer mit beruhigenderem und doch gleichwohl bestimmtem Akzent versuchten dem Gezänk Einhalt zu gebieten; und die Vernunftposition behielt schließlich die Oberhand. Die Hektik glättete sich; irgendwie schuckelte man sich auf dem plötzlich verfügbaren Platz zurecht und war offensichtlich bereit, der Friedens- und Freudenbotschaft zum verhärteten Inneren Zugang zu gewähren. Und die folgende Botschaft der Weihnacht, der Heiligen Nacht, durchzog den Kirchenraum wie Weihrauch und schloss erweichte Herzen vollends auf. Von tausend Traurigkeiten war die Rede; und vom Trost durch das Kind der Ewigkeiten. Gefestigt und zugleich gelöst in der Seele schritt man, voll innerer Ruhe und Beglückung, heim durch die sternenklare Stille und den noch ungewohnten Frieden. „Hohe Nacht der klaren Sterne“, wie man es jahrelang während der braunen Phase singen musste.

Als die neuen Kerzen daheim nun entzündet waren und den Baum und das ganze, jetzt einmal gut, ja zum Bersten beheizte Wohnzimmer erleuchteten, durften wir – Mutter, Gerd, Hartmut Hogen und ich – es betreten und taten dies, während Vater „Es ist ein Ros' entsprungen" anstimmte, in rechter, friedlicher Weihnachtsstimmung. Die sich jedoch bald zu verflüchtigen anschickte, da die neuen Kerzen – je länger, je mehr – einen anderen Charakter zu offenbaren begannen als die altbekannten Stearinkerzen früherer Eigenproduktion: An die Zimmerdecke empor stieg ein nebulöser Rauch, der sich von oben her zu verdichten anfing, aber mangels irgend einer Gelegenheit zu entweichen auch die mittleren Schichten des Raumes auf- und auszufüllen gezwungen war, so dass schließlich eine dichte Rauchwolke von dem gesamten Weihnachtszimmer voll Besitz ergriff, die mit einem penetranten Petroleumgestank die Lungen zu Hustenanfällen zwang und die Augen mit beißenden Substanzen attackierte und zu unhemmbaren Tränenströmen reizte.

Irgend jemand – wer, war nicht mehr erkennbar; ich war es nicht – schlug sich schließlich zur Fensterwand durch und riss unter keuchendem Husten die Fensterflügel auf, so dass der Qualm langsam entweichen konnte; so langsam jedenfalls, dass die eisige Außenluft Muße hatte, in den Raum einzudringen und die mühsam gesammelte Wärme zu absorbieren.

Mittlerweile hatte auch jemand die Kerzen gelöscht; und nach Abzug der Menge der Rauchgase bot sich uns das Weihnachtszimmer dar als ein immer noch von geringen Dünsten heimgesuchter, schaudernd kalter, schwach von Glühbirnen erhellter Raum, der ein Verbleiben in ihm zeitlich denn doch merklich einschränkte.

Hernach saßen wir jedenfalls wieder in der leidlich erwärmten Wohnküche über einem ausnahmsweise sättigenden, ja fast „üppigen" Weihnachtsessen, das unsere Mutter wieder mal aus vielleicht gehamsterten Kartoffeln und Steckrüben, von „gestoppelten" und zermahlenen Getreidekörnern gebackenem Brot und Suppe, Braten, Schmalz und Leberwurst, gewonnen aus einem oder auch zweien meiner Stallhasen, und ansonsten aus dem Nichts heraus gezaubert hatte.

Hartmut Hogen übrigens entschloss sich einige Zeit danach, unseren Ort zu verlassen, um sich wieder nach Berlin zurückzubegeben und einen neuen Job, jetzt im evangelischen Diakoniebereich, anzutreten; wenn möglich, in der Mission. Wohl wissend oder zumindest erwartend, dass man ihn im östlichen Teil der Stadt über kurz oder lang – eher ersteres – einsperren würde – seiner „großen Klappe" und mangelnden Unterwürfigkeit wegen. Damit verliert sich seine Spur. Niemand hat jemals wieder etwas von ihm gehört.

Bescheiden, aber glücklich

✳✳✳

Herbert Gövert, Jahrgang 1939, stammt aus Nottuln. Er arbeitete viele Jahre als Hauptverwaltungsbeamter. Bis 1983 war er Gemeindedirektor in Altenberge und dann bis 1999 erster hauptamtlicher Bürgermeister von Wadersloh. Dort lebt Herbert Gövert im Ruhestand.

Heute wird Weihnachten so selbstverständlich gefeiert, dass wir nicht darüber nachdenken, wie es unmittelbar nach dem Krieg in den Jahren 1945 bis ungefähr 1950 (also vor über 60 Jahren) war. Erinnern wir uns, dass 1945 nach Beendigung des Krieges ganz Deutschland, besonders die Städte, in Schutt und Asche lagen. Unser Heimatdorf Nottuln war aber nicht davon betroffen und auch nicht der elterliche Hof Gövert in der Nottulner Bauerschaft Stockum, auf dem ich mit vier weiteren Geschwistern aufgewachsen bin. In unserer Familie gab es auch keine Angehörigen, die in Kriegseinsätzen gedient oder gar ihr Leben verloren hatten. Es waren bescheidene aber schöne Kindheitsjahre. Dennoch ist mir noch in guter Erinnerung, dass es 1945 viele Familien gab, die nicht wussten, wie sie bei der katastrophalen Versorgung mit Lebensmitteln überhaupt das „tägliche Brot" beschaffen konnten. Wir auf dem Bauernhof waren aber davon nicht betroffen und hatten immer satt zu essen.

Wie feierten wir in dieser Zeit unser Weihnachtsfest, das übrigens wie in allen deutschen Familien immer schon in früheren Jahren gefeiert und durch die Kriegszeit nicht unterbrochen wurde?

Zunächst musste ein Weihnachtsbaum beschafft werden. Zwei oder drei Tage vor Heiligabend wurde eine etwa zwei Meter hohe Tanne im hofeigenen Wald geschlagen. Unser Vater fuhr zu diesem Zweck mit einem Pferd und Sturzkarre oder, wenn Schnee lag, mit einem großen Schlitten zum Wald. Tannenbaumkulturen oder Weihnachtsbaumverkäufe, wie wir es heute kennen, gab es noch nicht. Vater suchte in der Regel eine Tanne oder Fichte aus, die nicht besonders gut gewachsen war und sich deshalb „nur" als Weihnachtsbaum eignete. Erfinderisch und handwerklich geschickt bohrte unser Vater mit dem Handbohrer mehrere Löcher in den Baumstamm und steckte darin angespitzte Tannenzweige. Schon war die Fülle des Baumes hergestellt. In der Diele stand der so präparierte Baum meistens kalt, so dass er nicht vor Heilige Drei Könige seine Nadeln abwarf. Bei der Weihnachtsbaumaktion 1946 entdeckten wir in unserem Wald, dass ein Wilddieb (offensichtlich wegen der schlechten Versorgungslage) Drahtseilschlingen gelegt hatte, und so konnten wir einen gefangenen Hasen aus seiner Notsituation befreien.

Der Weihnachtsbaum wurde in der großen Diele aufgestellt und mit getrockneten Blumen, selbst gebastelten Strohsternchen, Wallnussschalen, die mit einem Faden zum Aufhängen zusammengeklebt wurden und roten Äpfeln der Sorte „Sternrenette" geschmückt. Etwas Lametta durfte auch nicht fehlen. Vornehmlich wurden hierfür Silberpapierstreifen verwendet. Diese lagen bündelweise auf unseren Feldern und wurden meines Wissens im Krieg von den Flugzeugen zur Störung der Funkwellen oder Radioverbindungen eingesetzt und abgeworfen. Eine Krippe mit entsprechenden Figuren hatten wir nicht. Stattdessen wurde unterm Weihnachtsbaum ein gerahmtes Bild von der Geburt Christi, welches sonst seinen Platz im Schlafzimmer unserer Eltern hatte, aufgestellt.

Normalerweise wurden wir Kinder auf dem Hof nur Samstags gebadet. In der Weihnachtswoche wurde diese „Generalreinigung" aber auf den Nachmittag des Heiligen Abends gelegt. Ein Badezimmer oder eine Toilette mit Wasserspülung war in unserem Bauernhaus nicht vorhanden. Deshalb standen in den Schlafzimmern für die tägliche morgendliche „Körperwäsche" (meistens war sie nur eine Katzenwäsche) auf einer Spiegelkommode eine Waschschüssel, ein Wasserkrug und ein Seifentöpfchen aus emailliertem Blech. Ferner stand ein Waschlappen zur Verfügung. Warmes Wasser gab es nicht, so dass für die tägliche Körperpflege nur kaltes Wasser genutzt werden konnte. Am Badetag aber kamen wir Kinder der Reihe nach in das in der geheizten Küche auf einem Tisch stehende „Pullefass". Es war eine kleine Zinkblech-Badewanne. Auf dem Herd wurde das Badewasser erhitzt und, um körperverträgliche Temperaturen zu erhalten, bei Bedarf mit kaltem Wasser vermischt. Das Wasser wurde nach dem jeweiligen Badevorgang nicht ausgewechselt, sondern blieb so lange in der Wanne bis das letzte Kind gewaschen war. Weil das Wasser aber schnell abkühlte, wurde die Temperatur kurzerhand mit heißem Wasser wieder erhöht. Dass unter uns Kindern hin und wieder Gerangel um die Badereihenfolge entstand, versteht sich von selbst. Bei so einem Bad wurden übrigens nur Kernseife und der Waschlappen verwendet.

Abends, nach dem Abendbrot wurde am Heiligabend das Herdfeuer in der Diele angezündet, und wir beteten dort gemeinsam den Rosenkranz. Als Vorbeterin fungierte immer unsere Mutter. Während die Familie und die Hofhelfer/innen den Rosenkranz beteten (kniend vor einem Stuhl und mit dem Rücken zum Herdfeuer, was zur Folge hatte, dass in der kalten Diele nur der Körperteil warm wurde, der dem offenen Herdfeuer zugewandt war), ging unser Vater mit einem seiner Kinder – meistens mein älterer Bruder, der spätere Hoferbe – durch alle Gebäude (Wohnhaus, Scheunen, Garagen, Stallungen) und segnete mit Weihwasser und einem getrockneten „Palmzweig" (Buchsbaumbüschel, der am Palmsonntag geweiht wurde) alle Räumlichkeiten, um Dank zu sagen und mit dem Wunsch, dass weiterhin Schaden von Hof und Familie abgewendet bleiben möge. Der Hoferbe musste dabei neben dem Weihwasserbehälter noch eine brennende Kerze mittragen und darauf achten, dass diese nicht vom Wind ausgelöscht wurde. Angenehm war dieses Mitgehen nicht; denn meistens war es sehr kalt oder es regnete oder schneite und die Hände wurden steif vor Kälte. Das Weihwasser holte unsere Mutter ein paar Tage zuvor vom Taufbrunnen aus der Nottulner St. Martini-Pfarrkirche. Alle Bürger der Gemeinde hatten hier das ganze Jahr über jederzeit Gelegenheit, sich mit geweihtem Wasser zu versorgen.

Nach dem Rundgang und dem Rosenkranzbeten war die Bescherung der Kinder. Der Gabentisch unter dem Weihnachtsbaum war nicht üppig bestückt, weil es nach dem Krieg auch kaum etwas zu kaufen gab. Auf dem Weihnachtsteller fanden wir Fausthandschuhe, die von unserer Mutter gestrickt worden waren. Manchmal bekamen wir einen aus Schafswolle gestrickten weißen Pullover, der sehr unangenehm zu tragen war; denn er kratzte sehr auf der Haut. Verschiedene Äpfel, Walnüsse und Haselnüsse aus eigener Ernte füllten ebenfalls die Teller. Ferner konnten wir uns über etwas Fahrradzubehör freuen. Entweder war es ein Fahrradschlauch, eine Fahrradlampe, eine Luftpumpe, ein Dynamo oder ein Sattel. Bei unseren Fahrrädern konnte man aber eigentlich gar nicht von Fahrrädern sprechen; denn so ein Gefährt war lediglich ein Fahrradrahmen, Reifen mit Vollgummi, und hatte einen Lenker. Natürlich war es auch noch mit Pedalen und Kette ausgestattet. Einen Sattel besaß das Rad aber zunächst nicht. Stattdessen wurde hier ein Kartoffelsack um den Rahmen festgebunden, damit man nicht auf der eisernen Querstange saß. Dieser einigermaßen gängige Gebrauchsgegenstand war von unserem Vater aus vielen unterschiedlichen Ersatzteilen alter Fahrräder zusammengebastelt worden. Weihnachten wurde genutzt, um diese alten Fahrräder „komfortabler" auszustatten. Auf so einem Gefährt haben wir auch Fahrrad fahren gelernt. Letztlich lagen auf dem Weihnachtsteller Süßigkeiten aus selbstgebackenen Karamellbonbons und ein paar Plätzchen aus der eigenen Weihnachtsbäckerei. Bei der Zubereitung durften wir Kinder mithelfen.

Erst nach der Währungsreform 1948 wurden die Teller bunter, und wir Kinder bekamen auch ein Spielzeug wie zum Beispiel Holzspielzeug, Blechauto oder -traktor oder andere Bastelsachen, etwa von Märklin.

Vor Weihnachten war die Spannung bei uns Kindern immer besonders groß. Was bringt uns das Christkind in diesem Jahr? Heimlich standen wir deshalb nachts auf, schlichen in den Saal (der Raum wurde als das so genannte „beste Zimmer" benannt, das nur bei Visiten und Verwandtenbesuchen beheizt wurde) und suchten nach möglichen Geschenken, die meistens hier versteckt waren. Ab und zu wurden wir dann auch von unseren Eltern dabei ertappt und wieder ins Bett geschickt. Nach der Bescherung besuchten wir die Mitternachtsmesse und freuten uns darauf, an den beiden Feiertagen mit den Geschenken zu spielen und diese an die Fahrräder montieren zu können. Die von mir beschriebene Zeit war einfach und bescheiden und hat unser Leben geprägt. Wir vermissten aber auch nichts, und so bleiben uns diese Weihnachtsfeste in guter Erinnerung.

Aus Feinden werden Freunde

✳✳✳

Roswitha Galuba, Jahrgang 1948, stammt aus Attendorn. Sie erlernte den Beruf der Industriekauffrau. Mit der Heirat 1973 kam sie nach Dülmen und war Mutter und Hausfrau. Roswitha Galuba hat drei Töchter und vier Enkel und lebt in Dülmen.

Nach dem Zweiten Weltkrieg mussten zahlreiche deutsche Soldaten Jahre in einem Gefangenenlager in der Grafschaft Sussex in England verbringen. Den deutschen Männern war es unter Androhung der Todesstrafe verboten, mit der einheimischen Bevölkerung in persönlichen Kontakt zu treten.

Am Heiligen Abend durften die deutschen Soldaten die Christmette im Ort besuchen. Während der Feier merkte einer der Soldaten, wie ihn ein Engländer beobachtete. Ihn beschlich ein ungutes Gefühl. Als ihn der Mann nach der Messe auch noch ansprach, wehrte der Deutsche ab und erklärte dem Engländer, dass es ihm nicht erlaubt sei, Kontakte zu schließen und er Todesangst vor den Konsequenzen habe.

Nach geraumer Zeit wurde der Deutsche in die Kommandantur des Gefangenenlagers gerufen. Ihm schwante Böses aber in der Kommandantur stand der Engländer. Er lud den Deutschen und einen Freund ein, die Weihnachtstage in seinem Haus im Kreise seiner Familie zu verbringen.

Am ersten Abend der Feiertage betrat ein englischer Offizier das Haus. Der Deutsche fürchtete erneut um sein Leben. Der englische Offizier aber war der Sohn des Hauses, der gerade aus Italien heimgekommen war. Er streifte seine Armbanduhr ab und schenkte sie dem Deutschen. Der Deutsche wohnte von da an viele Monate bei der englischen Familie und arbeitete dort als Handwerker.

An Weihnachten 1947 kam der deutsche Soldat aus der Gefangenschaft zurück nach Hause, wo ihn seine Frau, sein Sohn und seine Tochter erwarteten.

Dieser Soldat war Josef Schulte – mein Vater. Ich wurde im September 1948 geboren!

Bis in die Sechziger Jahre schrieb uns die englische Familie zur Weihnachtszeit. Erst wenn ein Brief aus England bei uns ankam, begann Weihnachten für uns. Mit der jüngsten Tochter haben wir noch einmal Kontakt aufgenommen. Sie kann sich noch gut an meinen Vater erinnern. Jedes Jahr in der Weihnachtszeit wird im Kreise meiner Geschwister über diese Ereignisse gesprochen. Es kommen auch wieder Grüße aus England.

Flüchtlingsweihnachten

❄❄❄

Agnes Karbowski ist 1935 in Illingen, Kreis Soest, geboren und wohnt heute noch dort. Sie ist Mitglied im Heimatverein Welver und dort auch im Vorstand aktiv. Sie spricht gerne und gut westfälisches Platt.

Im Frühjahr 1946 kam der große Flüchtlingsstrom aus dem Osten zu uns in den Westen Deutschlands, so auch eine Familie aus Niederschlesien, die in meinem Elternhaus ein Zimmer bewohnte. Es war eine Mutter mit zwei Kindern, eine zehnjährige Tochter und ein fünfjähriger Sohn.

Kurz vor Weihnachten meldete sich der älteste Sohn der Familie, von dem sie bis dahin nicht einmal wusste, wo er war. Zwei Tage vor Weihnachten kam er dann aus dem fernen Bayern bei seiner Mutter und seinen Geschwistern an, die ihn durch das Rote Kreuz gesucht und gefunden hatten.

Das war eine große Freude in unserem Haus, wir alle haben vor Freude gleichzeitig gelacht und geweint. Dann kam Weihnachten und bei der Familie, die bei uns Herberge gefunden hatte, war am Heiligen Abend schon Bescherung, was wir bis dahin noch nicht kannten. Wir alle haben den Abend mit unseren Flüchtlingen in deren engem Zimmer verbracht, bei einem Weihnachtsbaum, der von oben bis unten mit Watte geschmückt war, weil kein anderer Baumschmuck vorhanden war. Für mich ist es immer noch der schönste Weihnachtsbaum und der schönste Heiligabend in meinem Leben.

Am ersten Weihnachtstag gingen wir dann alle zusammen zur Ucht (Christmette) in die Kirche. Zu Fuß natürlich. Als wir unterwegs waren, begann es zu schneien. Danach feierten wir bei uns Weihnachten mit Bescherung. Die Kinder bekamen auch bei uns Geschenke, alles selbst gemachte, wie es in den Jahren so üblich war. Zuvor hatte in der Schule jedes Flüchtlingskind ein selbst gemachtes Geschenk bekommen. Die Freude der Kinder und die leuchtenden Augen werde ich in meinem Leben nicht vergessen. Wie schön doch Weihnachten sein kann im Vergleich zu heute, wo jeder alles kaufen kann.

Aber das Schönste an dem Weihnachtsfest 1946 war: Es war nach sechs Jahren Krieg, zumindest bei uns, wieder Frieden. Möge der liebe Herrgott geben, dass es so bleibt!

Meine Puppenstube

❊❊❊

Marianne Nolte aus Marsberg-Beninghausen, Jahrgang 1938, ist mit drei Geschwistern in Messinghausen aufgewachsen. Sie ist verheiratet und Mutter von zwei Söhnen sowie Großmutter von drei Enkeln.

Mitten in der Heiligen Nacht wurden wir von unseren Eltern geweckt. Die Glocken läuteten zur Christmette. Plötzlich hörten wir Weihnachtslieder, das Christkind war da. In freudiger Erwartung liefen wir ins Zimmer. Unsere Eltern standen vor einem sich drehenden, wunderschönen Lichterbaum. Aus dem Ständer erklangen Weihnachtslieder. Aufgeregt sangen wir diese mit, wünschten gesegnete Weihnachten und gingen nun zum Gabentisch.

Ich sah eine prächtige Puppenstube, die ich mir schon Jahre zuvor gewünscht hatte. Stumm und staunend stand ich nun davor. Wie aus dem Traum erwachend sagte ich: „Die ist himmlisch!" Heute weiß ich, dass mein Vater sie liebevoll und in unzähligen Stunden mit der Laubsäge gebastelt hatte.

Seit Jahrzehnten hat sie einen Ehrenplatz in der Nische unseres Wohnzimmerschrankes. Nach all den Jahren ist sie mir mehr als eine Erinnerung an die Kindertage. Täglich erinnert sie an meine Eltern, die in der schweren Zeit der Nachkriegsjahre mir damit viel Freude bereitet haben. Und sie erinnert mich an die Jahre meiner Kindheit.

Die „englische" Weihnachtsfeier

✷✷✷

Wilfried Diener, Jahrgang 1940, ist gebürtiger Iserlohner und lebt dort. Er ist
verheiratet und hat zwei Kinder. Ursprünglich lernte er Schriftsetzer und war
anschließend, bis zu seiner Pensionierung 2004, Pädagoge und Schulleiter im
Berufskolleg.

Der Steckkalender, eines der ersten Nachkriegsprodukte einer Dru-
ckerei, in der mein Vater bis zur Einberufung in den Kriegsdienst
gearbeitet hatte, zeigte auf den drei verschieden großen Papptäfel-
chen, auf denen das Datum, der Wochentag und der Monat ablesbar waren, die Zeit vor Weihnachten 1946. Ich saß mit meiner Mutter in einem
nur mäßig erleuchteten Raum bei einer befreundeten Familie, nicht weit
von unserer Wohnung entfernt. Aus dem schmalen Zimmerofen, der neben der Tür stand, drang hin und wieder das knackende Geräusch brennenden Holzes. Der alte Herr, der gerade eine Schaufel Schlammkohle
nachlegte, hatte bis kurz nach Kriegsende mit Frau und Tochter ein eigenes Haus auf der gegenüberliegenden Straßenseite bewohnt. Seit Monaten
lebten die drei nun zusammen in diesem Wohnraum, den Nachbarn im
Zuge der Wohnraumbewirtschaftung zur Verfügung gestellt hatten. Zum
Schlafen gingen sie über die Straße in ein anderes Zimmer im Nachbar-
haus.

Das eigene Haus war von den Engländern beschlagnahmt worden, so
dass sie gezwungen waren, mit der notwendigsten Habe in der Nähe Unterkunft zu suchen. Sie waren nicht die Einzigen, deren Haus beschlagnahmt wurde. Auch die anderen Einfamilienhäuser in der Straße waren
vom britischen Militär belegt, so wie fast alle großen Villen und freiste-
henden Häuser mit Gärten in den Außenbezirken der Stadt. Die Briten,
die dort wohnten, sollten recht nette Leute sein, Offiziersfamilien, wie ich
den Gesprächen der Erwachsenen entnehmen konnte. Warum jene nun
in den Häusern wohnten und unsere Bekannten nicht mehr, das war für
mich als Sechsjähriger nicht so recht durchschaubar. Aber eines stand für
mich fest, seit jenem Nachmittag, an dem wir bei Mutters Freundin zu Be-

such waren: Es mussten nette Leute sein, denn ich hielt eine Einladung zu einer Weihnachtsfeier in den Händen. Sie war mir über unsere ausquartierten Bekannten zugeteilt worden. „Merry Christmas" war auf der Vorderseite zu lesen. „Frohe Weihnachten" hieße das, sagte meine Mutter und freute sich mit mir über die Einladung.

Endlich war der mit Spannung erwartete Tag der Weihnachtsfeier bei der englischen Familie gekommen. Zahlreiche Kinder aus der Umgebung waren der Einladung gefolgt und sammelten sich vor der Haustür des Einfamilienhauses, in dem die Briten jetzt wohnten.

Dann öffnete sich die Tür, wir Kinder durften eintreten. Das taten wir sehr ehrfürchtig, dafür sorgten allein schon die strengen gelblich-braunen Militäruniformen, die die Männer trugen. Aber die freundlichen Gesichter und der festlich gedeckte Tisch stimmten alle Beteiligten sehr schnell heiter. Es waren überwiegend nur jene Kinder eingeladen worden, deren Väter im Krieg gefallen oder noch in Gefangenschaft waren.

Der Raum, in dem wir Platz nahmen, war mit Girlanden und bunten Zutaten geschmückt, anders, als ich bisher weihnachtliche Dekoration kennen gelernt hatte. Es war ja eine Weihnachtsfeier nach englischem Brauch. Eine Fichte als Weihnachtsbaum mit silbernen Kugeln und glänzendem Lametta war nicht aufgestellt worden. Aber all das war für mich und die übrigen Kinder gar nicht so wesentlich. Das Schönste waren der Kuchen, die Süßigkeiten und der Kakao, von dem wir nicht genug trinken konnten. Aus dieser Sicht war Besatzungszeit im Vergleich zum Alltag etwas Wunderbares, fast ein Teil vom Schlaraffenland, das in der Nachkriegszeit als Wunschvorstellung häufig die Kinderphantasie beflügelte.

Zum Schluss der Weihnachtsfeier stand ein großer Nikolaus in der Tür zum Ausgang unter einem immergrünen Mistelzweig. Zwischen der Kapuzenbedeckung und dem langen weißen Bart konnte man fast nur die Augen erkennen. Er reichte jedem Kind die Hand und verschenkte ein geheimnisvoll eingepacktes Weihnachtspäckchen, das er aus einem großen Sack hervorholte. Der süße Inhalt reichte bei sorgfältiger Einteilung noch bis ins neue Jahr. Auch Mutter bekam etwas davon ab. – Vater war auch beim diesjährigen Weihnachtsfest zu unserem Bedauern immer noch in französischer Gefangenschaft.

Fremde neue Heimat

✳✳✳

Lieselotte Hagemann, geb. Vielhauer, aus Gronau wurde 1936 in Leobschütz/ Oberschlesien geboren. Nach der Vertreibung kam sie mit ihrer Mutter und dem Bruder im Juli 1946 nach Gronau/Epe.

D ie neue Heimat war noch fremd. Überall merkten wir, dass wir nicht willkommen waren. Wir waren das zugelaufene Volk. Für mich war es besonders verletzend, wie ablehnend die Klassenkameradinnen reagierten. Vom Vater hatten wir keine Nachricht. Er war in Russland vermisst. Meine Mutter wohnte mit meinem Bruder in einer kleinen Dachmansarde mit einer Dachschräge. Ich war am Heiligen Abend zu Besuch, denn ich war in einer Pflegefamilie untergebracht. Wir hatten uns im Juli, nach wochenlangem Aufenthalt im Flüchtlingslager, aufgeteilt, um schneller aus dem Lager zu kommen. Für zwei Personen war zügiger ein Zimmer zu bekommen als für drei Personen. Da die Pflegeeltern nur ein Mädchen haben wollten, war es wieder an mir, in eine fremde Familie zu gehen. Nach der Flucht, im Januar 1945, war es in Grein an der Donau (Österreich) genau so gewesen.

Ich möchte Ihnen gerne die trostlose Atmosphäre beschreiben, die schon allein durch die behelfsmäßige Einrichtung der Dachmansarde gegeben war: ein Gartentisch, zwei Gartenstühle, ein Reisekorb, der für uns drei Personen als Sitzgelegenheit diente, ein einfaches Holzregal ohne Vorhang, für die nötigsten Haushaltsgegenstände, ein Schemel mit einer Waschschüssel, ein Bunkerofen, ein Bett für Mutter und Sohn gemeinsam, einige Nägel an den Wänden für die Kleidung.

Heiliger Abend: Kein Tannenbaum – keine Geschenke – eine traurige Mutter.

Eine kleine Speise war sicher angerichtet (ich weiß es nicht mehr). Mutter und Bruder aßen an anderen Tagen in der Suppenküche des Ortes. Da klopfte es an die Tür! Die Nachbarin, die auf der gleichen Etage wohnte, kam mit ihrem Mann herein. Bisher hatten sie uns Flüchtlinge kaum beachtet, nur kurz gegrüßt. Sie waren sauer, dass sie ein Zimmer abgeben mussten. Der Heilige Abend hatte ein Wunder bewirkt. Sie sprachen mit uns und nahmen uns mit in die Wohnstube. Jeder von uns bekam ein kleines Geschenk. Sie hatten sogar ein kleines Essen vorbereitet, zu dem wir eingeladen wurden.

Es war der Anfang einer Freundschaft, die gefestigt wurde durch gegenseitige Wertschätzung.

Die Destille in der Küche

***

Jutta Ernst aus Dortmund, Jahrgang 1935, stammt aus Naumburg/Saale. Ihr Hobby ist das Schreiben. Aus diesem Grund ist sie seit 17 Jahren an der Altenakademie Dortmund eingeschrieben für den Kurs „Schreiben macht Freude".

Alkohol – das war das Zauberwort der Kriegs- und Nachkriegszeit. Damals gab es viel hinunterzuspülen: Den Trümmerstaub, die Besatzung, den Hunger und die Wohnungsnot. Dies alles machte Durst, Durst auf Vergessen und Betäubung. In unserer Familie war es nicht anders. Da gab es auch jede Menge zum Hinunterspülen. Doch keinen Alkohol dazu!

Die große Zeit der Tüftler und Erfinder war angebrochen. In unserer Küche entstand damals eine hochinteressante Anlage. Darin zischte und brodelte und gluckerte es gewaltig. Dies hatte etwas mit den „organisierten" Zuckerrüben zu tun, die ich, als jüngstes Mitglied der Familie, in mühevoller Kleinarbeit zu Schnitzeln verarbeiten musste. Die ständigen Ermahnungen, die heimlichen Aktivitäten in der Küche nirgends zu erwähnen, stachelten erst recht unsere Neugier an. Es war striktes Schweigegebot verordnet worden!

Dies machte die Sache noch spannender. Verbotene Dinge haben es nun einmal an sich, herrlich aufregend zu sein.

Das vieldeutige Rätsel lüftete sich allmählich, als wegen der Stromsperre alle vier Familienmitglieder in der Küche bei kärglichem „Hindenburglicht" zusammen saßen. Die Eintracht solcher Stunden war nicht unbedingt aus trautem Familiensinn entstanden. Die knappen Kohlen- und Stromzuteilungen der damaligen Zeit förderten zwangsläufig den Zusammenhalt der Familie auf engstem Raum. Bei solch einer „trauten" Zusammenkunft hörten mein Bruder und ich Worte wie Polizei, Schwarzbrennerei und Zuchthaus. Ausnahmsweise waren wir sonst verfeindeten Geschwister uns einmal darin einig: „Das ist ein richtiger Hammer!" Wir fanden diese Angelegenheit äußerst spannend und kriminell!

Mein Stiefvater war ein Ass in Sachen Erfindungen. Er hatte quer durch die geräumige Küche eine Destillieranlage mit meterlangen Schläuchen und Glasspiralen gebaut. Genüsslich nahm er jeden Abend eine Probe des Destillats, das am Ende der Anlage in den Glaskolben tröpfelte. Seine Miene erhellte sich von Tag zu Tag mehr. Mein heimlicher Versuch, auch einmal zu kosten, war enttäuschend. Wegen dieses widerlichen Gebräus sollte man kriminell werden?!

Wir Geschwister warteten erst einmal ab. Die Sache kam in Schwung, als unsere Mutter stolz mit einem Fläschchen giftgrüner Flüssigkeit nach Hause kam. Auf dem Etikett stand: „Pfefferminzessenz". Sie ließ uns sogar an der Kostbarkeit schnuppern. Es roch tatsächlich nach Pfefferminze! Die Zeit verging, und der Glaskolben an der Destille füllte sich Tropfen für Tropfen.

Es begann die Weihnachtszeit mit ihren geheimnisvollen Vorbereitungen. Es duftete in der Küche jetzt nicht nur nach Rübenschnitzeln, sondern es lag auch ein zarter Duft von Zimt, Vanille und Rum in der Luft. Natürlich alles Ersatz. Für uns aber war es damals herrliche Realität. Mutters „Marzipankugeln" – bestehend aus Griesbrei, Bittermandelaroma, Süßstoff, gerollt in gemahlenen Kakaoschalen – schmeckten uns 1946 genau so gut, wie heute die echten Marzipankartoffeln.

Mutter holte die erhalten gebliebene Kristallkaraffe aus dem Schrank. Es tat sich was in der „Alchimisten-Küche"!

Wir wurden Heiligabend erst einmal in die Badewanne gesteckt. Sauber waren wir eigentlich immer. Die Eltern wollten damit wohl nur unsere zappelige Unruhe überbrücken. Dies wurde von uns gründlich ausgenutzt, weil wir sie in der Küche beschäftigt wussten. Es würde keine Ohrfeigen hageln, obwohl sich inzwischen das Badezimmer in einen See verwandelt hatte. Also, tiefer Familienfrieden am zeitigen Heiligabend bei uns. Die Stille aber war zu still, fast unheimlich still. Man konnte die Spannung deutlich knistern hören.

Da! Endlich der erlösende Knall und zwei Schreie. Dann absolute Ruhe.

Als wir patschnass in die Küche stürzten, sahen wir nur Rübenschnitzel. Auf dem Fußboden, auf den Möbeln, auf unseren Eltern – und, wie in einer Tropfsteinhöhle die Stalaktiten, hingen sie pappig von der Küchendecke herab. Zwischen all dem Chaos schwamm ein bisschen Flüssigkeit, die einmal zu einem kostbaren Pfefferminzlikör hatte werden sollen. Die ausgetüftelte Gerätschaft und der lange Traum vom ersten Tropfen der

„kriminellen Flüssigkeit" war in Sekundenschnelle über unseren Eltern explodiert!

Nachzutragen wäre noch, dass wir alle vier mit viel Gelächter und wirklich einträchtig am Heiligabend die Küche von der klebrigen Schweinerei befreien mussten. Diese Beweislast wäre erdrückend gewesen! War die Explosion an der bizarren Destille das wirkliche „Weihnachtsgeschenk"? In der Zeit der Schwarzbrennerei sind viele Alchimisten an ihren Brennergebnissen erkrankt oder sogar erblindet.

Die Wege des Herrn sind unergründlich – also: Frohe Weihnachten!

Nikolaustag 1946

❄❄❄

Hannelore Kunert stammt aus Nordböhmen. Sie wurde 1939 in Georgswalde geboren und kam mit ihrer Familie 1946 ins Münsterland. Sie lebt heute in Coesfeld.

Es ist eigentlich keine Weihnachtsgeschichte. Es ist ein Nikolaustag, der sich in meiner Erinnerung festgesetzt hat, der 6. Dezember 1946. An diesem Tag kamen wir ins Münsterland. Wir, das waren meine Eltern, meine fünfjährige Schwester Liesi und ich mit sieben Jahren. Unsere ehemalige Heimat ist Georgswalde, Kreis Rumburg, Sudetenland, heute Tschechien.

Nach der Vertreibung hatte meine Mutter mit uns zwei Kindern in Seeben bei Halle/Saale eine vorübergehende Bleibe gefunden. Mein Vater, aus englischer Kriegsgefangenschaft nach Coesfeld ins Lager Schnieder-Bauland unweit des Großen Kreuzweges entlassen, stellte im Oktober 1946 einen Antrag auf Zuzugsgenehmigung. Dem Antrag wurde stattgegeben, so konnte er uns zu sich holen. Wir durchliefen vier Lager, das letzte war Friedland.

In Coesfeld angekommen, hatte man meinem Vater eine Unterkunft für seine Familie zugewiesen. So machten wir uns vom Bahnhof aus zu Fuß auf den Weg. Es war ein recht langer Weg. Es wurde zwischenzeitlich dunkel, wir waren hungrig, müde, konnten und wollten nicht mehr laufen, meine kleine Schwester und ich. Die Stadt lag schon eine Weile hinter uns, es wurde einsam. Da wurden die Umrisse eines etwas größeren Gebäudes mit einer Treppe sichtbar. Dorthin führte uns mein Vater, bat uns hinzusetzen und auszuruhen, er wollte die Unterkunft allein suchen. Später wussten wir, es waren die Stufen der alten Schule auf dem Coesfelder Berg. Da saßen wir nun frierend, eng aneinander gedrückt und warteten. Meine Mutter suchte in ihrem Rucksack, holte zwei Schnitten Brot heraus, streute etwas Zucker darauf und sagte: „Ganz vergessen hat Euch der Nikolaus nicht."

Nach einer langen Weile kam endlich mein Vater aus der Dunkelheit wieder. Gott sei Dank! Er brachte uns zu einem Bauernhof, wo wir für eine Nacht bleiben konnten. Beim Fortgehen am nächsten Morgen bekamen meine Schwester und ich von der Bäuerin einen Apfel geschenkt. Für uns nochmals ein kleiner Nikolausgruß.

Festtage auf einem
Münsterländer Bauernhof

✸✸✸

Josef Wichmann ist Pfarrer der Pfarrgemeinde St. Lambertus Ochtrup. Er wurde
als Josef Bitter 1940 in Schöppingen geboren und vom Bruder der Mutter adop-
tiert. Neun Jahre war Josef Wichmann Bauer auf dessen Hof, bevor er 1968 in
Bad Driburg das Abitur nachholte und danach Theologie studierte. Der Hof Bitter, auf den sich diese Weihnachtserinnerungen beziehen, liegt in Schöppingen.

An Heiligabend in meiner Kindheit, auf dem elterlichen Hof in den
Jahren nach dem Zweiten Weltkrieg, erinnere ich mich gut. Am
Ende des Krieges war ich gerade fünf Jahre alt. Es spielte sich jedes
Jahr das Zeremoniell etwa so ab: Die Stallungen und die Tenne wurden be-
sonders sauber gefegt oder am Vormittag mit Wasser und Besen geschrubbt.
Die Tiere bekamen ihr Futter an diesem geheimnisvollen Abend etwas eher,
die Kühe wurden vor dem Melken gefüttert, was sonst hinterher geschah.
War das alles erledigt, zogen sich alle sonntägliche Kleidung an. Alle, das waren: Meine Eltern, ein Großonkel und meine sechs Geschwister, eine Magd,
ein Küchenmädchen und ein Knecht, drei unverheiratete Schwestern meines
Vaters, Studienrätinnen, und eine verwitwete Schwester meines Vaters, die
aus Ostpreußen geflohen und deren Mann im Krieg geblieben war. Sie war
Volksschullehrerin. Gemeinsam wurde an einem großen Tisch zu Abend gegessen. Es gab kein üppiges Mahl, aber alle wurden satt.

Nachmittags war schon der Weihnachtsbaum im „besten Zimmer", wie
wir es nannten, geschmückt worden. Eine unserer Tanten übernahm das
mit zwei oder drei meiner Geschwister. Alle anderen durften den Baum
nicht vor dem Abend sehen, wir, vor allem mein Vater, versuchten immer
wieder hineinzuschauen und provozierten damit einen harmlosen Streit.
Danach, wenn es schon dunkel war, wurden wir Kinder auf die Tenne geschickt. Wir mussten helfen oder konnten spielen. Manchmal übten unsere Tanten mit uns Kindern ein kleines Weihnachtsspiel ein, das wir dann
nach der Bescherung am Abend vorführten; oder wir sangen die „Her-
bergssuche" mehrstimmig, lernten Gedichte auswendig, später verfassten

wir Dankbriefe an die Eltern und schmückten sie mit Bildern aus; einige meiner Schwestern spielten in späteren Jahren Block- und Altflöte, und es gab dann weihnachtliche Hausmusik.

Derweil „kam" dann auch das „Christkind" und brachte die bescheidenen Geschenke. Wir versuchten zwar immer wieder, es zu sehen, wollten unter irgendwelchen Vorwänden Mama, die das beste Zimmer herrichtete, oder sonst jemanden sprechen. Wir wurden aber sofort wieder herausgescheucht. Manchmal hörten wir auch in der Dunkelheit draußen ein Glöckchen klingen und erstarrten vor Schreck und Glück. Das Christkind war da gewesen. Vater oder auch der Knecht sagten dann, sie hätten da draußen irgendwas leuchten sehen, aber genau konnten sie es auch nicht sagen. So wurde für uns Kinder eine geheimnisvolle Spannung aufgebaut.

Mein Vater bereitete einen anderen Ritus vor. Jedes Jahr wurde unser Haus am Heiligabend neu gesegnet. Das ist bis heute noch so der Fall, wie bei vielen anderen Familien auch. Er nahm Weihwasser, das in den Tagen vorher aus der Kirche geholt wurde, und ging von außen um das ganze Haus und die Ställe herum und besprengte sie von außen. Nach dem Essen versammelten sich alle im Wohnzimmer. Es begann der Hausgottesdienst am Heiligabend. In der Kirche gab es außer am frühen Morgen an Heiligabend keinen Gottesdienst. Das große, rote Buch wurde geholt, ein christliches Hausbuch für das ganze Kirchenjahr. Daraus wurden Gedanken über die Bedeutung des Heiligen Abends und des Weihnachtsfestes vorgelesen. Alle bekamen dann eine brennende Kerze in die Hand, und wir gingen in Form einer Prozession durch das ganze Haus. Alle Ställe wurden gesegnet, alle Tiere bekamen in den ersten Jahren, an die ich mich erinnere, ein in Weihwasser getauchtes Grünkohlblatt, damit sie besonders gesegnet seien. Sie waren ja für die Existenz des Hofes lebenswichtig. Diesem Ritus haftete aber etwas Magisches an. Darum wurde er wohl später abgeschafft. An die Außentüren wurde mit der Lichtmesskerze ein Kreuz gezeichnet, damit die Eingänge gesegnet seien und damit jeder, der hinausging und hineinkam, Frieden brächte und ihn mit in die Welt nahm.

Auch alle Zimmer im Haus, in denen wir schliefen, wohnten und lebten, wurden mit Weihwasser besprengt. So erinnerten wir uns jedes Jahr daran, dass mit der Menschwerdung Gottes an Weihnachten in der Geburt des Kindes von Bethlehem Gottes Segen über uns gekommen ist und dieser Jesus Christus unser Leben bestimmt.

Während des Ganges durch die Ställe und die Räume des Hauses betete unsere Mutter die Allerheiligenlitanei. War diese zu Ende, begann sie den freudenreichen Rosenkranz zu beten. Der Gang endete wieder im Wohnzimmer. Hier wurde nach dem Rosenkranzgebet – das für uns Kinder in Erwartung der Geschenke an diesem Abend viel zu lang war – das Weihnachtsevangelium aus dem besagten „Dicken roten Buch" vorgelesen. Eine kurze Betrachtung folgte darauf. Dann kam für uns Kinder das Ereignis des Heiligen Abends, auf das alle Kinder warten, der Gang ins „beste Zimmer", wohin das „Christkind" die Geschenke gebracht hatte.

Aber noch war es nicht so weit. Einer der Erwachsenen ging in das Zimmer, zündete die Kerzen am geschmückten Weihnachtsbaum an. Dann erst durften wir alle hineingehen. Es wurden zunächst Weihnachtslieder gesungen, wie „Zu Bethlehem geboren" und „Alle Jahre wieder kommt das Christuskind"; dann erst wurde das große Licht angemacht, und wir konnten uns den Geschenken zuwenden, die irgendwie auch schön verpackt waren, obwohl es kein Geschenkpapier gab. Es waren vor allem Dinge, die wir brauchten. Ein selbst gestrickter Pullover, Socken, selbst geschneiderte oder gute, getragene Kleidung, reparierte oder selbst gebastelte Spielsachen, Puppen und anderes. Die Mitte des süßen Tellers bildete ein dicker, schöner, rot leuchtender Apfel. Er war umgeben von selbstgebackenen Spekulatius. Bonbons und Schokolade gab es erst in größerer Auswahl nach der Währungsreform 1948.

Nachdem alle Geschenke ausgepackt und bestaunt waren, kamen die eingeübten Krippenspiele, Flötenstücke oder Gedichte und Lieder zur Aufführung. Danach ging es bald zu Bett, denn wir wollten ja zur Frühmesse, zur Ucht, die um 5 Uhr in der Frühe begann. Wir hatten kein Auto und auch nicht für alle ein Fahrrad. Mit der Pferdekutsche fuhren meine Eltern und der Großonkel und eventuell die jüngeren Geschwister zur Heiligen Messe um 8.30 Uhr oder zum Hochamt um 10 Uhr. Also gingen wir Kinder mit einigen Erwachsenen, die nicht mit dem Füttern des Viehs und dem Melken beschäftigt waren, zu Fuß die fünf Kilometer bis zur Kirche. Das hieß um 3.30 Uhr aufstehen. Etwas essen konnte man nicht, man musste zum Kommunionempfang nüchtern sein. Eine Stunde etwa dauerte der Weg zur Kirche – manchmal bei Schnee und Kälte, aber das machte uns nichts aus. Unterwegs trafen wir manchmal andere, die sich ebenso auf den Weg gemacht hatten.

Nach der Ucht gingen wir zurück. Das Frühstück schmeckte dann besonders gut. Man widmete sich den Geschenken und den Spielsachen. Und, es war Weihnachten.

Nachkriegstausch: Ein Huhn gegen zwei Säcke mit Kohlen

❊❊❊

Magda Loy, geborene Heithoff, Jahrgang 1928, wuchs mit vier Geschwistern in der Herz-Jesu-Gemeinde in Münster auf. Nach Mittelschule und Gymnasium legte sie 1950, nach den Wirren des Krieges, an der Marienschule das Abitur ab und arbeitete dann einige Jahre im Fernmeldeamt in Münster. 1956 heiratete sie Wilhelm Loy. Magda Loy, die in Münster-Mariendorf lebt und viele Jahre die Katholische Frauengemeinschaft der Dyckburg-Pfarre leitete, hat vier längst erwachsene Kinder und 13 Enkelkinder.

U m einen Bericht über Weihnachten, „mein Weihnachten", zu schreiben, muss ich in die Vergangenheit zurückschauen, überlegen, Erlebnisse überdenken, ja sie für kurze Zeit wieder lebendig werden lassen. Ich will versuchen, eine Begebenheit wiederzugeben, die wir in der Nachkriegszeit erlebten, die etwas abenteuerlich, sogar gefährlich, aber zugleich auch komisch war.

Ich glaube, es war die Vorweihnachtszeit im Jahr 1946 oder 1947. Wie immer freuten wir uns auf Weihnachten, jetzt ohne Krieg, Alarm oder Angst vor Bombenangriffen. Es herrschte aber Mangel an allem, was zum täglichen Leben nötig war. Wir wussten, dass das Weihnachtsfest nicht so werden konnte, wie wir es aus der Kinderzeit gewohnt waren – vor dem Krieg und den schrecklichen Erlebnissen der letzten Jahre. Grundnahrungsmittel gab es nur auf Lebensmittelkarten. Sie waren knapp bemessen.

Wer Bekannte oder gar Verwandte auf dem Lande hatte, versuchte etwas dazuzuerhalten. Auch zwei meiner Brüder, die in der Übergangzeit in der Landwirtschaft arbeiteten, um später wieder den Anschluss an die Schule zu bekommen, hatten „Kostbarkeiten" mit nach Hause gebracht, sehr zur Freude von Mutter und Vater. So verfügten wir über zusätzliches Mehl, Fett zum Backen und auch über Fleisch von der Schlachtung und andere Zutaten.

Um das alles im Hinblick auf Weihnachten zu verarbeiten, brauchten wir ein gutes Feuer in unserem großen Küchenherd. Der Herd war auch, wie früher in vielen Familien, die „Heizung" für mehrere angrenzende Räume.

Wir waren ein Sieben-Personen-Haushalt, die Eltern und fünf Jugendliche beziehungsweise junge Erwachsene. Holz war immer wohl da, teilweise auch vom Baumschnitt aus dem eigenen großen Garten. Aber jetzt mussten Kohlen her! Kohlen wurden auf dem Kanal – aus dem Ruhrgebiet kommend, weitergefahren nach Norden und ins Ausland. Die Schiffe lagen einige Stunden, manchmal auch Tage am Ufer, um nacheinander „durchgeschleust" zu werden. Von unserem Elternhaus am Lohausweg in Münster bis zur Anlegestelle waren es nur fünf Minuten.

So konnten wir erfahren, dass die Schiffer wohl kleine Mengen Kohlen abgaben. Aber nur mit Gegenleistung: „Was gibst du mir – dies geb' ich dir!" Der ganze Handel war natürlich strengstens verboten, manchmal aber auch stillschweigend geduldet. Mein ältester Bruder nahm Verbindung mit einem Schiffer auf und kam mit der Nachricht nach Hause: „Wir dürfen heute abend kommen! Als Gegenleistung sollen wir ein Huhn mitbringen!!" Unserem Vater muss es wohl weh getan haben, eines seiner gut gepflegten und regelmäßig von ihm gefütterten Hühner abgeben zu müssen. Aber er willigte schließlich ein; das Wohl der Familie war ihm wichtig.

Zu später Stunde – es musste ganz dunkel sein – zogen wir los: mein Bruder, die Tochter einer befreundeten Familie aus der Nachbarschaft und ich. Ich besaß damals ein weites Lodencape, von einer wohlwollenden Tante geschenkt. Unter diesem Umhang konnte man allerlei verbergen: Also musste ich das Huhn tragen. Die beiden anderen nahmen zwei Säcke und je ein Damenrad mit, um damit die Kohlensäcke abtransportieren zu können. Mit meinem Lodenumhang, dem Huhn unter dem linken Arm, sah ich aus wie eine wandelnde Tonne – egal – es war ja stockdunkel. Mutter sagte uns noch: „Bleibt zusammen! Und ihr beiden geht nicht mit in das Schiff!" Die gleichen Sorgen der Mütter, damals und heute.

Es war für mich ganz ungewohnt, ein Huhn zu tragen. Ich hatte unseren kleinen Hund wohl mal auf dem Arm gehabt, mit ihm hatte man Blickkontakt, konnte mal zu ihm sprechen. Aber ein Huhn? Wie und wo fasste man das an? Es half nichts, alle Bedenken wurden fallen gelassen. Am Kanal standen hier und da einige Personen ganz im Dunklen. Jeder blieb für sich, keiner wollte von anderen etwas erfahren!

Mein Bruder verschwand im Schiffsrumpf. Vorher sagte er noch zu mir: „Halt das Huhn fest, ich hole es gleich!" Und zu unserer Freundin

Rosi sagte er: „Achte auf die Räder, da an der Böschung." Meine Freundin und ich flüsterten nur miteinander, waren dann wieder still und traten von einem Fuß auf den anderen. Es war ein nasskalter Winterabend, alles etwas unheimlich. Wie lange dauerte das denn noch? Ich öffnete die Knopfleiste meines Umhanges. Das arme Tier unter meinem Arm musste doch Luft bekommen! Ob es wohl die anderen Hühner und den gewohnten Stall vermisste? Aus diesen und ähnlichen Gedanken wurde ich jäh gerissen: Das Huhn gab plötzlich einen schrecklichen, Mark und Bein durchdringenden Schrei von sich! Rosi und ich waren wie gelähmt. Was hatte ich falsch gemacht? Hatte ich das Tier mit meinem Arm zu fest an meinen Körper gedrückt, so dass ihm doch die Luft ausging?

Kurze Zeit herrschte absolute Stille. Mit erschrockener Miene stand plötzlich mein Bruder vor uns, ganz außer Atem. Also hatte er auch im Schiffsraum diesen durchdringenden, langgezogenen Schrei gehört. Er schnappte das Huhn und verschwand damit, genau so schnell wie er gekommen war.

Dann aber wurde sofort ein Kohlensack sichtbar und über das Brett – vom Schiff zum Ufer – zu uns hingeschoben. Wir beiden nahmen ihn am Ufer in Empfang. Dasselbe wiederholte sich noch einmal. Beide Räder wurden mit je einem flüchtig zugebundenen Sack beladen. In wenigen Minuten waren wir im elterlichen Hof! Gott sei Dank: Wir waren ohne Polizei oder andere Verfolger wieder zu Hause!

Dieses vorweihnachtliche Erlebnis liegt mehr als 60 Jahre zurück. Und jedes Mal, wenn ich mit dem Fahrrad über die Kanalbrücke in Richtung Elternhaus fahre, in dem zwei Geschwister mit Familie wohnen, sehe ich das Kanalufer so friedlich und ungefährlich da unten liegen. Und ich denke manches Mal: Wie gut geht es uns allen doch heute!

Hurra, ein Schlitten!

✵✵✵

Margarete Scholz, Jahrgang 1946, lebte mit ihrem Mann Franz rund 30 Jahre lang in Bielefeld. Dort hatten die beiden eine Bäckerei und Konditorei. Die Eltern von Margarete Scholz stammen aus Schlesien durch Flucht und Verbreibung in den Westen. Margarete Scholz und ihr Mann Franz, Jahrgang 1941, haben einen Sohn und eine Tochter. Sie leben heute in Wunstorf und betreuen als „Oma" und „Opa" nicht nur ihre eigenen Enkel, sondern auch Tageskinder.

Ich war ungefähr fünf bis sechs Jahre alt. Wir waren nach fünf Jahren von dem Bauernhof in eine eigene Wohnung gezogen. Zwei kleine Zimmerchen, Küche und Schlafzimmer. Wasser musste hinausgetragen und Schmutzwasser heruntergebracht werden. Gebadet wurde am Samstag in der Zinkwanne, die Toilette lag hinter dem Stall. Wie konnten wir überleben? Ofenheizung mit Torf – wir hatten auch ein Radio. Unsere Enkel können es nicht verstehen, aber wir Kinder hatten auch Spaß und Freude. Ich liebte die Adventszeit, die Ofentür wurde aufgelassen, es knisterte, und die Bratäpfel dufteten. Es wurde vom Christkind und von den Engelchen erzählt: Morgenrot – die Engel backen Plätzchen. Wunschzettel wurden gemalt und geschrieben. In dieser geheimnisvollen Zeit sagte Papa an einem Adventssamstag: „Heute bist Du, wenn es dunkel wird, im Haus!" Es wurde auch schnell dunkel, und Papa war noch nicht aus der Stadt zurück. Mit dem Fahrrad war er dort hingefahren. Ich wartete schon auf Papa und ging trotz Verbots nach draußen auf die Straße. Da kam ja Papa. Was trug er denn da? Einen Schlitten. Hurra, einen Schlitten für mich! Papa war stinksauer, was hab ich gesagt? Die Überraschung für Weihnachten fand für mich schon heute statt. Papa fand das gar nicht lustig und sagte: „Ich musste dem Christkind helfen, sonst wird es zu schwer." Ich habe den Schlitten auch erst am Heiligabend bekommen, obwohl wir schon in der Adventszeit Schnee hatten.

An den Nikolaustag 1951 übrigens kann ich mich noch genau erinnern. Da ich ganz viel vom Nikolaus haben wollte, putzte ich Papas große Stiefel. Die waren ganz hoch und lang. Meine Schuhe waren ja noch klein, ich war ja erst fünf Jahre alt. Vor Aufregung konnte ich kaum schlafen. Mein Traum war es, die großen Stiefel voller leckerer Sachen zu bekommen. Doch was war das? Am Morgen waren die Stiefel leer!" Es lag nur ein Zettel daneben. Papa las vor: „Margret, es sind nicht Deine Stiefel, man ist nicht so gierig! Gruß: Nikolaus." Papa erklärte es mir: „Hätte der Nikolaus die beiden Stiefel vollgepackt, hätte er für die Nachbarkinder nichts mehr gehabt." Das war mir eine Lehre! Dieses Erlebnis erzählte ich auch immer unseren Enkeln und Tageskindern. Bescheidenheit wird belohnt. Celina meinte: „Woher hat der Nikolaus gewusst, dass du die Stiefel geputzt hast? Dein Papa hätte ja etwas bekommen können!" Recht hat sie.

Heiligabend in der Kinderzeit in den 50er Jahren: Es war wie immer der längste Tag. Ich fand das als Kind schrecklich. Die Eltern hatten immer so schrecklich viel zu tun. Einkaufen, kochen, backen. Meine Mutter dampfte in der kleinen Küche. Mit dem Kohleherd war es auch nicht einfach. Kein Kühlschrank, kein Froster, keine haltbare Milch. Sie wurde noch in der Kanne vom Milchwagen geholt. Streuselkuchen und Buttercremetorte – alles selbstgemacht. Rotkohl wurde geschnippelt, ich mache heute einfach nur ein Glas auf. Mein Vater verschwand meist im Schlafzimmer. Komisch, da durfte ich nicht mehr hinein. Warum? Alles war so geheimnisvoll. Mir war so langweilig. Die Puppe hatte der Nikolaus mitgenommen. Draußen waren keine Kinder. Aber wir hatten ein Radio. Da gab es Sendungen wie „Wir warten auf's Christkind". Das dauerte, bis es dunkel wurde. Um 18 Uhr wurde dann endlich gegessen. Weißwurst, Sauerkraut, Kartoffelbrei. Ich war dann schon sehr gespannt, was das Christkind bringt. Danach brauchte dann nur noch das Geschirr gespült zu werden und eine Tischdecke auf den Tisch. Jetzt konnte das Christkind kommen. Je nach Wetterlage sind wir, meine kleine Schwester, Papa und ich, nach draußen gegangen, um den Sternenhimmel anzuschauen. Bei Regenwetter ging es in den Keller, damit das Christkind ungesehen kommen konnte. Später kam dann meine Mutter dazu und vermeldete: „Ich glaube, das Christkind war da!" Jetzt stürmte ich die Treppen hoch, Tür auf. Da stand ein toller Baum auf dem Tisch, die Geschenke darunter. Die Puppe war wieder da, etwas zum Anziehen, ein Spiel und der tolle bunte Teller. Eine Tafel Schokolade für mich alleine, super! Papa brachte immer freitags eine Tafel Schokolade mit, wenn er die Lohntüte für seine harte Arbeit bekam. Anfang der 50er gab es eine Mark für eine Stunde Arbeit. Eine Tafel Schokolade kostete 1,30 Mark.

Auch die leckeren Kekse mit Schokolade wurden bald gegessen. Die einfachen hielten länger, die klaute auch keiner vom Teller! Die Mitternachtsmesse, meist um 24 Uhr, war immer sehr feierlich. Am ersten Feiertag kamen immer Onkel und Tante aus dem Nachbardorf zu Besuch. Es gab auch Geschenke, das vergesse ich nie: kratzige Strümpfe. Die waren schlimm. Strickleibchen, Gummistraps und lange, kratzige Strümpfe. Auch die Jungen trugen lange Strümpfe unter ihren kurzen Hosen. Lange Hosen bekamen die Jungs erst, als sie die Schule beendet hatten. Ich hätte lieber Rollschuhe oder Schlittschuhe gehabt. Bedauert habe ich immer, dass ich keine Großeltern mehr hatte. Sie waren auf der Flucht verhungert.

Was waren wir Nachkriegskinder doch bescheiden und trotzdem auch sehr glücklich.

Wiehnachten domoals, ols Opa
no lüütk was

***

Kurt Römmig aus Porta Westfalica-Nammen ist mit einem jüngeren Bruder aufgewachsen. Der Vater war Tischler. Die nachfolgende Geschichte hat er für seine
vier Enkelkinder aufgeschrieben, mit denen er heute noch Plattdeutsch spricht.

Use *Dietrich*-Bonhoeffer-Hus, use neie Kerken in Nammen, Orts-
deil van Porta Westfalica, wurd ers 1969 bauet un inweihet. In de
St. Laurentius-Kapellen van 1523, de nu bohle fiefhunnert Joahr
ohlt wird un Dütsklands ölste Fachwerkkapellen es, was van früher her
an' tweiten Wiehnachtsdoage un tradionell an' drütten Fierdoage Christvesper, ümme Jesu Geburt te fiern. Domoals, ols eck no in de Schaule
gung, versammel sick Heiligoabend Grot un Lüttk in de Lerbker Kerken
in' benoaboarten Kerspelsdörp. Et was för us Kinner de Höhepunkt in'
Kerkenjoahr, wenn in dän Gottesdienst tau Heiligen Nacht in de bet up
dän lesten Platz gefüllten Wiehnachtskerken Pastor Schallenberg de Predigt heilt. Gegenoawer de Kanzel stond de grote Dannebohm mit dän
vehlen brennenden Wachskerzen, de Kerkmester Wüllem Fröhning jümmer ne vörtel Stunne vör Gottesdienstbeginn ansticke. Van elektrischen
Lichterke'en ha in de Joahr noa dän Tweiten Weltkriege no keiner wat
hört.

In vehlen Familien herrsche an düssen Wiehnachten 1947 no grote
Not. Kinnern was dür dän schlimmen Krieg de Vadder noahm, Flücht-
lingsfamilien han oawer de Flucht Hus un How un Familienangehöri-
ge verlorn. Te köpen gaw et noch nich vehl. De Regoale füllen sick ers
1948 noa de Währungsreform langsoam wir up. Un so konzentrier sick
ohk bie us Kinnern de Uopmerksoamkeit vehl mehr wie vandoage up
dat, wat Wiehnachten eigentlik utmoaket: Up de Geburt det Jesuskinnes.
Schlicht gesäggt: Man wusste no, wurrümme man Wiehnachten fier.

Olle Schwierigkeiten in de domoaligen Tiet han awer ohk dän Vördeil, dat in dän Geschäften nich – wie dat vandoage so es – oll in' Sep-

tember Spekuloatius un Schokoloadenwiehnachtsmänner oawern Tresen güngen. De Wiehnachtstiet begunn äben er's mit dän ersten Advent.

In Scharen pilgern de Familien ut Nammen an' Noamdoagen det Heiligen Oabends dürt Lebker Fehld na de Weihnachtskerken hen. Un wenn dat Weer nich to schlecht was, marschiern de Kerkgänger van' Nammer Barge, tau de ohk wie gehörn, boam dürn Weserbarg de veier Kilometer Richtung Lerbke. De Kerkenbus feuer ers Joahr löäter de Löe van Nammen na Lerbke noa Kerken un wir trügge.

Düt Wiehnachten, knappe drei Joahr noa Kriegsenne, was ein Fest, vör dän us de erste Schnei, de in de ersten Adventswehken fallen was, in besonnere Stimmung brochte un up dat wie Kinner us – wie olle Joahr – besonners freuen.

De Wegg na Lerbke, dür dän witten Winterbarg – oawerhalw van Stroahn un Lehmbarg – was vör us Kinner bie lichten Frost'n Riesenspoaß. Un denn düsse Spannung: Man wusste jo, wenn wie noa dän Gottesdienst wir in' Huse ankeim, was Bescherung.

De Kerken was – wie jümmer tau Heiligoabend – vull bet up dän lesten Platz. De Nammer setten sick traditionell in de Querbänke na Nammen hen, up de Empore un ünner de Empore. So ha van öllersher jedet der veier Kerkspeldörper in dän Gotteshuse siene eigenen Plätze. Pastor Schallenberg predige oawer dat Weihnachts-Evangelium, twüsken dür erklungen de schönen ohlen Wiehnachtslieder. Un wur olle up lurn: Taun Schluss, in' Stoahn dat „O du fröhliche…", sungen in gemeinsoamer Begleitung van Orgel und Posaunenchor. Kohlt leip et manchen dän Rügge harunner, wenn bie de drütten Strophe bie de Posaunen de Oawerstimme insette. Denn feule jeder: Jetz es Wiehnachten! „Fröhlike Wiehnachten!" klung et bi'en Rutgoahn van ollen Sieten.

De Nacht ha sick längest oawer de witte Schneilandschaft leggt. Dän Trüggeweg dürt Lebker Fehld würn wie Kinner leiwer lopen ols goahn, awer doar han de Öllern denn wat gegen. Dat erste Nammer Hus, an dat wie rankeimen, würn Aßmann's, gliek links achtern Stroahnmöller. Horst Assmann was mien Schaulfreund. Un bie Aßmann's brennen jümmer oll de Kerzen an' Wiehnachtsbohme, wenn de Kerkgänger van Lerbke trügge keimen. Ühr Christbohm was'n ganz besonnerer: Dür de schieben na buten saug man Kugeln in dän buntesten Farben un ohk de Wachskerzen würn farbig: Rot, gräun, blau, gäl un manche ohk witt. Bie us Kinnern steiger de Blick dür Aßmann's Stoabenfenster no de Spannung up dat, wat us tohuus erwarte.

Bet wie up de Lehmkuhln, boam an' Nammer Barge, ankeimen, was et no 'ne gaue halwe Stunne Fautwegg. In use Stoabn, de teglieke Köken was, drowtwn wie nich rin, wie güngen in use Koamern. Woll'ne Vörtelstunne löäter kam van use Mudder för us Kinner de erlösende Satz: „Eck glöwe, de Wiehnachtsmann es doarwäsen." Wie baden, mien Brauer Friedo un eck, drowten endlik in de Wiehnachtsstoaben. Ers wurd de Wiehnachtsbohm mit dän brennden Kerzen bestaunt. Et was wie jümmer: So schön, wie düt Joahr, was hei no nie wäsen. Doarnoa sochte sick jeder sienen bunten Teller mit dän sülmsgebackenen Keks un roen Appeln. Schokoloade oder Appelsinen würn tau de Tiet no Mangelwaren. Dat gemeinsoame Singen lutt in de Familie denn endgültig dat Wiehnachtsfest in.

Ers denn drowte jeder siene Geschenke in Empfang nehm. Et was nich üppig, te köpen gawt jo nich vehl. Wie Jungens krägen jeder 'nen langärmeligen naturfarbenen Pullover, ut Schoapwulle knüttet. Mudder verroat us, dat sei dän Christkindken bi'en Knütten hülpen här. „Schoapwulle? De kratzet doch!", hör eck doar einen säggen. Dat nam in de Joahr noan Kriege keiner so wichtig. Hauptsache de Pullover warme schön. Un Söcken, un einen Schoal ut Schoapwulle gaw et ohk no för us bade, brun farbet mit Nottschoalen.

Un denn kam för us Kinner dat Beste: Wie krägen tohope 'ne Holtisenboahn, de use Vadder, de Disker was, mit dän Wiehnachtsmann in Heimarbat bauet ha. Dat wie us de Holtisenboahn deilen mössten, moake goarnix. Wenn de richtige Boahn 'nen Zug up de Reise schicke, würn jo ohk mindestens twei Mann erförderlik. Einer vörne op de Lok, un ein Zugführer. Direkt ünnern Wiehnachtsbohm, de jümmer up einnen lüttken Diske stond, richten wie dän Boahnhow in, un ünner usen Sofa was de Tunnelinfoahrt. Et was wir 'n wunnerschöner Heiligoabend. Fernsehen gaw et no nich, un keiner bruhke sick oawer dat passende Fernsehprogramm upregen.

Ols de witten Wiehnachtskerzen an usen Bohme bohle awbrennt würn, wurd et för us Jungens Tiet, int Bedde te goahn, denn schließlik was jo moarn de erste Wiehnachtsdag. Gliek gegen de Stoabn was use lüttke Kinnerkoamern. Un doar stond för us baden bloß ein Bedde in, mit dän groten Vördeil, dat in de kohlen Winternächte de eine dän annern warmen konn. Heizung oder Nachtspeicher gaw et no nich, un de einzige Oabn stond in de Stoabn, de bie dän meisten Löen domoals ohk Köken was. Awer, up so'nen Strohsack in Kinnerbedde was et wunnerboar mollig. Glücklik un tofre'e schleipen wie in, un drömmen van' dän gauen Wiehnachtsmann, de us so leiw bedacht ha, un viellichte ohk van dän Isblaumen, de noa de bitterkohlen Heiligen Nacht, an' ersten Wiehnachtsmorgen olle Fensterschieben ziern.'

Das Hämmerchen

❄❄❄

Die ehemalige Lehrerin Brunhild Kovert stammt aus Dülmen. Die vorliegende Geschichte hat sie ihren vier Töchtern und zwei Neffen schon erzählt.

Am heiligen Abend, dem ersten nach der Währungsreform, schneite es, so wie es sich für das Weihnachtsfest zu jener Zeit gehörte. Schon seit dem frühen Morgen fielen dicke Flocken. Der Schnee hüllte unsere kleine, vom Krieg arg zerbombte Stadt ein, als ob Frau Holle sie für das Weihnachtsfest extra herausputzen wollte. Den Weg zur Kirche, zum Gottesdienst, legte meine kleine Familie zu Fuß zurück, auch wenn er weit und beschwerlich war.

Heute durften wir den Schlitten mitnehmen, denn für meinen kleinen Bruder Bebe mit seinen knapp vier Jahren war es schon eine große Anstrengung, den Weg hin und zurück durch den Schnee zu stapfen.

Ich, die „große" Schwester Bu, gerade mal zwei Jahre älter, wollte meinen Eltern beim Ziehen helfen, obwohl es ganz schön schwer war, in den dicken Winterstiefeln durch den Schnee zu marschieren und dabei meinen kleinen Bruder zu ziehen. Deshalb waren wir froh, aus dem Schneetreiben in die kleine Kirche einzutreten und den mit vielen Kerzenlichtern, Strohsternen und roten Äpfeln geschmückten Tannenbaum am Altar zu sehen. Mir wurde ganz warm ums Herz, auch wenn es in der Kirche so kalt war, dass man beim Singen der Weihnachtslieder den Atem der Gottesdienstbesucher deutlich sehen konnte. Endlich kamen das Schlussgebet und der Weihnachtssegen! Nach dem Lied „Stille Nacht, heilige Nacht ..." wünschte uns der Pastor ein „Frohes Fest".

Wir verabschiedeten uns an der Tür von ihm. „Hoffentlich bringt euch das Christkind auch schöne Geschenke!" Eilig stapften wir durch den frisch gefallenen Schnee davon.

Schon bald konnten wir die Glocken nicht mehr hören. Die dicken Flocken verschluckten alle Geräusche, als ob die Welt in Watte eingepackt war. Die Kälte und unsere Ungeduld erlaubten kein Trödeln. Nun zogen unsere Eltern uns beide auf dem Schlitten durch die Straßen, vorbei an den zerbombten Häusern, von denen nur einige notdürftig wieder hergerichtet worden waren. Wir wohnten am Stadtrand, in einem kleinen Siedlungshaus, das von den Bomben verschont geblieben war, in zwei kleinen, schrägen Zimmern unterm Dach.

Meine Eltern hatten das ganze Jahr über gespart, um uns Geschenke machen zu können. Auch eine kleine Fichte hatten sie als Weihnachtsbaum in der Wohnküche aufgestellt. Selbstgezogene Kerzen, Lametta, blank geputzte rote Äpfel und goldgefärbte Walnüsse schmückten den Baum. Und darunter lagen in Seidenpapier eingewickelte Geschenke! Ich habe sie genau gesehen!

Aber vor der Bescherung waren noch zwei Hürden zu nehmen. Zunächst das Abendbrot: Brötchen, Würstchen und heißer Kakao – ein Luxusessen, das wir alle vier heißhungrig verzehrten. Danach war die Winterkälte vergessen und wir konnten die zweite Hürde nehmen: das Aufsagen der extra für das Fest gelernten Weihnachtsgedichte: „Von drauß' vom Walde komm ich her ...". Der kleine Bebe machte seine Sache gut. Ohne Stocken trug er den ganzen Text vor und atmete erleichtert auf, als sein Part mit einem angedeuteten Diener beendet war. Dann war ich dran: „Markt und Straßen stehn' verlassen, still erleuchtet jedes Haus. Einsam geh' ich durch die Gassen, alles sieht so festlich aus..." Auch ich war textsicher und trug alle Strophen zügig vor. Nach einem gemeinsam gesungenen „Oh du fröhliche, oh du selige ..." war endlich der große Augenblick des Schenkens gekommen.

Zuerst war mein Bruder an der Reihe. Der Kleinste bekam sein Paket, eingewickelt in hellbraunes Papier und einen bunten Teller mit Plätzchen, einer Apfelsine und einem kleinen Schokoladenweihnachtsmann. Der Teller war zunächst uninteressant. Bebe betrachtete sein Päckchen und begann zügig die Schnüre zu lösen. Schon bald konnte er sehen, was ihm das Christkindchen beschert hatte: Eine Pappplatte, auf dem fein ordentlich nebeneinander ein Hämmerchen, eine Zange, eine Zwinge, eine Laubsäge und ein Bündel Sägeblätter aufgereiht waren, dazu eine Platte Sperrholz und verschiedene Musterblätter zum Abpausen und Aussägen. Mein Bruder war selig, denn nun hatte er sein eigenes Werkzeug! Damit ließ sich vortrefflich arbeiten. Er war ganz gebannt und beschäftigt, die einzelnen Elemente seiner neuen Werkstatt von der Pappe zu lösen. Die Fortsetzung der Bescherung interessierte ihn dabei zunächst nicht mehr.

Mich aber schon, denn nun war ich an der Reihe. Mein Paket war größer, runder. Beim Auspacken war ich schnell. Aus dem roten Seidenpapier wickelte ich eine Puppe aus – eine Puppe mit einem Gesicht aus Porzellan, echten Haaren, Augen aus Glas mit richtigen Wimpern, einem gelben Kleidchen und Gliedmaßen aus weichem Wollstoff, eine Puppe, eine richtige Puppe – ein Seligkeitsding!

Stürmisch umarmte ich meine Mutti, dankte meinem Vater artig für dieses schöne Geschenk. Dann setzte ich mein Puppenkind an den Esstisch, auf meinen Stuhl, und zeigte ihm meinen bunten Teller: Ein Weihnachtsmann aus Schokolade, Plätzchen, Nüsse, Äpfel, Bonbons und getrocknete Feigen. Die kannte ich noch nicht. Mit der Packung lief ich zum Vater, zeigte sie ihm und fragte: „Was sind denn das für braune Kugeln? Kann ich die essen?" Vater öffnete den Deckel, nahm eine Feige und zerteilte sie mit den Fingern. Er zeigte mir die vielen kleinen Kerne und ließ mich eine Hälfte kosten. Dabei hatten wir keine Acht darauf, was mein Brüderchen hinter dem Esstisch ausprobierte: Er nahm sich meiner Puppe an und testete an ihr die Kraft seines Hämmerchens. Zielgerichtet schlug er auf das Gesicht ein, um sein Werkzeug zu erproben. Die Nase, die Wangen, sogar die Augen boten keinen nennenswerten Widerstand. Das Puppengesicht konnte er ohne weiteres zertrümmern. Kein Problem!

Als ich meiner Puppe auch ein Stückchen Feige zum Probieren geben wollte, sah ich die „Bescherung"! – „Was hast du gemacht, du böser Junge!?" Mit lautem Gebrüll riss ich meine Puppe vom Stuhl, dabei schleuderten die einzelnen Porzellanstückchen schwungvoll nach allen Seiten. Ich drückte meinen Schatz an mich und begann, hemmungslos zu schluchzen. Mein Bruder – an sich stolz auf sein Arbeitsergebnis – merkte, dass wohl doch nicht alles so gelungen war, wie er es sich gedacht hatte. Verblüfft betrachtete er meine Reaktion. So hatte er mich noch nie weinen sehen! Mutti und Vater starrten wie gebannt auf das hohle Puppengesicht – wie gelähmt von dem Geschehen! Erschrocken und ratlos versuchten sie, mich wieder zu beruhigen. Das war ein zweckloses Unterfangen! Was tun in einer solchen Situation? Wie fand man einen Ausweg aus diesem Unglück?

Mein Vater löste sich als erster aus der Schreckensstarre. Ohne ein Wort zu sagen, verließ er das Weihnachtszimmer und eilte in den Keller. Dort hatte er ein Paket verwahrt, das er seiner Frau später, wenn die Kinder zu Bett gegangen wären, zum Auspacken geben wollte, ein Paket von den Verwandten aus Amerika, vom Onkel aus Chicago. Mit dem Päckchen unter dem Arm eilte er ins Weihnachtszimmer zurück und hielt es mir hin, immer noch bitterlich weinend. Meine Mutti und auch mein

Bruder hatte ich mit meinem Jammern angesteckt. Beide waren in Tränen aufgelöst.

Nach etwas gutem Zureden begann ich mich für das neue Paket zu interessieren. Es gelang mir nicht, den Knoten der dicken Kordel zu lösen. Dabei half mir meine Mutti mit einer Schere. Danach konnte ich dann den Pappdeckel zurückklappen und den Inhalt betrachten: Da waren viele kleine und größere Päckchen, alle hübsch bunt in Geschenkpapier verpackt und mit Schleifen verziert. Es gab ein Päckchen echten Bohnenkaffee für meine Mutter, eine Riesentafel Schokolade mit Rosinen und Nüssen, Rasierseife und einen Haarpinsel für meinen Vater, ein Fläschchen mit Nagellack, einen Lippenstift, Zellophantütchen mit glitzernden Bonbons in Raupenform in grün und gold. Und zuunterst lag eine knallrote kleine Handtasche aus weichem Filz mit einem geflochtenen Henkel aus rotem Leder. Auf der Tasche standen einige aufgestickte Worte, die ich aber nicht lesen konnte. Das war Englisch: „For my little sweetheart" stand darauf. Mein Vater übersetzte mir die Worte ins Deutsche. Kein Zweifel: Die kleine Tasche war für mich, ich war der kleine Liebling, dem dieser Schatz gehören sollte. Neugierig öffnete ich den Schnappverschluss und entdeckte ein ebenso rotes, kleines Filzportemonnaie, einen winzig kleinen Kamm, einen Handspiegel und eine Puderdose. Der Clou aber waren eine kleine Flasche Nagellack und ein Lippenstift en miniature. Da trockneten meine Tränen schnell wieder. Welch ein schönes Geschenk! Und ganz allein für mich!

Ich hängte das Täschchen über den Arm, schnappte mir die Tafel Schokolade und brachte sie meinem kleinen Bruder. „Die ist für dich, aber hau' mir auch mit deinem Hammer ein Stückchen ab, und Mutti und Vater kriegen auch was davon, dann ist dir das Christkind auch nicht mehr böse!"

Ein dunkelblauer Puppenwagen

✽✽✽

Ursel Mauden, Jahrgang 1942, wurde in Siegen geboren und wuchs in Niederschelden an der Sieg auf. Sie absolvierte eine Ausbildung zur Rechtsanwalts- und Notargehilfin. 1962 heiratete sie. Aus der Ehe gingen drei Kinder hervor. Seit 1987 ist Ursel Mauden verwitwet. Neben ihren Hobbys, Lesen und Musizieren mit der Musikgruppe Niederschelden sowie Tennis, freut sie sich über drei Enkelkinder.

Als meine drei Kinder noch klein waren, ertönte fast jedes Jahr in der Weihnachtszeit die Bitte: „Mama, erzähl doch noch mal von dem blauen Puppenwagen!" Und nur zu gern tat ich das und berichtete ihnen von dem allerschönsten Weihnachtsfest in meiner Kinderzeit:

„Also", begann ich dann. „Ihr wisst ja, wo ich zur Schule gegangen bin, in die Burgschule in Niederschelden. Direkt neben dem Pausenhof stand – und steht noch heute – das Möbelgeschäft Molly mit seinen hohen, großen Schaufenstern. Damals, es war in den kargen Nachkriegsjahren, waren darin Küchenschränke, Küchentische und Stühle, Polstersessel, Kommoden, Fußbänkchen, Nähkästen und solche Sachen ausgestellt.

Eines Morgens in der Pause stand ich vor einem dieser Schaufenster und verzehrte mein Schulbrot (meistens war Margarine mit darübergerieseltem Zucker darauf), blickte hoch und sah einen Puppenwagen! Ein Traum von Puppenwagen stand da, dunkelblau glänzend, silbern und weiß schimmernd! Oh, so etwas Wunderschönes hatte ich noch nie gesehen! Vor freudigem Schreck hielt ich förmlich die Luft an und ging dann näher ans Schaufenster, um ihn gründlich zu betrachten. Unerreichbar stand er da: In eleganter, weich geschwungener Form, mit einer weißen Verzierung am oberen gepolsterten Wagenrand und mit silbern glänzenden Schutzblechen über den weiß lackierten gummibereiften Rädern. Das Verdeck war mit cremeweißer, geraffter Seide ausgeschlagen, und unter der Lenkstange befand sich eine mit goldfarbenem Knauf versehene Klappe, in der man allerlei Puppenzubehör wie Liebesperlenflaschen,

Puppenkleider – und so weiter – verstauen konnte. Ich guckte und staunte und konnte mich nicht satt sehen an dieser Pracht – aber dann entdeckte ich das Preisschild: DM 65. Aus der Traum! So viel Geld! Diesen Wagen würde ich nie besitzen, das war mir sofort klar. Aber eine winzig kleine Zuversicht hatte ich doch, als ich meiner Mutter dann ganz begeistert und sehnsüchtig von dieser Entdeckung in Mollys Möbelgeschäft berichtete. Aber als sie dann zu mir sagte: „Oh Kind, soviel Geld für einen Puppenwagen – das geht doch nicht", musste ich traurig den Traum von diesem Wunsch begraben.

Aber in jeder Schulpause stand ich vor dem Schaufenster und malte mir aus, wie herrlich es wäre, mit diesem weichgefederten Wagen über die – damals noch meist holprigen – Wege zu fahren. Darin würde meine Puppe nicht so gestoßen und gerüttelt wie in dem kleinen hellgrünen, den ich jetzt besaß. Und ich beneidete glühend das Mädchen, das ihn wohl zu Weihnachten bekommen würde. Dann, eines Morgens, war der Wagen aus dem Schaufenster verschwunden. Endgültig musste ich den kleinen Hoffnungsschimmer, den ich insgeheim immer noch hatte, aufgeben. Ich hätte weinen können vor Enttäuschung.

Am Heiligabend saß ich mit meinem kleinen Bruder oben in Omas Küche und wir spielten Elfer-Raus, Mensch-ärgere-dich-nicht und aßen wintermürbe, schon leicht schrumpelige Äpfel, die Oma für uns schälte und in Stücke schnitt. Wir mussten nämlich mit der Bescherung warten, bis Opa, der in der Schelder Kirche Küster war, endlich nach Hause kam. Und dann musste man noch weiter warten, bis unten – endlich, endlich – das Weihnachtsglöckchen ertönte. Wir beiden Kinder schossen wie geölte Blitze die Treppe hinunter ins Weihnachtszimmer. Da strahlte uns dann kerzenschimmernd der Weihnachtsbaum aus dem dunklen Zimmer entgegen und unsere Eltern riefen: Fröhliche Weihnachten euch allen!

Als sich meine Augen vom Kerzenlicht an das Dunkel gewöhnt hatten, sah ich unterm Gabentisch etwas silbern und dunkelblau glänzen – mein Traumpuppenwagen! Ich stieß so einen lauten Freudenschrei aus, dass sich alle erschreckten und zog dann herzklopfend den Puppenwagen unterm Tisch hervor. Er fuhr wirklich so weichfedernd und leicht, wie ich es mir immer und immer wieder vorgestellt hatte. Darin lag meine Puppe Rosmarie in einem neuen Strickkleidchen in hellblau geblümten mit Rüschen umsäumten Kissen – ich war glückselig, wahrhaftig! Meine Mutti strahlte mich an und lachte und sagte: „Ja, mein Schatz, da ist er – für dich!" Ich fiel ihr um den Hals und bedankte mich bei ihr, denn ich wusste, irgendwie hatte nur sie es möglich gemacht.

Lange Zeit später hat mir dann einmal meine Mutter erzählt, wie sie den Puppenwagen erstanden hat: Eine Monatsmiete musste Oma ihr stunden, damit sie ihn anzahlen konnte und dann hat sie ihn nach und nach bis Weihnachten abgestottert, was ihr bestimmt nicht leichtgefallen ist in der damaligen Zeit! Aber für die große Freude bei diesem Weihnachtsfest bin ich ihr heute im Herzen noch dankbar.

Weihnachtsbriefe ins Krankenhaus

❄❄❄

Mechthild Dörsing, Jahrgang 1944, wurde in Iserlohn geboren und hat ihre Heimatstadt nie verlassen. Bis zur Eheschließung war sie kaufmännische Angestellte, danach Hausfrau und Mutter. Sie hat zwei Töchter und vier Enkelkinder. In ihrer Freizeit beschäftigt sie sich gern mit Musik, Kunst und Kultur.

Als Fünfjährige diktierte ich meiner Tante einen Brief an die Mutter, die am Heiligen Abend 1949 wegen einer Diphtherie ins Krankenhaus musste. Die Tante schrieb den Brief gewissermaßen in Lautschrift auf, so wie ich ihn diktiert hatte.

Liebe Mutti! Weihnachten 1949
Komm bald wieder aus dem Krankenhaus. Ingrid heulte auf Dir, wie Du in Krankenhaus kamst. Als de Feuerwehr kam, heulte se noch mehr. Ich hab ihr geholfen und ihr gesagt: „Ingrid, heul doch nich mehr." Da hat se genickt und es donnoch getan. Jetzt bin ich bei Tante Helene und habe jetzt grade Weihnachtslieder gespielt, aufem Klavier. Die Kerzen hamwa am Baum angesteckt. O du fröhliche kann ich jetzt auf die weißen und schwarzen Tasten spielen und mit gar keine Augen. Bei Tante Lene hat mir das Christkindchen die Häschenschule, 1 Tafel Schokolade und bunte Albumbilder gebracht. Son Nickelaus, den vertausch ich, den hab ich. Jetzt weiß ich nix mehr.
Deine Mechthild

Brief meiner 12-jährigen Schwester an die Mutter:

Liebe Mutti! 29.12.1949
Erst mal vielen Dank für die vielen schönen Geschenke. Den Rock und den Pullover habe ich sofort angezogen. Der Pullover ist sehr schön. Der Rock war viel zu weit. Man hätte 4 Fäuste dahinterstecken können. Der Schaden ist aber schon behoben.

Gerda kam mittags am zweiten Feiertag und überreichte mir einen Kalender. Sie sagt, sie müsse schnell wieder nach Hause, ihre Eltern schliefen, und sie müsste Heinz fertigmachen.

Gerda hat ein Fahrrad zu Weihnachten bekommen. Sie war sehr stolz. Mechthild hat den Feldstecher am Tage nur einmal in der Hand, und sie sagt: „Ingrid, schenk mir doch den Fernbeschauer, dann bekommst Du meinen neuen Ball."

Dir hat das Christkind auch schöne Sachen gebracht. Ein Teil fängt mit „S" an. Schuhe? Schnaps? Samtkleid? Skier? Schraubenzieher? Onkel Herbert hat morgen Geburtstag, und übermorgen hat Tante Clara Wäsche.

Etwas Schönes weiß ich noch: Am vorigen Sonntag hatten 13.000 den Wettschein beim Toto richtig, darunter auch ein Bürger Ihmerts. Dieser gab sofort an seine Mutter ein Telegramm auf. In dem Telegramm stand: Ich bin über Nacht ein schwerreicher Mann geworden. Er vertrank 200 M. Nun kam es heraus: alle 13.000 bekamen 27,50 M!! Der Mann aus Ihmert hatte eine solche Bosheit, dass er das Fenster aufsperrte und den Weihnachtsbaum nach draußen warf!!!

Nun will ich schließen. Ich wünsche Dir weiterhin gute Besserung.

Deine Ingrid

Der abgebrochene Schlüssel

✼✼✼

Hilde Krause, Jahrgang 1939, stammt aus Bad Mergentheim. 1957 begann sie in Würzburg eine Lehre zur Säuglings- und Kinderkrankenschwester. Dies war ihr Wunschberuf. 1962 kam sie durch ihre Heirat nach Dortmund. Sie bekam drei Kinder und ist heute glückliche Großmutter von drei Enkelkindern. Seit 2005 ist Hilde Krause ehrenamtlich in einem Seniorenheim tätig. Hilde Krause lebt heute in Iserlohn.

Die Weihnachtsgeschichte, die ich hier erzähle, trug sich im Jahre 1949 zu. Wir waren drei Mädchen, neun, zehn und 13 Jahre alt. Am ersten Weihnachtsfeiertag standen wir drei schon sehr früh am Morgen vor unseren Eltern auf, um mit unseren Geschenken zu spielen, die wir am Heiligen Abend erhalten hatten. Mit der Zeit wurde uns dies zu langweilig, und wir fingen an, im Wohnzimmer „Fangen" zu spielen, immer um den runden Esstisch herum. Plötzlich passierte etwas: Der Schlüssel am Schrank war abgebrochen! Wir wussten nicht mehr, wer dies verschuldet hatte, und waren sehr erschrocken, denn wir hatten etwas „Verbotenes" getan – wir „tobten" im Zimmer!

Jetzt war guter Rat teuer, denn wir hatten große Angst vor der Strafe. Wir beratschlagten, was wir tun sollten, bis meine älteste Schwester eine Idee hatte. Sie sagte: „Lasst uns beten!" Das taten wir gemeinsam. Als unsere Mutter ins Wohnzimmer kam, beichteten wir ihr sofort unser Missgeschick. Sie schimpfte überhaupt nicht, für uns ein Wunder, und in diesem Moment wussten wir, dass unser Gebet geholfen hatte, obwohl ich vorher große Zweifel hatte. Diese Geschichte machte in der Verwandtschaft die Runde, und uns bleibt sie immer im Gedächtnis.

Durch Schnee und Eis zur Christmesse

❄❄❄

Heinz Hechmann aus Erndtebrück ist 1935 in Rüspe geboren. Er hat einen Bruder. In den 1940er Jahren bestand Rüspe aus sieben Wohnhäusern, und der kürzeste Weg zur Kirche betrug sieben Kilometer. Öffentliche Verkehrsmittel gab es damals noch nicht. Erst 1950 wurde Rüspe an die elektrische Überlandversorgung angeschlossen.

Wieder einmal habe ich unmittelbar nach dem morgendlichen Aufstehen meine Lippen bei O-förmig geöffnetem Mund bis fast gegen die mit Eiskristallen belegte Schlafzimmer-Fensterscheibe gedrückt und den warmen Atem langsam hingegen gehaucht, bis durch Auftauen ein immer größer werdender, runder, durchsichtiger Fleck entsteht; und wieder bin ich nach dem Hinschauen enttäuscht, dass es wieder nicht geschneit hat. Doch das sollte sich bald in einer Form ändern, die mich zwar hoch erfreut, für meinen Vater aber, ob des sehr frühen Wintereinstandes, zwar nicht überraschend, aber doch unerwartet kommt.

Natürlich wird in der Frühe zunächst das Feuer im Küchenherd neu entfacht, um gegen die nächtliche starke Abkühlung in allen Räumen zumindest in der Küche für eine angenehme Wärme zu sorgen. Zwischendurch kann schon ein Teil der Viehfütterung vorgenommen werden. Wenig später, nach dem Melken und dem Ausmisten des Stalles, sitzen alle in der Küche beim Frühstück. Wenn Großonkel sich nun auf die mit Buchenholzscheiten gefüllte Kiste neben dem Herd setzt, die Klappe zur Feuerung öffnet und mit seinem Fidibus seine Pfeife anzündet, ist der erste Abschnitt des Tages erledigt.

Je nach Schneelage müssen dann aber die Wege zum Schuppen und bis hinunter zur Straße geräumt werden. Wir Kinder hingegen warten schon ungeduldig darauf, dass die im Viehkessel – genannt Schweinepott – gekochten „Schweinekartoffeln" endlich gar werden. Doch Vater nimmt noch einmal den Schürhaken, um die Feuerung zu entaschen und legt nochmals Buchenscheite auf. Das bedeutet für uns: Weiter warten. Vorsorglich gehe ich nun, möglichst ungesehen, zur Vorratskam-

Mächtige Schneeberge, die sich nicht nur vor dem Haus auftürmten, machten den Weg zur Mitternachtsmesse im Sauerland sehr beschwerlich. Rüspe, Anfang der 1950er Jahre.

mer, um mich mittels eines Holzlöffels aus dem ehernen Buttertopf zu bedienen. Zwischenzeitlich hat Vater aber auch schon die Kartoffelquetsche vorbereitet und wenige Minuten später füllt er die trichterförmige, hölzerne Mulde mit gegarten Kartoffeln und mehrmals einer Handvoll dazwischen gestreutem Getreidemehl. Während mein Bruder mittels der Handkurbel das Quetschen übernimmt, Vater Nachschub heranholt, lege ich eine Reihe ausgewählter Kartoffeln nebenan auf eine Mauer zum Auskühlen. Vater übernimmt das Quetschen der letzten Füllung, während mein Bruder und ich, im Glauben, von Vater nicht gesehen zu werden, die leicht abgekühlten und aufgeschnittenen Kartoffeln mit reichlich Butter genüsslich verzehren. Mutters Bedenken, dass uns eine Krankheit überfallen habe, angesichts des sehr schlechten Appetits beim Mittagessen, ist durch ein für uns unerklärliches Minenspiel zwischen Vater und Mutter schnell wieder ausgeräumt. Die gleiche Szenerie wird sich wohl so lange wiederholen, bis letztendlich die gemästeten Schweine geschlachtet auf der Leiter hängen.

Schon seit einiger Zeit liegt die Rüspe unter einer dicken, geschlossenen Schneedecke. Vor unserem Haus sind durch das Freischaufeln von Durchgängen mächtige Schneeberge entstanden, von denen der größte zunächst von uns Kindern zum Teil ausgehöhlt wird, im Laufe mehrerer Tage aber derart untertunnelt, dass ein müheloses Hindurchfahren mit dem Schlitten möglich ist. Wenn schon unsere vermeintliche Großtat von Vater und Großonkel nicht gerade gelobt wird – liegen doch nun, durch unsere Aushöhlung, weitere Schneehaufen vor dem Haus –, so gibt es aber einigen Ärger durch unsere weitere Vorgehensweise. Um den Tunnel zu festigen und gegen Tauwetter beständiger zu machen, nutzen wir die folgenden Frostnächte, indem wir, irgendwann tagsüber unbemerkt, einige Gießkannen mit Wasser auf dem durchbohrten Hügel entleeren und diese Stelle mit Pulverschnee kaschieren. Einige Tage geht alles gut, aber dann kommt es, wie es kommen muss: Die Vereisung ist aufgefallen und der Tunnel ist durch eine Spitzhacke „eingefallen."

Unverständlich ist mir, dass Vater im Stall noch einen Korb flechten will, ich aber nicht, wie sonst üblich, zuschauen darf. Natürlich habe ich aus den Vorjahren gelernt, dass ein Kind in der Adventszeit nicht mehr überall seine Nase hineinstecken darf, aber warum schon nicht mehr in den Stall? Was geschieht da Geheimnisvolles? Vorsichtig schleiche ich an das kleine Fenster, das im Normalfall den Blick auf den Futtergang freigibt – aber nur im Normalfall. Aufsteigender Wasserdampf aus dem fast offenen Viehkessel hat die Scheibe innen beschlagen. Nur schemenhaft ist ein halbfertiger Korb erkennbar, aber wie es scheint, stehen im kochenden Wasser des Kessels einige Bretter. Das gibt mir natürlich weitere Rätsel auf. Die Antwort meines Vaters auf die spätere Frage, was dort unten vorgeht, ist genauso rätselhaft.

Nun gut, da weiteres Nachfragen sinnlos erscheint, beschäftige ich mich weiter mit der schon seit einigen Tagen begonnenen Weihnachtsbaumkerzen-Herstellung, denn Mutter hat mir zu verstehen gegeben, dass man in diesen schlechten Zeiten dem Christkind helfen müsse, so wie sie es mit ihrem Plätzchen-Backen auch tue.

Wachsreste aller Art, aber auch einige dicke Kerzen habe ich „versehentlich" mit eingeschmolzen. Zuvor kreisrund aus Pappe geschnittene Plättchen, im Durchmesser knapp so groß wie ein vorgesehenes Tablettenröhrchen aus Metall, erhalten mittig ein Loch, durch diese ziehe ich von oben jeweils einen nicht zu dünnen Baumwollfaden und verknote ihn unterhalb des Plättchens. Nun beginnt die eigentliche Fertigung: Mit einer Stricknadel drücke ich ein Plättchen auf den Boden des Tablettenröhrchens, wobei der Faden aus dem Röhrchen herausragt. Dann wird das Plättchen mit etwas Flüssigwachs am Boden fixiert, der Faden stramm gezogen und das

Röhrchen mit Flüssigwachs voll gegossen. Nach dem Erstarren des Wachses tauche ich das Röhrchen kurz in ein heißes Wasserbad und ziehe die fertige Kerze heraus. Dieser Prozess wiederholt sich – ich weiß nicht, wie oft.

Wenn aber zur Wintersonnenwende erstmals die Nächte kürzer und die Tage wieder länger werden, wächst die Macht der Magie: Alt und Jung werden eingehüllt durch mysteriöse Rituale zu Weihnachten. Ende der 1940er Jahre – längst sind noch nicht alle Spuren des Wahnsinns-Krieges verweht – hält unsere tief verschneite Rüspe weltentrückt, in vollkommener Stille ihren jährlichen Winterschlaf. In der Küche knistert leise das wärmende Herdfeuer und im schwachen Schein der Petroleumlampe wird zu recht früher Stunde das Abendbrot zubereitet. Vater kümmert sich noch um Kühe, Schweine und Hühner, dann erlischt die Stall-Laterne. Bald darauf sind alle Familienmitglieder um den Küchentisch versammelt, um sich für diesen Abend – den Heiligabend – zu stärken, denn eine lange Nacht liegt noch vor uns.

Jetzt geht ein Elternteil in die Wohnstube. Eine geheimnisvolle Stille liegt über dem Raum, bis wir, wenig später, ein schwaches, flackerndes Licht durch den Schlitz unter der verschlossenen Tür wahrnehmen. Dann – ein zartes Geläut beendet die höchst angespannte Atmosphäre – langsam öffnet sich die Tür, das Lied „Am Weihnachtsbaum, die Lichter brennen" wird angestimmt und nach wenigen Schritten stehen wir vor dem, im Glanz der Kerzen, strahlenden Weihnachtsbaum und wünschen allseitig: „Frohe Weihnachten." Alle Jahre wieder zieht uns dieses, für uns Kinder unergründliche Geschehen, in seinen Bann.

Zu dieser Zeit – aber auch im Schatten der jüngsten Geschichte – sind die kleinen Geschenke noch etwas Wertvolles. Glückstrahlend entdecke ich ein Paar, im Viehkessel erhitzte und gebogene, Eschenholz-Skier aus Vaters „Werkstatt", nebst Plätzchen aus Mutters „Backstube", dazu Äpfel aus Oberhundem und Nüsse aus der „Hohen Schlade". Nach dem ersten Test der neuen Skier vor der Haustür werden in der warmen Stube noch Weihnachtslieder gesungen und Geschichten erzählt bis gegen 21 Uhr die Zeit des Aufbruchs naht. Vater hat inzwischen die große Stalllaterne herbeigeholt und Petroleum nachgegossen, das Abgebrannte des Dochtes abgekratzt und das Glas blitzeblank gereinigt; Mutter packt mich indes in wärmende Kleidung. Großonkel steht schon marschbereit mit qualmender Pfeife vor der Haustür und prüft die gegenwärtige Wetterlage. Schnell ist auch Vater winterfest angezogen. Mutter prüft nochmals, ob ich gut eingepackt bin, zieht mir die Bommelmütze tief ins Gesicht und bald darauf hat uns die tiefe Winternacht verschluckt.

Im sanften Licht der wiegenden Laterne schimmern und blitzen die Eiskristalle des neu gefallenen Schnees. Wir haben den langen Weg zur Mitternachts-Christmesse nach Oberhundem angetreten. Vorgestern noch war die Landstraße von dort bis zur Rüspe mit dem von Pferden gezogenen Schneepflug aufgefahren worden, eine hilfreiche Aktion zwar für die erste Teilstrecke bis zur „Kurzen Meinscheid". Eine beachtliche „Neue", wie der Waidmann sagt, einhergehend mit eisigem Nordostwind, sorgt allerdings keineswegs für ein angenehmes Fortkommen. Dann aber zeigt uns der leichte Anstieg über die Viehtrift zum Hahnenhäuschen unmissverständlich, womit wir auf dem Rückweg, durch die „Hohe Schlade" hinauf zum Rhein-Weser-Turm, zu rechnen haben; doch das ist weit hin. Bis wir auf dem Berg sind, hat sich der Himmel, bis auf kurze Augenblicke, in dunkle Wolken verhüllt gezeigt. Plötzlich aber – als wolle uns der Morgenstern den weiteren Weg zeigen – strahlt ein sternenklarer Himmel über dem weiten Hundemtal. Eine kurze Verschnaufpause, dann geht es bergab durch den tief verschneiten Wald, ohne Nordostwind, bis hinter die Hardt, wo uns, auf dem relativ kurzen Stück bis Oberhundem, nochmals die eisige Kälte einholt und den Atem auf dem vor den Mund geschlungenen Schal zu Reif und kleinen Eiszapfen erstarren lässt.

Fast zwei Stunden sind vergangen, als wir bei „Auwermes", dem Geburtshaus meines Vaters, an die Haustür klopfen. Voller Erwartung, die die Aufwärmung übersteigt, bei heißer Milch und Plätzchen stehe ich endlich mit Staunen vor der aus weißen Quarzsteinen, Moos und Sand, jährlich zu einem neuen Bild, zusammengefügten Krippe. Schon einmal – im Vorjahr – hatte mich hier ein völlig anderes Bild einer Krippe fasziniert. Ähnliches will ich in den nächsten Jahren auch versuchen. Aufgewärmt führt uns nun der kurze Weg zur Kirche, dennoch rieselt es mir kühl den Rücken hinab, als in dem zunächst abgedunkelten Innenraum die Orgel ganz leise und sanft mit der Melodie – „Stille Nacht, Heilige Nacht, alles schläft einsam wacht" – einsetzt. Dann, mit dem langsam heller werdenden Licht im Einklang, die anschwellende Orgelmusik, bis gegen Ende des Liedes die Kirche hell erstrahlt und die Orgel in vollem Klang die nun leise mitsingenden Kirchenbesucher begleitet. Vater hat seinen Stammplatz in der Kirche auf der Orgelbühne, das bringt mir den Vorteil, die weihevolle Christmesse sozusagen von oben mitzuerleben. Am Ende ist noch ein Krippenbesuch am linken Seitenaltar obligatorisch; einen Groschen, den mir mein Vater gibt, werfe ich noch in die Kasse des Negers am Rande der Krippe, der sich für das Einfallen des Geldstückes mit Nicken des Kopfes bedankt. Ein weiterer kurzer Verwandtenbesuch bei Onkel Hubert bringt so ganz nebenbei noch etwas Proviant ein.

Großonkel hat indes einen kurzen Besuch bei Verwandten in seinem Elternhaus beendet und wir treffen uns wieder im Dorf – bereit für den Heimweg. Erst am Ortsausgang des Dorfes, wieder in die Dunkelheit der Nacht eingetaucht, wird mir gegenwärtig, dass ein inzwischen eingesetztes Schneetreiben den Rückweg deutlich erschweren wird. Wenn auch die eisige Kälte scheinbar nachgelassen hat, so schneiden nun scharfe Schneewehen hart ins Gesicht. Da unsere eigentliche Mission beendet ist, nehme ich – und ich denke, Vater und Großonkel ebenfalls – dieses Ereignis doppelt zur Kenntnis. Doch da müssen wir durch! Am Fuße der Hohen Schlade, mit Eintritt in den Fichtenforst, ist die raue Luft gebrochen, es sind sogar die Fußspuren unseres Hinweges noch halbwegs auszumachen. Das ändert sich allerdings schlagartig im hohen Buchenbestand der Hohen Schlade: Hier führt der Weg mehrere hundert Meter durch den steilhängigen, jedem Schneetreiben ausgesetzten Buchenforst und wenn es irgendwo in den Rüsper Wäldern zu beachtlichen Schneeverwehungen kommt, dann hier, so auch in dieser Nacht. Abwechselnd spurt nun einer von uns im knietiefen Schnee auf der hangabwärts liegenden Kante des Weges, denn der Weg selbst ist so gut wie unpassierbar. Der Anstieg endet, nach dem Verzehr der letzten Kräfte, auf dem Westenberg – doch von da an geht's bergab. Wenngleich auch der weitere Heimweg nicht ganz ohne Tücken ist, so stampfe ich müde, ja fast schlafwandlerisch, meinen „Spurenden" hinterdrein, immer mit dem Gedanken: Bald haben wir es geschafft. Irgendwann ist's geschafft. Mutter nimmt uns mit einem heißen Getränk in Empfang. Danach ist mir an diesem Weihnachtsmorgen, gegen vier Uhr, so gut wie nichts mehr wichtig, außer schlafen – schlafen. Erst die Träume am späten Weihnachtsmorgen reproduzieren in mir auf wundersame Weise das vergangene Geschehen und lassen alle erlebten Strapazen in ein Nichts zerfließen.

Natürlich waren wir nicht die einzigen Rüsper auf dem beschwerlichen Weg zur Christmesse nach Oberhundem. Oft ging man ihn auch mit Nachbarn gemeinsam. Ausschlaggebend hierfür waren immer, außer den Wetterverhältnissen, die unterschiedlichsten Interessen hinsichtlich der Verwandtschaftsbesuche etc. Mehr als sechzig Jahre sind seither ins Land gezogen. Nach anfänglich weiteren Jahren, nicht nur winterlicher Abgeschiedenheit der Rüsper zu ihren Nachbarorten, holte sie, zunächst langsam, aber dann immer rasanter, das Umweltgeschehen ein. Zeitlebens wird sich wohl jeder Rüsper nicht einem Rest Nostalgie entziehen können in Erinnerung an die Zeit, in der die Petroleumlampe der einzige Lichtspender dunkler Abende war, unter der sich insbesondere an den langen Winterabenden in der Küche, auf der langen Bank hinter dem Tisch, die Kinder zum Spiel oder dem Märchenerzählen einfanden, wo Mutter hinter dem Spinnrad die Wolle in schier endlose Fäden verwandelte, wo sich Vater den im Laufe des Jahres liegengebliebenen Aufgaben widmete, wo Großonkel auf der Holzkiste neben dem Herd mit dem Spleißen von Holzfidibussen für Pfeife- und Herdanzünden beschäftigt war.

Kartoffelklöße

❅❅❅

Roswitha Westerbarkei wurde 1942 in Bockum-Hövel geboren. Sie begann vor vier Jahren zu schreiben und hat auch schon einige Texte im Raum Hamm veröffentlicht. Ebenfalls arbeitet sie gern mit Ton, malt und zeichnet gerne und hat eine eigene Werkstatt. Sie bezeichnet sich selbst als Autodidaktin und Amateurin, die immer auf der Suche nach Neuem ist. Roswitha Westerbarkei lebt heute in Hamm.

Wie war es denn wirklich damals? Ich weiß, dass Oma Maria für die traditionelle Kost des Heiligen Abends verantwortlich war. Schon frühzeitig hantierte sie in der Küche. Sie garte das Kaninchen aus eigener Züchtung, das uns am Heiligen Abend serviert wurde. Rotkohl wurde dazu gereicht, der frisch zubereitet wurde. Dazu reichte man auch selbstgemachtes Apfelmus. Das Wichtigste an diesem Abend waren aber die Kartoffelklöße. Die wurden gegen Abend in Gemeinschaftsarbeit mit meinem Papa zubereitet. Oma rieb die Kartoffeln und er war der Mann, der die geriebene Masse mit seinen großen Händen durch ein steriles Geschirrtuch drücken musste. Manchmal passierte es, dass das Geschirrtuch der Kraft meines Vaters nicht standhielt, und die Masse quoll nach außen. Dann war das Geschrei von Oma groß: „Drück doch nicht so feste!" Nun denn, ein neues Geschirrtuch musste her.

Armer Papa, und dann oblag ihm auch noch das Christbaumschmücken! Lametta, das damals sehr kostbar war, durfte nicht verheddern, denn dann sah es nicht mehr so gut aus. Und Papa, der sich auch schon einige Biere genehmigt hatte, hatte Probleme mit dem zarten Glas der Christbaumkugeln. Fiel mal eine herunter, die ja dann sofort in tausend Stücke zersprang, gab es Zoff mit Mutti. Besonders schön war das nicht. Meine Mutter war sowieso ziemlich nervös, weil sie bis zwei Uhr bei ihrer Schwester im Lebensmittelgeschäft gearbeitet hatte. Sie musste ja auch noch für die Reinlichkeit im Haus sorgen. Da war noch nichts mit „Fröhliche Weihnacht überall".

Aber als das „Gerangel" vorbei war, als das Essen serviert wurde, als das leckere Mahl beendet war, als abgeräumt wurde, als das Geschirr gespült war und meine Schwester und ich abgetrocknet hatten und den Muntermacher „Fröhliche Weihnacht überall" gesungen hatten, das Geschirr wieder in die Schränke geräumt war, klingelte endlich das Glöckchen. Wir durften ins Weihnachtszimmer kommen! Endlich war Bescherung

Die Puppe mit dem blinden Auge

❊❊❊

Gertrud Premke, Jahrgang 1950, wurde in Sundern – jetzt Stemwede – geboren und ist auf einem kleinen landwirtschaftlichen Betrieb aufgewachsen. Die Justizbeamtin ist seit 2008 im Ruhestand. Sie ist verheiratet, hat einen Sohn und ist jetzt dreifache Großmutter. Heute lebt sie in Bad Essen, ebenfalls auf einem landwirtschaftlichen Nebenerwerbsbetrieb. Ihr Hobby ist die Fotografie. Zum Zeitpunkt der Erzählung war Frau Premke acht Jahre alt.

Vier schlichte weiße Wachskerzen in einem silberfarbenen, abgenutzten Kerzenhalter zierten den grünen Adventskranz auf der kleinen Kommode in der Küche. Eine Kerze brannte. Ihr Licht flackerte und warf dunkle Schatten auf den dünnen Katalog, den ich in den Händen hielt. Ich blätterte, suchte die farbigen Seiten mit den Puppen. Nicht alle Katalogseiten waren farbig. Die meisten aus dem dünnen Papier waren schwarzweiß. Ich ließ mich auf dem abgewetzten, braunkarierten Sofa nicht stören, als ich zum Abendbrot gerufen wurde.

Die Eltern, Großeltern und zwei jüngere Geschwister klapperten mit ihren Löffeln bereits in der Milchsuppe. Abends gab es häufig Milchsuppe. Der Geruch der frisch gekochten Milch strömte vom Kohleherd durch die ganze Wohnküche. „Cecilia, es ist jetzt das letzte Mal, wir räumen gleich den Tisch", hörte ich die Mutter schimpfen. „Mama, ich habe sie jetzt gefunden, schau mal Mama, diese Puppe mit dem blauen Strampler, den langen dunklen Wimpern und der weißen Babymütze." Ich lief mit dem Katalog zum Tisch, zeigte ungeduldig der von der Landarbeit müden Mutter am Küchentisch meinen Weihnachtswunsch.

Die Mutter schaute mit einem flüchtigen Blick auf die Katalogseite und ermahnte mich ein allerletztes Mal, das Abendbrot nicht zu vergessen. Ich schlug trotzig die dünnen Seiten des blauen Kataloges mit dem dunkelblauen Schriftzug „Schöpflin Hagen" zu. Es war einer der ersten Kataloge in der Nachkriegszeit, und das Angebot an Spielwaren war äußerst dürftig. Es füllte kaum zwei Seiten.

171

Dieses Jahr erschien mir die vorweihnachtliche Zeit wie eine Ewigkeit. Meine Gedanken waren überwiegend bei der Babypuppe und dem bevorstehenden Fest mit der Bescherung. Hatte die Mutter meinen Wunsch gehört, sich diese Puppe gemerkt? Ich wusste, es gab keinen Weihnachtsmann mehr. Die Eltern in ihren bescheidenen Verhältnissen besorgten die Überraschungen und Geschenke zum Heiligabend.

Das besagte Christkind mit seinem weißen Kleid, den breiten Flügeln und dem Engelshaar existierte nur noch für die beiden jüngeren Geschwister.

Die dritte Kerze war bereits angezündet, als ich eines Mittags den Postboten auf seinem gelben Rad an der hölzernen Flurtür bemerkte. Er sprach mit Mutter, drehte sich und zog ein Päckchen aus einer seiner schwarzen Posttaschen, die am Hinterrad hingen. Mutter bezahlte den Postboten und verschwand eilig mit dem kleinen Karton in das Elternschlafzimmer, das am Ende des Backsteinflures lag. Ich stand in der Mitte des dunklen Flures. Es war mir nicht entgangen, dass das Päckchen diese blaue Farbe mit dem noch dunkleren Schriftzug gehabt hatte, genau wie sie auf den Katalog gezeichnet war.

Ich hörte das Knarren der Kleiderschranktür im elterlichen Schlafzimmer. Mutter war so geheimnisvoll gewesen. Dann drehte der Schlüssel im Schloss und Mutter trat wieder über die Türschwelle zum Flur. Ich täuschte vor, nichts bemerkt zu haben, aber mein kleines Herz schlug aufgeregt und meine Gedanken waren bei der Puppe mit dem blauen Strampler, die ich mir so sehnlichst wünschte. Ich fragte auch nicht, was der Postbote gebracht hatte.

Weihnachten stand vor der Tür. Die Eltern waren mehr beschäftigt denn je. Es hatte bereits geschneit und die Tiere mussten beschwerlich im Stall gefüttert werden. Die Eltern waren in Scheune und Hof beschäftigt, um Heu und Stroh für die Kühe ins Haus zu holen. Runkelrüben lagen angefroren in der Miete und mussten getaut werden. Es gab viel Arbeit, auch ein Schwein sollte noch vor Weihnachten geschlachtet werden. Das hing dann gewöhnlich bei Frost unten in der Diele zum Austrocknen. Eltern und Großeltern bereiteten das Schlachtfest vor, und ich war mit meinen Geschwistern in der warmen Kochküche, wo bereits große Mengen Wasser im Kessel für die Schlachtung brutzelten, allein.

Die kleinen Geschwister spielten leidenschaftlich mit leeren Nähgarnrollen „Trecker". Da kam mir der Gedanke, heimlich nach dem kleinen blauen Paket zu suchen. Ich schlich unbeobachtet in die elterliche Schlafkammer, drehte vorsichtig den Kleiderschrankschlüssel um, den die Mutter sorglos steckengelassen hatte. Mein Herz pochte und ich hatte Angst, entdeckt zu werden, aber gleichzeitig war die Neugier größer, tatsächlich etwas zu finden.

Ich tastete mich vorsichtig durch den Wäscheschrank. Unter einem Stapel Bettücher sah ich den blauen Karton. Zaghaft nahm ich das kleine Paket in die Hände und betrachtete es lange. Es waren die Buchstaben vom Katalog auf dem Deckel aufgedruckt. Alle vier Seiten waren mit Papierbanderole verklebt. Nur einmal hineinschauen, ein kleines Loch hineindrücken oder ganz vorsichtig eine Banderole hochziehen. Es konnte nur meine Puppe sein. Nur einen einzigen Blick in den Kasten, ob meine Vermutung zutreffen würde. Ich wollte Gewissheit haben und dann alles wieder unauffällig zurücklegen. Erst zögerte ich, doch dann löste ich ganz vorsichtig den Klebestreifen am Ende des Päckchens. Ich zog an einer Papplasche und eine Seite des Kartons stand offen. Mit den Fingern fühlte ich das weiche Papier, das um einen Puppenkörper gewickelt war. Jetzt gab es kein Zurück mehr. Ich zog langsam die ersehnte Babypuppe aus dem Karton, hielt sie in den Händen. Es herrschte eine unnatürliche Stille im Haus, keine Schritte, keine Stimmen, nichts und niemand war zu hören. Ich fühlte mich sicher, unentdeckt zu bleiben, hielt meine Puppe liebevoll, streichelte über ihr weißes Mützchen, bestaunte den hellblauen Strickstrampler. Alles an ihr war so vorhanden, wie ich sie im Katalog immer wieder angeschaut hatte. Das Interessanteste jedoch waren ihre blauen niedlichen Schlafaugen mit den dunklen Wimpern. Bei jeder Kopfbewegung bewegten sie sich klimpernd, auf und zu, auf und zu, und „Mama" ertönte ebenfalls aus dem kleinen Puppenbauch. Ich probierte es einige Male, schaute auf die Funktion der Augen, wie die Lider sich immer wieder bei Bewegung auf und ab bewegten. Diese Mechanik faszinierte. Ich nahm meinen Zeigefinger und versuchte, dem Rätsel auf die Spur zu kommen und hielt das eine Augenlid fest. Dann drückte ich es fester hinunter und plötzlich machte es „Glupsch" und das Auge war fort. Es war in den hohlen Puppenkopf gefallen und verschwunden. Ich schaute in ein schwarzes Loch. Auch das zweite Auge hing schräg und funktionierte nicht mehr. Die Babypuppe war blind. Vor Schreck und mit zittrigen Händen versuchte ich schnell, alles wieder zusammenzupacken und ordentlich in den Schrank zu legen. Ich wollte keine Spur hinterlassen. Nichts sollte auf die vorweihnachtliche Enthüllung und das Ereignis hinweisen. Wie ein Dieb schlich ich aus dem Zimmer, schaute, ob man mich beobachtet hatte und kehrte zu meinen noch spielenden Geschwistern zurück.

Nur noch vier Tage bis zur Bescherung und eine kaputte Puppe, mein Geschenk, unentdeckt im Kleiderschrank der Eltern. Schuldgefühle lasteten auf meiner kleinen Kinderseele und ich war kaum ansprechbar. Wäre doch bloß Weihnachten vorüber! Möglicherweise würden die Eltern überhaupt nicht den demolierten Zustand der Puppe entdecken und wenn, vermuteten sie vielleicht einen Transportschaden. Ich schämte mich wegen meines Ungehorsams.

Am Heiligabend schmückte ein schlichter Tannenbaum die große Wohnküche. Zum Abendbrot schnitt Großmutter als Besonderheit die selbstgemachte Rindermettwurst an. Sie war jetzt vom Herbst im Rauch durchgereift. Dazu gab es frischen Stuten mit Butter aus dem Fass, die Großmutter scheinbar – aus Sicht eines Kindes – immer versalzen hatte und Kakao. Dann wurden die Kinder auf die Diele geschickt. Packenspielen um den Heuhaufen bis Mutter zur Bescherung rief. Ich mochte kaum von der kalten Bauerndiele in die Küche treten, als Mutter rief: „Das Christkind war da!"

Bescherung, jetzt war es soweit. Jetzt lag vermutlich eine blinde Babypuppe auf meinem Gabentisch. Der Christbaum leuchtete versöhnlich beim Eintritt in die warme Küche und Mutter stimmte „Stille Nacht" an. Bald sang die ganze Familie. Es war einfach, aber feierlich. Kleine Geschenke für jedes Familienmitglied lagen auf dem Küchentisch. Bruder Heinz freute sich über einen großen Ball, die Schwester Marie hielt einen kleinen harten Teddy fest in den Händen. Auch einen kleinen bunten Nikolaus aus Schokolade gab es als süße Zugabe vom Christkind. Ich schaute auf meinen Platz. Dort stand mein Schokoladennikolaus. Neben ihm lagen eine Decke mit grüner Wolle und ein Paar schwarze kleine Kindergummistiefel. „Die Wolle soll für eine warme Strickjacke für dich sein. Die brauchst du doch schon so lange", sagte die Mutter fast entschuldigend. „Wir müssen ja noch zu so vielen Spinnabenden, dann stricke ich sie fertig."

Kein Spielzeug, keine Puppe, lagen auf dem Gabentisch! Tieftraurig stand ich vor meinen nützlichen Geschenken. Tränen liefen mir über die Wangen. Dann begann ich laut zu schluchzen. „Ist das alles, was ich bekomme? Hat das Christkind denn keine Babypuppe für mich gehabt?", traute ich mich schließlich unter Tränen ängstlich zu fragen. War ich jetzt überführt, gab es vielleicht eine schlimme Bestrafung? Doch Mutter nahm mich tröstend in den Arm und antwortete dann ruhig: „Cecilia, deine Puppe bekommst du später. Der Weihnachtsmann hatte sie nicht dabei. Sie wird noch nachgeliefert."

Es war mein traurigstes Weihnachtsfest. Selbst eine blinde Puppe hätte ich lieber am Heiligabend im Arm gehabt, als überhaupt keine zu bekommen.

Wochen später, fast Mitte Januar, kam der Postbote dann wieder mit einem kleinen Paket von Schöpflin, Hagen. Ich hatte schon lange auf diesen Moment gewartet. Im Gegensatz zum Weihnachtsfest gab es jetzt kein Geheimnis mehr. Das Paket wurde sofort geöffnet. Es enthielt eine kleine Weichpuppe mit einem dunklen krausen Bubikopf. Beigefügt war ein kurzes Anschreiben. „Es tut uns leid, aber Ihr Artikel ist leider zwischenzeitlich ausverkauft."

An die Puppe mit dem blinden Auge erinnere ich mich auch noch nach Jahrzehnten. Es war das traurigste Weihnachtsfest in meiner Kindheit.

Nackenbroan föär'n Pastauer

✻✻✻

Werner Arnskötter wurde im April 1946 geboren. Er wuchs in Kurl, einem Dort-
munder Vorort, auf, den man auch gerne den Herrgottswinkel von Dortmund
nennt. Dort lebt er auch heute noch.

Riägelmäetok en dä Vöarweihnoachtstied woar bi us froiher immer
een Swien geschloachtet, domet tau Wiehnaochten nen ordent-
liker Broan oppen Disch koam. De Husschlachterigge bi us em
Doarp was tau dä Tied no gang un giäwe. Wenn mol wier 'ne Surge fällig
woar, konn man dat Quieken all van wietem höern.

Besunners de Blagen han vüell Froide, wenn am noigsden Dag, no
deäm Wuorsten, de Panhaspötte utgekrasset wuarn. Nodeäm de Fraulü
deän Panhas pautionswiese afgefüllt han, stallden se de Pötte füär de Kinner tom Utkratten no buten hen. Kloar, dat de Blagen dotau ümmer sew-
wers 'nen Liäppel enne Dasche harren.

Auk enne Noarbarschaft wuar 'ne Schüeddel Panhas, Schriewen taum
Anbroan un 'ne Liäwer- un Blautwuorst bracht. No ollem Bruk kreig auk
de Pastauer no wat af. Hä bekoam neäwen deäm Panhas no 'nen grauten
Nackenbroan un 'ne schoine Mettwuorst.

Sau moch user Noarbarskind Päulken, saun hennigen Stoiwer, auk wier
mol deäm Pastauer de Saken brengen. Deäm Päulken poss dat oawer nit.
Öesig gong he, oahne antaukloppen un oahne wat to seggen, stracks enne
Küeke vannem Pastauroat un stallde de Schüeddel opm Disch.

Dä Pastauer, dä groad enne Küeke was, wünnerte sik, wie Päulken sik
benoahm. „Päulken", segg dä Pastauer, „ek mak di nu mol vöär, as sau-
wat ordentlik gemakt wett. Sett di mol hier op mienen Stauhl, du büs nu
dä Pastauer, un ek bün dat Päulken." Et kloppede anne Döär un Päulken,
nu as Pastauer, reip: Harin! Dä Pastauer (as Päulken) koam harin un segg
ganz fröndlik: „Guaren Dag, Häerr Pastauer, ek sall ink van miene Mauer
'nen schoinen Gruß bestallen, un se sallen et sik guat schmecken loaten."

Darop antwoartede Päulken, an Pastauers Stier: „Segg diener Mauer
schoinen Dank füär de guaren Saken un loat di van mier Hushöällerin

176

'nen oardentlikes Drinkgeld giewen un segg eähr auk dotau, dat se di füär de lässden Joahre, wo se dat vergiätten hiät, auk no wat giäwen sall!"

„Es" war da!

✤✤✤

Heide Clasberg, Jahrgang 1948, stammt aus Essen. Sie absolvierte zwei Ausbildungen, und zwar eine zur Bauzeichnerin und eine weitere zur Stenokontoristin. Viele Jahre lebte sie in Horneburg/Niederelbe im alten Land. Dort machte sie sich mit einem kleinen Einzelhandelsgeschäft selbstständig. 1998 zog sie mit ihrer Familie in das kleine Dorf Wennigloh bei Arnsberg. Sie engagiert sich ehrenamtlich in der Senioren-Betreuung und im Krankenhaus beim Gesprächsdienst und feiert gerne und ausgiebig bei Schützenfesten mit.

Nach dem Krieg wurde in unserer Wohnung eine Dame zwangseinquartiert. Meine Eltern und ich, als Kind von drei bis vier Jahren, konnten nur noch über einen großen Wohnraum, zugleich auch Küche, und einen Schlafraum und eine Toilette verfügen. Am Heiligabend brachten mich meine Eltern am späten Nachmittag zu Nachbarn im gleichen Haus, deren Söhne eine große elektrische Eisenbahn besaßen. Diese wurde allerdings nur über Weihnachten in einem leeren großen Raum im Erdgeschoss aufgebaut. Am Nachmittag des Heiligabends wurde ich dort für eine Stunde „geparkt". Ich durfte leider nur zuschauen, wie die Züge über die Gleise und durch die Tunnel fuhren. Allerdings hatten die Eltern der beiden Jungen große Mühe, mich davon abzubringen, in unseren Räumen im ersten Stock nachzusehen, ob das Christkind vielleicht gerade da sei.

Meine Eltern gingen in der Zeit spazieren, wurde mir gesagt! In Wirklichkeit flitzten meine Eltern in den Keller und holten den wohl schon geschmückten Tannenbaum hoch in die Wohnung. Legen die Geschenke darunter und zündeten auch schon die Wachskerzen an. Dann holten sie mich wieder ab und sagten mir, dass das Christkind bestimmt schon da gewesen sei. Mit klopfendem Herzen ging ich zurück in die Wohnung und wirklich: „Es" war da gewesen. Lange habe ich daran geglaubt, dass es wirklich ein Christkind gibt.

Überraschungen

✵✵✵

Helma Freese, Jahrgang 1939, wuchs als einziges Kind einer jungen Kriegerwitwe in Burgsteinfurt auf. Die gelernte Industriekauffrau arbeitete jahrelang als Schulsekretärin. Sie ist seit 20 Jahren Witwe und ist begeisterte Großmutter von sechs Enkelkindern.

Christine steigt auf den Dachboden, um nach Weihnachtsutensilien zu sehen. „Ja, was ist das denn, eine Schultüte!", ruft sie nach unten. „Warum liegt hier eine Schultüte?"

Ja, überlege ich, wieso eine Schultüte? „Ist sie leer?", frage ich. „Mal gucken, nein, da sind Playmobil-Figuren drin." Ach herrje, jetzt fällt es mir wieder ein, ich hatte mal eine schöne Schultüte mit Spielzeug gekauft, sozusagen auf Vorrat. Schließlich hatte ich noch drei kleine Enkel, die irgendwann eingeschult würden. Diese hatte ich für Maximilian gedacht. Christine und ich lachen herzlich, denn Maximilian geht schon in die dritte Klasse.

Bin ich da die Tochter meiner Mutter?

Nach dem Krieg, als man so einigermaßen wieder zu „Wohlstand" gekommen war, hatte meine Mutter rechtzeitig im Laufe des Jahres ein Weihnachtsgeschenk für mich gekauft: einen goldenen Ring mit einer Koralle. Dieses edle Teil war in einer schwarzen, kunstlederbezogenen Schachtel, die mit Samt ausgeschlagen war. Nun musste man das Geschenk so verstecken, dass ich als neugieriger „Backfisch" es nicht vor Weihnachten auffinden würde. In der kleinen „Ein-Zimmer-Wohnung", in der wir beide alles miteinander teilten, war das keine leichte Aufgabe. Schließlich war sie wohl zufrieden.

Eines Tages kommen ein paar Freundinnen von Mutter zum Kaffeeklatsch. Sie hat mit dem bescheidenen Nachkriegsporzellan den Tisch gedeckt, Kuchen steht bereit und nun soll es richtigen „Bohnenkaffee" geben. Kochend heißes Wasser wird in die weiße Porzellankanne, die mit Goldrand, die „ewig und drei Tage" im Schrank ein einsames Dasein gefristet hat, auf das Kaffeepulver gegossen. Eine kleine Weile muss man warten, damit sich das Pulver setzt. „Blöde Kanne, was dröppelt die denn so beim Ausgießen?" Meine Mutter nimmt irritiert den Deckel von der Kanne, da schwimmt ein schwarzes Schächtelchen. Sie geht mit der Kanne zum Ausguss und fischt es mit einem Löffel heraus, spült es mit klarem Wasser ab und trocknet es. Man kann bis heute noch die Wasserrückstände auf der schwarzen Schachtel sehen und immer habe ich noch das erschrockene und verblüffte Gesicht von Mutter vor meinen Augen.

1962 feiern wir als junge Eheleute das erste Mal Weihnachten zusammen. Mutter lebt bei uns im Haus und zu dritt sitzen wir am Heiligen Abend am Tisch. Wir haben die Geschenke ausgepackt und uns gegenseitig bedankt und alles ist harmonisch. Wir erzählen, was wir im vergangenen Jahr geleistet haben, machen Pläne für das nächste Jahr und nun wird es Zeit, dass ich den Tisch decke, denn ich habe die Schwiegereltern zur „Feuerzangenbowle" eingeladen.

Aber, wieso hat Mutter mir das Stövchen nicht geschenkt? Wir hatten es doch zusammen vor einigen Wochen in Greven im Schaufenster angesehen, und sie freute sich, als sie meinen Wunsch aufgreifen konnte. „Das schenke ich dir zu Weihnachten!" Und nun? Nichts!

Für die Feuerzangenbowle ist ein Stövchen unerlässlich. Zaghaft fragte ich: „Mutter, hast du nicht noch etwas für mich?" „Mein Gott, Kind! Ist es denn immer noch nicht genug? Habe ich dir nicht genug geschenkt? So dick habe ich es nun wirklich nicht!"

„Ich meine, ich wollte fragen...", druckse ich herum und schließlich: „Ich meine das Stövchen, das wir kürzlich im Schaufenster gesehen haben". Nun ist es heraus. „Ach, herrje, natürlich, ogottogottogott!" Sie rennt los und kommt in weniger als einer Minute zurück mit einem viereckigen Karton und goldener Schleife: das Stövchen!

Wenn ich heute, nach 40 Jahren, das Stövchen benutze, freue ich mich an seiner zeitlos eleganten Form, aber noch mehr freut mich die Erinnerung.

Eine wunderschöne Weihnacht

✳✳✳

Ingrid Hagemeier, geborene Weißhoff, Jahrgang 1948, stammt aus der Altstadt von Kettwig. Sie wohnt jetzt seit 30 Jahren im Kreis Herford.

Wenn ich so zurückdenke geht mir eine Weihnacht nicht aus dem Sinn. Arbeitslosigkeit hat es auch zu meiner Jugendzeit schon gegeben. Mein Vater war Elektriker, nachdem er Gott sei Dank heil aus dem Krieg gekommen ist. Das Geld war bei uns immer etwas knapp. Mutter verdiente mit Putzen noch ein paar Mark dazu.

Ich entstamme einer lustigen und feierfreudigen Familie. Mein Großvater war Komiker. Das war sein Hobby. Wir waren eine große Familie. Weihnachten wurde bei den Großeltern unterm großen Tannenbaum gefeiert. Nur am Heiligen Abend waren wir – meine Eltern, Schwester und Bruder – zu Hause beisammen. In diesem Jahr – ich war etwa sechs Jahre alt – wurde mein Vater arbeitslos. Mutter hatte, wie immer, schon lange Zeit vorher Weihnachtssüßigkeiten gesammelt. Es wurde gebacken und gebastelt.

Es kam der Heilige Abend und die Bescherung. Unter dem Tannenbaum standen die Teller mit den Süßigkeiten und keine Geschenke. Dafür war dieses Mal kein Geld da. Mutter weinte und war ganz aufgelöst. Versprach, dass wir im nächsten Jahr alles bekämen. Mir ist dieses Weihnachtsfest so in Erinnerung, nicht weil ich keine Geschenke bekommen habe, sondern ich hatte trotzdem das Gefühl: Es war eine wunderschöne Weihnacht. Es gab in meiner Familie so viel Liebe und Geborgenheit und ich hatte nicht das Gefühl eines Verlustes, nur weil da kein Geschenk lag. Der Süßigkeitenteller reichte mir und meine Puppen hatten neue Kleider, die hatte Mutter gehäkelt und genäht.

Ich denke, in der heutigen Zeit wissen viele Menschen nicht mehr zu schätzen, dass Nähe und Geborgenheit so viel wichtiger sind als dicke Geschenke.

Ich habe versucht, das meinen Kindern zu vermitteln. Ob es gelungen ist? Ich hoffe es!

Winterherrlichkeit

❄❄❄

Rolf Böhlen wurde 1946 in Warburg geboren, wo er heute noch lebt. Er war von Beruf Landwirt, schulte dann aber auf den Beruf des Bürokaufmanns um und arbeitete lange Zeit als Verwaltungsfachangestellter. Rolf Böhlen ist verheiratet, hat vier Kinder und zwei Enkelkinder.

„Leise rieselt der Schnee!" In meiner Kindheitsvorstellung war es nur dann richtig Weihnachten, wenn am Heiligen Abend Schnee auf Feld und Flur lag. Leider war es aber schon damals nur ausnahmsweise so, dass Schnee gefallen war. Doch an einem besonderen Heiligen Abend erfüllte sich dieser Traum auf wunderbare Weise.

Es muss Mitte der 1950er Jahre gewesen sein. Ich war schon Schuljunge und kannte nun auch Text und Melodie von mehreren Weihnachtsliedern, die wir auch in der Familie schon während der Adventszeit abends beim Kerzenschein sangen. Er rieselte wirklich. Der Schnee fiel vom frühen Vormittag an. Zuerst waren es schwere Flocken, welche die Luft erfüllten, dann wurden sie feiner, leichter und schwebten unablässig vom Himmel. Felder und Weiden waren mit einer dicken weißen Pracht zugedeckt. Um den einsamen Hof war nichts als Schnee.

Nach alter Tradition ging die ganze Familie zu später Abendstunde in der Dunkelheit zur Christmette. Über den schmalen Fußweg liefen wir „im Gänsemarsch" durch die glitzernde Herrlichkeit am leise gluckernden Bach auf die zunächst vor uns liegende, neue Wohnsiedlung zu. Nach etwa einem Kilometer war der halbe Weg geschafft. Aus der freien Feldflur erreichten wir nun die Gemeindegrenze. Jetzt gab es auch, unter dem Schnee verborgen, eine feste Straße.

Andere Familien gesellten sich ebenfalls als Kirchgänger hinzu. Jetzt setzte auch vom hohen Turm feierliches Glockengeläut ein. Die Ausgelassenheit der Kinder legte sich beim letzten Anstieg durch die schmalen Gassen zum Markt- und Kirchplatz hinauf. Der Schnee wurde abgeschüttelt, und wir traten in die gewärmte Kirche ein, die vom sachten Orgelspiel erfüllt war.

Endlich, mit der Beendigung der Christmette mit dem vielstimmig und inbrünstig gesungenen Lied „Oh du fröhliche, oh du selige, gnadenbringende Weihnachtszeit", strömten nicht nur die Kinder hoffnungsfroh in die Winterherrlichkeit hinaus. Der Schneefall hatte sich eingestellt. Sterne funkelten durch die größer werdenden Wolkenlücken. Nach und nach verließen uns die anderen Kirchgänger. Und wiederum im Gänsemarsch erreichten wir Haus und Hof. Vor uns lag nicht nur eine weiße Weihnacht, sondern auch die Bescherung am frühen Morgen des ersten Weihnachtstages. So war das damals bei uns Tradition.

Wünsche an das Christkind

❋❋❋

Sonja Rabaza wurde 1948 in Münster geboren. Sie ist Bürokauffrau, verheiratet, hat zwei Söhne und vier Enkeltöchter.

Am stärksten sind mir noch die Wintertage in Erinnerung geblieben. Streng und eisig waren die Tage und Nächte. Die Temperaturen sanken oft bis auf minus 30 Grad. Die Natur wirkte erstarrt in ihrem Winterschlaf. Die Bäume ächzten unter der Last des vielen Schnees, der auf den Ästen lag. Die Landschaft war wie in Watte gepackt, alles wurde von dieser weißen Pracht eingehüllt und die Dächer der Häuser sahen mit ihren dicken Schneehauben märchenhaft und wie verzaubert aus.

Die Werse vor unserem Haus war so stark zugefroren, dass wir darauf Schlittschuhfahren konnten, was wir auch fleißig nutzten. Das Eis trug uns Kinder und die Erwachsenen und unser lautes Lachen war weit zu hören. Wir wohnten an einem Hang und so konnten wir direkt vor unserer Haustür den Hügel bis zum Flussufer hinunterrodeln. Wie viel Lebensfreude diese Erinnerungen doch beinhalten.

Wie angenehm es doch war, nach dem Spielen nach Hause in die warme Stube zu kommen. Die Finger waren kalt und klamm, und auch die Füße waren vor Kälte steif geworden. Der Ofen im Wohnzimmer brannte auf Hochtouren und der Wasserkessel war gefüllt, und oft hörte man schon von weitem die Flöte summen. Auch an die Bratäpfel, die im Backofen vor sich hinbrutzelten, erinnere ich mich. Ihr Duft strömte durch die ganze Wohnung und machte die Adventszeit zu einer Zeit der Vorfreude und Geheimnisse. Viele Weihnachtsgeschenke wurden selbst hergestellt. Es wurde genäht, gebastelt, geschneidert, gemalt und gezimmert. Jeden Sonntag wurde eine der vier dicken roten Kerzen auf dem Adventskranz entzündet und die Spannung wurde dabei oft unerträglich.

Der Heilige Abend im Jahr 1955 war kalt und klar. Meine Mutter, die im sechsten Monat schwanger war, schmückte liebevoll den Weihnachtsbaum, nachdem sie meinen Vater, meine fünfjährige Schwester und mich nach draußen geschickt hatte. Dick eingepackt in unsere Felljacken – die hatte unsere Großmutter für meine Schwester und mich genäht – machten wir uns auf den Weg. Es war schon dämmrig, die Straßenlaternen brannten und versuchten die Dunkelheit ein wenig zu vertreiben. Unser Vater nahm uns Geschwister an die Hand, und wir beschlossen einen Spaziergang zu machen, damit die Zeit bis zur Bescherung nicht so lang wurde. Der Schnee knirschte unter unseren Füßen. Es hatte in den letzten Tagen gestürmt und viel geschneit. Jetzt war es ruhig und windstill und die Kälte fraß sich langsam durch die beginnende Nacht.

„Was wünscht ihr euch vom Christkind?", fragte mein Vater plötzlich. „Das weißt du doch, ein Fahrrad!" erwiderte ich. „Ich möchte ein Brüderchen", antwortete meine Schwester. „Ob uns das Christkind wohl eins bringen wird?" Ich tauschte einen vielsagenden Blick mit meinem Vater. Meine kleine Schwester glaubte noch an das Christkind und hoffte, dass es ihm ein Brüderchen brachte. Ich mit meinen sieben Jahren wusste längst, dass nicht das Christkind die Geschenke brachte, das hatte mir meine Freundin erzählt. „Ja, dann wollen wir mal hoffen, dass das Christkind deinen Wunsch erhört", antwortete mein Vater und sah liebevoll lächelnd auf meine Schwester herab. „Aber das Christkind bringt doch keine Babys, die bringt doch der Storch!", wandte ich in meiner gutmütigen Überlegenheit ein. Lachend nahm Vater uns in seinen Arm und wir setzten den Spaziergang fort.

Der dunkle Himmel war bereits mit Sternen übersät, und die bleiche Sichel des zunehmenden Mondes erhellte nur wenig die beginnende Nacht, als wir zurückkehrten. Der helle Klang eines Glöckchens, begleitet von einem Kinderchor aus dem Radio, zeigte uns die Heilige Nacht an. Das helle warme Kerzenlicht spiegelte sich in unseren Kinderaugen, und aufgeregt und erwartungsvoll wurden wir in den Bann des Heiligen Abends gezogen.

Malheur am Altar

Otto Pötter, Jahrgang 1948, kommt aus Rheine und schreibt dort seit Jahren in der Wochenendausgabe der Münsterländischen Volkszeitung die plattdeutsche Kolumne „Hackemaih". Der Autor erlebte die nachfolgende Geschichte Weihnachten 1956 als Messdienerdebütant in der Elisabeth-Kirche des Stadtteils Dorenkamp in Rheine. Mit schwenkendem Weihrauchgefäß blieb er im weihnachtlichen Frühgottesdienst (Ucht) als kleiner Steppke mit dem weiten Ärmel des Messdienergewandes an einem, in einer großen Tonvase steckenden Kiefernzweig hängen.

16 Uhr – nich veer Uhr, nää, *sechzehn* Uhr – wör ansett' för de Generalprobe an' Saoterdag, 22. Dezember. Dat wör de Dag vör 'n veerden Advent 1956. Dingsdag drup wör all Wiehnachten! Schütt di nu alleen all bi dat Wort „*General*-probe" so wat es 'n Knickslag in 't Krüüz, kanns glieks auk noch spitz uutfleiten, wenn de Grauten gar van „*sechzehn*" Uhr küert un, lück wichtig, kuort aower vernehmlick daobi hooßet. Nich dat Kaplan Schlingermann sick dr es so 'n General för in de Buorst smeeet, nää, üm Gott's Willen nich, aower för dat graute Probehaollen dao in de Elisabeth-Kerke in Rheine harr he män doch dat Kommando. Et göng jä auk üm de fierlicke Wiehnachtsucht 1956.

„Et introído ad altáre Dei", so söll för mi up Latien de erste Wiehnacht as Missdeiner anfangen. Kaplan Schlingermann wör guet tofriär met us jungen Bünsels. Harr he dao aower all wat van „dat Schlingern" wüsst, ick sägg di, de Generalprobe wör anners laupen... Män för 't Erste söhg et ganz guet uut. So konn et wuohl wat wiärn.

Wiehnachtsmuorn.

Halw Fiefe all wör Liäben bi us inhuuse. „Stillgestanden!" Heel wehrig, fööl et mi schwuor, Papa den Gefallen to doon, denn, mien Köppken in siene graute Hand, keek he mi genau an, off ick auk „rein" wör. Van wiägen dao, so 'ne Kattenwäöske up Wiehnachten. Män he nickoppede un mennde: „Fein!" Sließlick söll ick mi glieks dao buoben an' Altar guet maaken. Nu gau den warmen Schal üm, de Bömmelmüsse up un dann met Mama un Papa loss. Nöchtern, denn dat Festfröhstück met Weggen, witten Stuten, Schinken, Mettwuorst un halwen Kopp (eingelegte Schweinebacke

186

mit Zwiebeln) gaff et samt Bescherung immer erst nao de Ucht bi Oma un Opa an de Breite Str. 94. Se harren dao Glück hat. Dat Huus stönn dr noch. Oh ja, rundümto söhg dat to de Tiet in Rheine up 'n Dorenkamp met Ruinen un Bombentrichter noch leep (schlimm) uut, auk wenn, nu guet teihn Jaohr nao Kriegsende, de Wiederaufbau vull in Gange wör.

Wi stappkeden to Foot in Düüstern dör 'n Schnee up de Kerk hento. 1956 wör et 'n kaollen Winter. Vör Küllde slöög us de Damp uut den Mund un de Schnee risperde (knirschte) bi jeden Tratt unner de Fööte. „Christus“, sagg mien Vaa. Un wüerklick, bi jeden Tratt flisterde de Schnee us to: ‚Christus‘ – wenn dat nich Wiehnachten is.

„Introído ad altáre Dei: ad Deum qui laetíficat juventútem meam“. Dao stönn ick nu endlicks tüsken all de annern Missdeiners buoben an' Altar. Achter mi wör de Kerke so vull, dat sick auk in de Gänge nich eener mehr dreihen konn. Wat festlick, as nu de Organist Kwiotek de Üörgel anslöög un wi allesamt süngen: „Heiligste Nacht, Heiligste Nacht! Finsternis weichet, es strahlet hienieden lieblich und prächtig vom Himmel ein Licht...“

Un wu schön de Kerk met Dannenbäöm un flicksternd Kiäßen smücket wör! Vörne stönnen twee graute Tonvasen, extra nie to Wiehnachten kofft. Dao stöcken – met fiene Strauhspiersternkes dran – lange Kienholttööge (Kiefernzweige) in. Wat 'n Beliäfnis för mi, in de Wiehnachtsucht dao buoben an' Altar nu Denst to doon – büs dat ick den Wiehrauchswenker haalen moss. As ick daomet üm eene van de grauten Vasen harüm moss, bleef ick met de wiede Hiemdmaue (Ärmel) van dat witte Rochett an so 'n sperrig Kienholt hangen.

Godorri!

Doch stumpweg göng ick up Kaplan Schlingermann to. Wat 'n gueden Missdeiner is, de draff dao nich so pingelig sien. „Dienst ist Dienst“, dacht ick mi denn auk, „dao moss nu dör...“

De Geistlicke namm denn auk ganz ruhig den Wiehraukpott un dai so, as wenn nix wat wör. Män achter mi in de Kerke konns wuohl 'n Striekhöltken fallen hören, daobi schlingerde et gefäöhrlick. Kullerig dreihde sick dat graute Vasenwiärks noch 'n paar Maol üm de eegene Asse. Un dann, bautzkedi, fööl se in duusend Stücke, de schöne stäödige Tonvase. As wenn et so sien moss, sette de Üörgel nu jüst to dat Lied an: „Seid nun fröhlich, jubilieret...“ Daobi leip plörig dat Vasenwaater de Chortreppen runner in de Kerk un de Tööge lagen wild dr män so hen.

Oh je, wat 'n Wiehnachten dao för mi.

Glieks flöög sietto nu auk noch de Sakristeidöre up. Auk wenn dat in de Kerk nich eener metkreeg, stönn de Kerkenschweizer in sienen rauten Kaftan dull in de Döre, beet sick up de Tiänne un wiesede mi giftig de knuufte Fuust.

„'ne schöne Bescherung!!" krakeelde he denn auk heel upgekratzt nao de Misse hall dör de Sakristei. Män wieder kamm he nich. Bedächtig leggde em Kaplan Schlingermann den Arm up de Schuller un mennde: „Ganz ruhig, Grottendieck. Frieden auf Erden. Wären wir vor 'n paar Jahren nicht glücklich gewesen, wenn es bloß mal ne Vase getroffen hätte?"

He lachede, keek mi an un sagg: „Scherben bringen Glück. Kehren wir 's nun zusammen – und dann aber schnell nach Hause. Denn das Christkind ist schon unterwegs." Fröndlick keek he in de Runde, klatskede eenmaol sacht in de Hande un reip:

„Frohe Weihnachten!"

Die könnt ihr euch an den Hut stecken!

✿✿✿

Gilda Effertz, Jahrgang 1950, wurde in Gronau geboren und zog mit ihrer Familie 1953 nach Bocholt. Sie ist verheiratet und hat zwei Söhne. Heute lebt sie in Everswinkel.

Mein Vater war ein richtiger Weihnachtsspezialist. Er liebte es, meinen Bruder und mich schon in der Adventszeit unter Spannung zu setzen. Da wurde, wenn wir schon im Bett lagen, heftig mit den Türen geklappert, dann wurde unsere Schlafzimmertür noch einmal aufgemacht mit dem Satz: „Große Ereignisse werfen ihre Schatten voraus!" Dann die Tür sofort wieder zu und wieder lautes Gerenne und Geklapper. Mit einem Wort, es war herrlich aufregend und die Fantasie stand vier Wochen nicht mehr still.

Auf meinem Wunschzettel für dieses Weihnachten stand eine sogenannte „Diwanpuppe". Ich hatte so eine in der Vitrine bei Freunden meiner Eltern gesehen. Sie war etwa 20 cm hoch, mit einem wunderschönen Puppengesicht, mit echten Haaren und bekleidet mit einem langen wunderschönen Kleid (Sissi in Kleinformat). Das war damals mein Puppentraum. Auf dem Wunschzettel meines Bruders stand ein Oberleitungsbus für seine Märklineisenbahn.

Wie jedes Jahr war am Heiligabend das Wohnzimmer abgeschlossen, mein Vater verschwunden und wir warteten am Nachmittag in unserer Küche mit unserer Mutter auf das Christkind. Da unsere Wohnung über einer Bäckerei lag, duftete es im ganzen Haus ganz wunderbar nach Weihnachtsgebäck. Wir hörten Geschichten im Radio, erzählten uns was und vertrieben uns die Zeit. Natürlich fragten wir auch, ob unsere Wünsche wohl erfüllt werden würden.

Leider, sagte meine Mutter, würde es in diesem Jahr wohl nichts damit werden, das Geld sei knapp und auch das Christkind habe Probleme, alles zu verteilen. Für meinen Bruder reiche es „nur" für zwei oder drei Fallerhäuschen und vielleicht für ein paar Bäume, das wisse sie aber nicht, und bei mir sei überhaupt nicht klar, ob ich etwas bekäme.

Wir konnten es nicht glauben. Immer wieder fragten wir sie, und immer gab es die gleiche Antwort. Irgendwann war mein Bruder dann so enttäuscht, dass er sagte, dann könne er genauso gut ins Bett gehen. Stand auf und verschwand in seinem Bett, nachmittags um vier Uhr. Bei mir war aber immer noch ein kleiner Zweifel vorhanden, und ich wollte es mit eigenen Augen sehen.

Endlich war es so weit, die Glocke läutete und die Wohnzimmertür ging auf. Ich stürmte in das Weihnachtszimmer und schaute mich um. Da, unter dem Weihnachtsbaum, da stand doch etwas?! Mein Vater fragte noch:" Gilda, willst du dir denn nicht erst den Tannenbaum anschauen, der ist doch so schön?" Nein, dafür hatte ich keine Zeit, ich suchte die Puppe. Aber, was stand da unter dem Tannenbaum? Ein winziges Schwarzwaldpuppenpaar! Hatte ich mir das gewünscht? Nein! Ich stand davor und sagte den Satz, der bei uns in die Weihnachtsannalen eingegangen ist: „Ist das alles? Die könnt ihr euch an den Hut stecken!" Das ältere kinderlose Ehepaar, das jeden Heiligabend bei uns zu Gast war, saß auf dem Sofa und kriegte sich gar nicht wieder ein vor Lachen. Ich aber war empört, da hätte mir das Christkind lieber gar nichts bringen sollen. Von dem Oberleitungsbus war auch nichts zu sehen! Dann sagte mein Vater, nachdem er seinen Spaß gehabt hatte: „Gilda, guck doch mal hinter die Wohnzimmertür!" Da stand der Bus für meinen Bruder und meine Babypuppe war neu eingekleidet und saß in einem Liegestuhl und zu allem Überfluss bekam ich auch noch eine Puppenwiege.

Ich bin gleich ins Schlafzimmer gerannt und habe meinen Bruder geholt: „Gerd, komm schnell, dein Bus ist doch da." Nackt wie er war, ist er ins Weihnachtszimmer gekommen und hat sofort den Bus ausgepackt. Als er den Stecker in die Steckdose stecken wollte, hat er sich zum guten Schluss noch einen kleinen elektrischen Schlag geholt. Es ist Gott sei Dank nichts passiert.

Gerd hat sich dann etwas angezogen und es wurde, wie immer, ein wunderbarer Heiligabend. Wir durften so lange aufbleiben, wie wir wollten, es wurden Geschichten erzählt, viel gelacht, Erdnüsse auf der Heizung geröstet, bis sie ganz weich waren und zum guten Schluss durften wir in das Bett unserer Eltern, damit wir die Mitternachtsbläser vom Kirchturm nebenan auch auf jeden Fall hören konnten.

Jedes Jahr ließ sich mein Vater etwas einfallen und jedes Jahr war die Spannung fast nicht mehr auszuhalten. Später durfte ich den Tannenbaum mit meinem Vater schmücken und das Lametta wurde einzeln über die

Äste gehängt, damit er immer, wie bei jeder anderen Familie natürlich auch, auf jeden Fall der schönste Baum war, den wir je hatten.

Später habe ich diese Tradition mit sehr viel Vergnügen mit meinen Söhnen weitergeführt und ich freue mich schon jetzt darauf, dies auch mit meinen Enkelkindern, so sie denn kommen, zu tun.

Übrigens, eine Diwanpuppe habe ich bis heute nicht, aber ich sehe sie immer noch vor mir.

Das hilft wirklich!

❄❄❄

Hannes Demming, geboren 1936 in Münster, sieht sich als Freund der plattdeutschen Mundart zuallererst als „Schoolmeester, Schauspeler und plattdüütschen Schriever". Er bestand 1956 am Paulinum in Münster sein Abitur. Nach dem Lehramtsstudium in seiner Heimatstadt unterrichtete er von 1963 bis 2000 an Gymnasien in Greven, Münster und Recklinghausen die Fächer Latein, Griechisch, Englisch, Musik, Mathematik und Literatur. Seine Leidenschaft galt zugleich dem Theater, so dass er seit 1955 bei den Städtischen Bühnen Münster mitarbeitete, zuerst als Sänger, sodann seit 1961 als Schauspieler. Der langjährige Vorsitzende und erfahrene Regisseur der Niederdeutschen Bühne Münster war zugleich für Rundfunk- und Fernsehanstalten als Autor, Sänger, Sprecher und Übersetzer tätig und gehört zu den gefragtesten Autoren der niederdeutschen Sprache.

Der heilige Abend war gekommen. Die ganze Wohnung war blitzblank bis in die letzten Ecken; die Gardinen leuchteten nach der Wäsche besonders weiß; der Fensterputzer war da gewesen wie alle Jahre, die Schränke und die geräumige Kühltruhe waren reichlich gefüllt für all die Feiertage hintereinander. Am Heiligen Abend sollte es Forelle blau geben, am ersten Weihnachtstag eine stattliche Gans, und auf Stephanus einen zünftigen Hasenbraten, wie alle Jahre vom Feinkostgeschäft küchenfertig vorbereitet, das musste mal sein. Die wertvolle Kunststoffkrippe nach Dürer ward aufgestellt unter der deutschen Edeltanne, die so aussah, als komme sie mitten aus dem Winterwald. Was so ein Spray nicht alles kann! Die elektrischen Kerzen auf dem Weihnachtsbaum verströmten ein gleichmäßig stilles, warmes Licht und sahen fast echter aus als die echten, genau gesagt als die eine echte, die vor dem Stall von Bethlehem stand und zur Bescherung angezündet werden sollte, wie alle Jahre. Die Wunderkerzen konnte man so nett an ihr in Betrieb setzen. Alles war wohlgeordnet, der Sekt lag kalt, das Radio füllte die Räume mit Weihnachtsmusik, ein Kinderchor sang so wunderherrlich. Man konnte gar nicht merken, dass alles schon im Sommer aufgenommen worden war. Durchs Haus schwebte der Duft einer teuren Zigarre und von Mandarinen, mit einem Wort: Es war wieder so gemütlich wie alle Jahre. Das Christkind konnte kommen.

Eine Fliege, die sich aus dem warmen Herbst und der nassen Adventszeit bis jetzt gerettet hatte und sich von den Köstlichkeiten in der Küche hatte anlocken lassen, wollte sich just auf dem süßen Nachtisch niederlassen, der ein wenig seitab in der Küche auf dem Servierwagen stand, da entdeckte die Hausfrau sie und griff nach der Weihnachtsausgabe der Zeitung, um das Insekt zu attackieren. Die Fliege merkte wohl, dass man sie nicht leiden mochte, besser gesagt: hasste, und flog, um ihren Weihnachtsfrieden zu haben, über den Flur ins weihnachtliche Wohnzimmer. Da war es grün, da fühlte sie sich sicher.

Bis zur Bescherung ging das auch wohl an. Aber dann, als Vater die eine Kerze vor der Krippe angezündet hatte, als das Glockenspiel anfing, silberfein zu läuten, als die selten bemühte Barock-CD Telemann, Bach, Mozart oder sonst wen hören ließ, als die ganze Familie hereinkam, als die Geschenke ausgeteilt wurden und als sie sich alle so lieb hatten wie nicht oft im Jahr, da sah Mutter die Fliege wieder und wurde fast ohnmächtig: ein lästiges, ein dreckiges Insekt im properen Weihnachtswohnzimmer. Womöglich kam der schwarze Satan von draußen, hatte vor kurzem noch auf einem Hundehaufen gesessen und wollte es sich nun auf dem schneeweißen Tischtuch gemütlich machen, schwarze Punkte darauf setzen, sich vielleicht gar irgendwo verkriechen, Eier legen, und dann würde man Last haben mit ekligen Fliegenkindern.

„Nein, Vater, sorge du bitte dafür, dass die Fliege wegkommt!" „Nun lass doch das Tier... !" „Willst du mir den Heiligen Abend verderben? Typisch! Das macht dir nichts aus! Warum sollte es auch heute anders sein?"

Vater ging auf Jagd. Aber die Fliege flog nach Fliegenart hin und her und kreuz und quer und setzte sich immer wieder in das kleine Gesicht des niedlichen Kindchens, das in der Krippe auf Heu oder Stroh lag. Das war der sicherste Platz, wie sie wohl merkte.

„Vater, nun greif endlich durch! Immer das fiese Tier auf dem wunderschönen Gesicht von dem Jesuskindchen! Ich finde, das muss nicht sein. Die ganze Stimmung ist verdorben."

Die Jagd ging weiter, aber nichts schuf Abhilfe. Zuletzt wurde es Vater zu bunt, genauer gesagt, er wurde wütend, weniger wegen der Fliege als deswegen, weil ihm die Frau in den Ohren lag. Das hält der Geduldigste nicht ewig aus. So ging er auf den Balkon, holte das Insektenspray und betätigte es in Richtung Fliege, die schon wieder mitten auf der Nase des Herzenskindes in der Krippe saß.

Pfffffhhhhh! Das saß! War's das? Aber was war das?! In demselben Augenblick gab es eine Explosion. Das Treibgas aus der Spraydose! Er hatte im Jagdfieber (oder war es der Ärger über seine Frau) nicht bedacht, dass vor dem Stall von Bethlehem eine echte Kerze stand, mit einer echten Flamme, wegen der Wunderkerzen, so wie alle Jahre. Das ganze Krippchen brannte ab, die Weihnachtsstube fing Feuer, und als die Feuerwehr kam, war nicht mehr viel zu machen. Mit dem Löschwasser floss auch eine kleine Fliegenleiche durchs Treppenhaus.

Die Versicherung hat später alles bezahlt, auch die Kunststoffkrippe nach Dürer. Und im nächsten Jahr wurde Weihnachten wieder so schön gemütlich wie immer. Nur die Kerze mit ihrer offenen Flamme vor dem Jesuskindchen, die fehlte, und es fehlte natürlich auch die Fliege. Mutter hatte nämlich beizeiten überall Insektenstreifen aufgehängt. Die halfen wirklich. Nein, Sauberkeit im Haus, darüber ging doch nichts!

Weihnachten bei Ledwigs

❀ ❀ ❀

Norbert Ledwig, Jahrgang 1951, ist 1996 gestorben. Er wuchs mit drei Brüdern und einer Schwester auf. Die Familie wurde nach der Flucht aus Schlesien in Westfalen heimisch, feierte das Weihnachtsfest aber immer wie früher in Schlesien. Die Geschichte wurde übermittelt von Elsbeth und Konrad Ledwig.

D ie Vorbereitungen für das Weihnachtsfest sind bei Ledwigs zeitlich kaum abgrenzbar. Eigentlich laufen die Vorbereitungen 365 Tage im Jahr. Die letzte Steigerung findet im November statt, welche sich dann bis zum Inferno der letzten Tage vor dem Heiligabend steigert. Die Stunde vor der Niederkunft der Hl. Maria kann man bei Ledwigs nur mit der Götterdämmerung von Wagner vergleichen.

Aber, nun eins nach dem anderen: Den Winterschlussverkauf, man bedenke, Weihnachten war gerade vor zwei Wochen, nutzte Muttel Ledwig, als weitblickende Frau schon immer geachtet, für die ersten Käufe für das nächste Weihnachtsfest. Davon wusste eigentlich keiner etwas. Man muss sich das vorstellen, elf Monate Geheimhaltung, und das bei einer Frau! Welch` eine grandiose Leistung! Das Miteinbeziehen der Kinder in die Vorbereitungen zum Weihnachtsfest fing dann spätestens nach dem Sommerschlussverkauf an. Für die Krippenspiele wurden erste Regiebücher entworfen, die ersten Aufregungen gab es immer bei den Rollenverteilungen. Bei der Darstellung der Maria gab es keine Probleme, es gab ja nur ein Mädchen in der Familie. Aber, wer durfte Josef spielen, die Hirten und Könige? Für Ochs und Eselein fand sich meistens keiner. So hatte die Familie zu tun.

Anfang November wurden die Weihnachtsliederbücher entstaubt und, wie jedes Jahr, neu eingebunden. Heinrich Waggerl kam auch wieder zu Ehren. Seine Platten durften, auch mit den Jahren schon leicht verkratzt, nie fehlen. Musik schallte durch das Haus. Jeder übte auf seinem Instrument die ersten Adventslieder. „Hör doch mal auf zu klimpern, ich versteh mein eigenes Wort nicht mehr." Das waren viel gebrauchte Worte zu jener Zeit.

Das kunstvolle Binden der Adventskränze von Muttel Ledwig und der um sie versammelten Kinderschar, fand, wie immer, in der Küche statt. Gleichzeitig wurde die zweite Fuhre Pfefferkuchen gebacken. Die erste, im Oktober gebacken, fein säuberlich Stück für Stück in Kartons verpackt und auf dem Speicher verwahrt, hatte auch wie jedes Jahr, eine wundersame Entleerung zum Vorschein gebracht – Mäuse, es müssen Mäuse gewesen sein!

Man dachte auch in jener Zeit an den Weihnachtsschmuck. Hier war natürlich der Teamgeist der gesamten Familie gefragt. Ganze Fuder von Strohhalmen wurden ins Wasser gelegt, schön durchgemengt, bis sie mit Wasser vollgesaugt waren. Der nächste schlitzte sie mit dem Messer auf – hier wurden immer Pflaster verteilt –, und dann wurden sie unter dem Bügeleisen schön platt und braun geplättet. Unter Anleitung der Chefin kamen die schönsten Sterne zum Vorschein. Dabei wurde gesungen und besprochen, wie man dieses Jahr wohl beim Nikolaus wegkam, denn jeder wusste, die Missetaten wurden unerbittlich preisgegeben und Knecht Ruprecht war zur Verstärkung immer dabei.

Beim Adventssingen sah man jedem Mitglied der Familie an: Die letzten Wochen waren nicht spurlos an ihnen vorbeigegangen. Die Augen lagen tiefer in den ausgemergelten Gesichtern, die Fingernägel waren abgekaut und Schwester Hildegard hatte wieder ihr nervöses Blasenleiden. Aber gesungen wurde trotzdem aus voller Inbrunst, allerdings gab es immer wieder Abstimmungsschwierigkeiten über die Reihenfolge der Lieder. So wurde die angeregte Diskussionsrunde hin und wieder vom Stimmen der Gitarren und durch Singen unterbrochen. Aber, alles aus vollem Herzen.

Der 24. Dezember war gekommen. Die Hektik und Anspannung übermannte nun aber wirklich jeden. Ein falsches Wort konnte an diesem Tag ungeahnte Reaktionen heraufbeschwören. Der allmorgendliche Haferbrei wurde an diesem Tag traditionell im Stehen eingenommen, gleichzeitig wurden Einkaufslisten von Muttel und dem Herrn des Hauses verteilt und jeder fragte sich, ob die letzten Monate der Vorbereitung ganz umsonst gewesen waren.

Gegen Mittag trudelte jeder mit hochrotem Kopf wieder im Domizil der Ledwigs ein. Das Wohnzimmer war jetzt tabu und, zur Sicherheit, auch noch abgeschlossen. In der Küche herrschte hochexplosive Stimmung. Frau Mutter war hinter Dunst und Kochtöpfen kaum zu sehen, die funkelnden Augen und roten Wangen zeugten von angespannter Aktivität.

Karpfen in polnischer Soße, Kartoffelklöße – halb und halb, Fleischwurst in Rosinentunke und die legendären Mohkläsla, alles musste in diesen Stunden gezaubert werden. Dazwischen wurden noch die letzten Weihnachtsgrußkarten in alle Welt geschrieben. Vater Ledwig war am Nachmittag nicht zu sehen. Die Kinder haben lange gebraucht, um dahinter zu kommen, wo er wohl steckte. Das Ende dieser letzten Stunden der Vorbereitung wurde mit dem Baden der Kinder eingeläutet. Danach wurde sich in Schale geschmissen und das Karpfenessen konnte beginnen. Die Kinder aßen oft sehr schnell, zu schnell, denn ein Fisch hat nun einmal Gräten, so gab's denn auch die eine oder andere Aufregung und Tränchen.

Vater aß mit Ruhe und Andacht und meinte, noch nie war der Karpfen so gut wie in diesem Jahr und er würde wohl noch ein Stück mögen. Die Kinder hielt es kaum noch auf den Stühlen, aber, es musste ja noch abgewaschen werden. Das war übrigens das Stichwort für Hildegards nervöse Blase. Mit dem letzten Bissen war sie auf und davon. Dann kam der Moment, worauf die ganze Familie Wochen und Monate hingearbeitet hatte, es bimmelte im Wohnzimmer, das Zeichen, dass Maria nun endlich ihren Jesus geboren hatte. Vater Ledwig las das Evangelium mit einer gewissen Rührung und Feierlichkeit vor, danach fühlte sich die Familie wieder frisch und erholt und konnte zunächst die wichtigsten Weihnachtslieder singen. Dann wurden die abgedeckten Geschenke aufgedeckt, alle waren zufrieden, das schlesische Himmelskind schwebte über dem Haus, und alle sangen ihm zu Ehren das Lied, das nie enden wollte: „Was ist das für ein holdes Kind?" Ich glaube, es hat 33 Strophen.

Übrigens: In einigen Wochen ist wieder Winterschlussverkauf!

Die italienische Lokomotive

❄❄❄

Dr. Bernd Haunfelder, 1951 in Würzburg geboren, ist Historiker. Er war viele
Jahre Mitarbeiter der Westfälischen Nachrichten. Der Publizist und Buchautor
lebt in Münster.

E s mag wohl um Weihnachten 1961 gewesen sein, damals war ich
zehn Jahre alt und interessierte mich wie jeder Junge dieses Alters
für Eisenbahnen. Bereits zwei Jahre zuvor war mein sehnlichster
Wunsch nach einer Märklin-Eisenbahn endlich in Erfüllung gegangen.
Noch drehte nur eine kleine Dampflok mit drei Waggons einsam ihre
Kreise. Immerhin: Ein Grundstock war gelegt. An den Geburtstagen gab es
dann weiteres Zubehör, und zu Weihnachten 1960 stand endlich die lang
ersehnte Diesellok, die V 200, auf dem Gabentisch.

Ich lebte zu dieser Zeit in Würzburg, seit jeher ein bedeutender Eisen-
bahnknotenpunkt Süddeutschlands. Auf der unserer Wohnung nicht fern
gelegenen Strecke Richtung Ansbach, Treuchtlingen und Augsburg – anstelle über Nürnberg die kürzeste Strecke nach München – sah ich oftmals
die V 200, die mächtige und ausgesprochen formschöne Diesellokomotive,
überwiegend aber noch Dampflokomotiven. Ich habe mir einen Spaß daraus gemacht, diese auf einer kleinen, flachen Fußgängerbrücke abzuwar-
ten, um mich dann von den Rauchschwaden einhüllen zu lassen. Großes
Husten und Brennen in den Augen waren die Folge.

Meine Vorliebe für Eisenbahnen teilte auch mein Vater, und so führte der sonntägliche Spaziergang oft zum Würzburger Hauptbahnhof. Dort
fiel mir zu dieser Zeit dann noch eine weitere Lokomotive auf. Sie war fast
kantig zu nennen, von vornehmer dunkelblauer Farbe, wie sie bei den Personenwagen der ersten Klasse üblich war, und sie besaß zwei große wohl-
proportionierte Fenster im Führerstand. Es war eine E 141, aber solche
Feinheiten der Kennzeichnung waren mir fremd.

Weihnachten 1961 stand bevor: Auf dem Wunschzettel muss ich diese Lokomotive etwas unbeholfen, aber doch wohl deutlich genug beschrieben haben. Meine Eltern haben das aber gründlich missverstanden.

Die braune Lok (r.) bescherte ihm als Kind weihnachtliche Enttäuschung. Bernd Haunfelder hat sich die sehnlichst gewünschte blaue Lok später selber kaufen müssen.

Die Vorfreude auf das Fest war sehr groß, meine Enttäuschung nach der Bescherung um so größer. Beim Auspacken fand ich eine Lokomotive vor, die ich noch nie gesehen hatte, die sich auch optisch wenig ansprechend gab, und die sich beim sofortigen Betrachten des Märklinkatalogs als eine italienische E-Lok herausstellte, Typenbezeichnung E 424. Allein schon die Farbe, ein unappetitliches Hellbraun wie billige Schokolade, wirkte abstoßend. Meine ganze heile Eisenbahnwelt, in der es fränkisch-idyllisch, jedenfalls alles andere als mondän zuging, brach mit einem Male zusammen. Zu den Modellbauhäuschen der Firma „Faller" mit gediegenen deutschen Gebäuden des Wiederaufbaus passten weder Lok noch Wagen. Ein solches Weihnachtsgeschenk konnte man auch unmöglich den Spielkameraden präsentieren. Dazu gab es noch drei Personenwagen, die mir gleichfalls fremd und irgendwie altmodisch vorkamen. Beim genauen Hinsehen war den aus Kunststoff gefertigten Waggons französischer Herkunft anzusehen, dass die Außenverkleidung noch aus Holz bestand.

Auf die Frage, weshalb man mir diese und nicht die gewünschte Lok schenkte, bekam ich eine ausweichende Antwort. Ich vermutete schon damals, dass die „italienische Lok" ein Ladenhüter war und die von der Firma „Liliput" hergestellten Waggons gleichfalls, so dass meine Eltern das

„Geschenk" wohl günstiger erhielten. Den ihnen durchaus bekannten In-haber des Spielzeugladens an der Würzburger Juliuspromenade wollten sie wohl nicht düpieren und haben auf einen Umtausch, den es damals noch nicht in der später bekannten Weise gab, verzichtet. Mein Interesse an der Märklin-Eisenbahn ließ erst einmal schlagartig nach. Die italienische Lok verbrachte die meiste Zeit auf dem Abstellgleis, genauso die Waggons.

Die negative Optik des Weihnachtsgeschenks blieb mir freilich lange im Gedächtnis. In einem später in der Schule verwandten Geschichtsbuch begegnete mir dann wiederholt einer der holzverkleideten Waggons. Bei der Unterzeichnung des Waffenstillstands im November 1918 ließ sich vor einem solchen – auch in hellbrauner Farbe – der französische Marschall Foch fotografieren und 22 Jahre später, bei der französischen Kapitulation, Adolf Hitler. Die Lok habe ich übrigens einmal in Italien gesehen. Sie war im realen Leben noch hässlicher und unförmiger anzusehen als im Spiel-zeugformat. Ich habe mich regelrecht erschrocken. Weihnachten 1961: Eine Geschichte mit weitreichenden Folgen. Die E 141 habe ich mir vor einigen Jahren in einem auf historisches Spielzeug spezialisierten Geschäft gekauft.

Ich glaube, wir müssen noch warten

✳✳✳

Günter Breuer ist 61 Jahre alt und pensionierter Grundschullehrer. Er ist verheiratet und hat zwei Kinder.

Der Gottesdienst war wie jedes Jahr am Heiligen Abend gegen 18 Uhr zu Ende. Klaus und ich waren in der Kirche wie immer sehr aufgeregt und zappelig; still sitzen war noch nie unsere Stärke gewesen. Jetzt drängelten und schoben wir uns an dicken Mänteln und langen Stiefeln vorbei ins Freie. Endlich. Hier draußen schnitt uns zwar der frostige Wind ins Gesicht, wir konnten uns aber frei bewegen. Und das taten Klaus und ich dann auch, wir rannten immer wieder voraus, sodass unser Vater uns mehrmals ermahnen musste. Aber die Erwartung war so groß, dass wir zu Beginn der Weidestraße einfach losrennen mussten.

Unsere Beine wirbelten durch die Luft. Ich kam nur ganz kurze Zeit nach meinem großen Bruder an der Haustür an. Wir hatten rotgefrorene Nasenspitzen und unsere Wangen glühten wie Feuer. „Wetten, dass ich das Feuerwehrauto kriege, das ich mir gewünscht habe?", fragte Klaus mich. „Ha, denk dran, was Mutter gesagt hat, als wir nach der Sache am Kleinbahnschuppen nach Hause kamen", antwortete ich. „Dieses Jahr werden die Weihnachtsgeschenke bestimmt mager ausfallen. Auch wenn das schon ein paar Monate her ist, der Weihnachtsmann vergisst nichts, der schreibt alles in sein großes, goldenes Buch." „Hör dir den an", Klaus äffte meine Worte nach, „der Weihnachtsmann schreibt alles in sein großes, goldenes Buch. Sag mal, spinnst du? Weihnachtsmann, Christkind, das sind alles nur Märchen für kleine Babys, wie du eins bist." „Gar nicht", heulte ich los, „Mutter hat gesagt, ..." – „Sagt mal, müsst ihr euch denn immer streiten? Heute ist Heiligabend, vertragt euch gefälligst!" Vater nahm unsere Arme und hielt uns auseinander. In dieser Stimmung war es besser, uns mindestens drei Meter voneinander entfernt zu halten.

Im Haus hatten wir beiden Streithähne uns wieder einigermaßen beruhigt. Jetzt bekam auch die Erwartung auf die Geschenke erneut die Oberhand bei unseren Gefühlen. Doch so sehr wir auch bettelten und nörgelten, wie jedes Jahr versammelte sich die Familie auch an diesem Abend in der Küche, um eine Kleinigkeit zu essen. Viel bekamen wir nie runter, dazu waren wir zu aufgeregt. Und das war auch besser so, wo hätten sonst die vielen Süßigkeiten nachher noch Platz finden sollen? Das Abendessen sollte also nicht lange dauern und die guten Sachen auf dem Tisch wurden schon bald nicht mehr angerührt.

„Ich will einmal nachsehen, ob der Weihnachtsmann schon da war", unterbrach Vater das erwartungsvolle Schweigen und gab damit das Stichwort, auf das es jetzt richtig losgehen sollte. Vater stand auf und ging über den kleinen Flur zur Wohnzimmertür. Dort blieb er einen Moment stehen und lauschte gespannt. Er drehte sich zu uns um und gab mit der Hand ein Zeichen, was soviel bedeuten sollte wie: Abwarten, ich schaue einmal nach. Ich sah meinen Bruder von der Seite her an. „Komisch", flüsterte ich, „wenn es den Weihnachtsmann deiner Meinung nach nicht gibt, dann brauchst du doch nicht so aufgeregt zu sein." Anstatt einer Antwort bekam ich einen Rippenstoß, dass ich mir das Fluchen unterdrücken musste. Mutter sah uns strafend an. In der Zwischenzeit war Vater im Wohnzimmer verschwunden. Die Spannung stieg, nichts regte sich mehr. Alle Augen starrten gebannt in Richtung Wohnzimmertür. Und dann geschah es. Es kam wie es kommen musste! Vater hatte anscheinend den Weihnachtsmann bei seinen letzten Vorbereitungen gestört, denn die Wohnzimmertür wurde aufgerissen, Vater stürmte heraus und zog die Tür hinter sich zu. Doch noch bevor die Tür zuschlug, flogen zwei oder drei Walnüsse dicht an Vaters Kopf vorbei auf den kleinen Flur. Sie knallten an die gegenüber liegende Wand und streuten ihre zerbrochenen Schalen über den Boden. Vater hielt beide Hände schützend an den Kopf, rannte in die Küche und keuchte: „Ach du meine Güte, das ist ja noch mal gut gegangen. Ich glaube, wir müssen noch einen Moment warten."

Wir Jungen schauten unseren Vater ängstlich an. „Nein, nein", beruhigte Vater uns, „der Weihnachtsmann meint es schon gut, er hat auch etwas gebracht. Wir sollen nur warten, bis er die Weihnachtsmusik angeschaltet hat, dann können wir hereinkommen." Und noch ehe Klaus und ich aufatmen konnten, ertönte aus dem Wohnzimmer „Stille Nacht, heilige Nacht". „Jetzt", forderte Vater uns ermunternd auf, „jetzt ist es Zeit." Wie auf Kommando sprangen wir auf und rannten zum Wohnzimmer. Doch an der Tür blieben wir stehen und drehten uns zu unseren Eltern um. Keiner traute sich, den Türgriff runterzudrücken. Selbst Klaus, der immer so vorlaut war und alles konnte, hatte keinen Mut. Vater griff über unsere Köpfe hinweg, drückte den Türgriff hinunter und stieß die Tür weit auf.

Ein hell erleuchteter Weihnachtsbaum strahlte uns entgegen. Der ganze Raum war erfüllt von silbrigem Glänzen, das sich in unseren Augen widerspiegelte. Und das Wichtigste – unter dem Baum waren Berge von Geschenken aufgestapelt, die in buntes Weihnachtspapier, mit wundervollen Schleifen verziert, eingepackt waren. „Ah", staunten wir wie aus einem Mund. Und als ob es das Signal gewesen wäre, stürmten wir los und machten uns über die Geschenke her. Buntes Papier flog in Fetzen durch die Luft, und lautes Rufen und Lachen übertönte die doch so besinnliche Weihnachtsmusik. Auch dieses Weihnachtsfest verlief also ganz normal: Pakete wurden ausgepackt, die geschenkten Kleidungsstücke beiseite gelegt und mit den Spielsachen gespielt, dazu Süßigkeiten in Mengen genascht, bis die Müdigkeit Klaus und mich übermannte. Wir wurden zu Bett gebracht und schliefen in der Gewissheit ein, morgen einen herrlichen ersten Weihnachtsfeiertag zu verbringen.

Waschtag am Heiligen Abend

❄❄❄

Jutta Braunersreuther, Jahrgang 1943, lebt in Lübbecke. Sie hat einen verheirateten Sohn und eine verheiratete Tochter sowie vier Enkelkinder. Die Autorin ist in zahlreichen Ehrenämter aktiv. So bietet sie Gymnastik für jedermann und geführte Wanderungen an, betreut an Demenz erkrankte Menschen und übernimmt Dienste für Senioren.

Gern möchte ich meine Weihnachtsgeschichte aus dem Jahre 1969 erzählen. Es war ein „ärmliches" Weihnachtsfest. Ein erst schönes, dann trauriges Fest.

Ich war jung verheiratet und hatte damals zwei Wunschkinder, von jeder Sorte eines. Thomas, sechs Jahre alt, und Angela, zwei Jahre alt. 1969 war mein Mann arbeitslos, ich bekam keine Arbeit – wegen meiner Kinder. Kindergartenplätze gab es nicht, und Opa und Oma wollten ihre Ruhe haben. So haben wir vier uns durchs Leben gekämpft – auch am Heiligen Abend.

Ich habe einen kleinen Christbaum im Topf gekauft, der war nicht so teuer, und ich kaufte Geschenke der „kleineren" Art, denn ich wollte an Weihnachten keine traurigen Gesichter sehen. Wenn es meiner Familie gut geht, dann geht es mir auch gut. Das Winzigbäumchen wurde auch geschmückt mit Kugeln und richtigem Lametta. Ja, selbst elektrische Kerzen hatte das Bäumchen. Jedenfalls war vor dem Weihnachtsfest Ebbe im Geldbeutel, und nach dem Geschenkekauf und Vorrat an Lebensmitteln war nichts mehr da. Wir richteten es immer so ein: Erst das Weihnachtsmahl, bei uns Kartoffelsalat mit Würstchen, danach die Bescherung.

Die Kinder waren schon ganz aufgeregt, immer wieder fragten sie: „Wann ist denn Weihnachten, wann ist die Bescherung?" Ich tröstete die Kinder und sagte: „Erst essen wir, dann gibt es die Geschenke.'" Den Baum haben sie gar nicht angesehen, ihnen war nur wichtig, was sie geschenkt bekamen. Thomas und Angela schlangen die Würste samt Salat herunter, nur damit sie ganz schnell mit dem Essen fertig waren. Mein Ermahnen half nichts: „Kinder, schlingt das Essen doch nicht so herunter! Es nimmt euch doch keiner was weg!"

Zum Glück bekamen die Kinder von unserem Geldmangel nichts mit, es wurde auch nicht darüber in Gegenwart der Kinder gesprochen. Bescheidenheit war bei uns eben Tagesordnung.

Die Kinder nörgelten und waren ungeduldig und wollten jetzt unbedingt die Bescherung. Uns blieb nichts anderes übrig, als den Kindern, nachdem sie ein Gedicht aufgesagt hatten – jedenfalls Thomas, die Kleine brabbelte aus dem Gebet „Lieber Gott mach mich fromm..." – die Geschenke zu geben. Aufgeregt wickelten sie die Pakete aus. Für Thomas gab es ein Auto aus Legosteinen. Er nahm sowieso alles auseinander, daher war das Lego-System gut für ihn geeignet. Angela bekam ein Puppe, die die Augen auf- und zumachen konnte. Thomas war glücklich. Er nahm das Auto auch gleich auseinander. Meine Tochter Angela, das war neu an ihr, nahm die Puppe auch auseinander. Sie wollte sehen „wo die Augen sind, die da auf und zu gehen".

Kurz und gut: Die Freude war kurz, die Spielsachen waren kaputt, mein Mann war sauer, der Geldbeutel leer und ich war jetzt vom ganzen Fest bedient.

Das sollte aber noch nicht das ganze Elend an diesem Heiligen Abend sein: Beide Kinder, die den Salat und Würstchen so heruntergeschlungen haben, jammerten: „Mama, ich hab' Bauchweh, mir ist schlecht!" Kaum ausgesprochen, da erbrachen sich beide Kinder, die Betten, der Teppich, die Bekleidung, alles bespuckt.

Statt gemütlich den Heiligen Abend mit der Familie zu verbringen, hatte ich „Waschtag". Die Betten mussten neu bezogen, die Kinder in frische Sachen gesteckt werden, und der Teppich war zu reinigen.

Das alles dauerte bis in die tiefe Nacht hinein. Die Kinder sind dann in ihren frischen Betten, mit frischer Bekleidung und mit ihrem Bauchweh eingeschlafen.

Mit meinem Mann saß ich dann kurz vor Mitternacht um den kleinen Topfbaum herum, und mir war klar, das war der Heilige Abend 1969 mit einer – im wahrsten Sinn des Wortes – „schönen Bescherung".

„Stille Nacht, heilige Nacht" mit allen drei Strophen

❀❀❀

Elisabeth Schneider, Jahrgang 1955, stammt aus Heiden im Kreis Borken und wuchs in einer großen Familie mit acht Kindern auf. Die Eltern hatten eine Gärtnerei mit Blumengeschäft. Elisabeth Schneider lebt heute in Everswinkel im Kreis Warendorf. Sie ist von Beruf Florist-Meisterin und hat einen erwachsenen Sohn.

Der Heilige Abend war für uns in erster Linie noch ein ganz normaler Arbeitstag. Wir mussten die Blumen fertig machen, das Geschäft hatte bis 14 Uhr geöffnet, und anschließend mussten noch Bestellungen ausgeliefert werden. Bis wir mit allem fertig waren, verging die Zeit, so dass es meistens schon 18 Uhr war. Meine beiden älteren Brüder bauten am Nachmittag immer den Weihnachtsbaum und die Krippe auf. Da wir in der Gärtnerei auch Weihnachtsbäume verkauften, war es meist der letzte Baum, den wir bekamen. Es war nicht immer der schönste, aber Papa sagte immer: Den kann man ganz schön schmücken! Und so war es auch immer, geschmückt war es immer ein schöner Baum.

Die Krippe war immer auf einem großen Brett aufgebaut, mit Moos ausgelegt, kleinen Hügeln und Wegen mit Steinchen. Es gab Schafe, Hirten, die heiligen drei Könige ganz versteckt, einen Stall mit Ochs und Esel und der Heiligen Familie. Im Laufe der Jahre wurde das Ganze mit elektrischem Licht versehen: Stallbeleuchtung und das Feuer der Hirten.

An unserem Weihnachtsbaum aber waren immer nur echte Kerzen. Unsere Mutter mochte am liebsten Honig-Kerzen. Nachdem der Baum stand, wurde der große Esstisch aufgestellt. Unser Wohnzimmer lag im ersten Stock, und unsere Küche und der Essbereich lagen im Erdgeschoss, hinter den Geschäfts- und Arbeitsräumen.

Gegen 19 Uhr gab es dann Abendessen. Heiligabend gab es kein großes Essen. Es gab immer einfache Sachen: Wurstbrötchen mit Salat, Kartoffelsalat mit Würstchen oder eine Gulaschsuppe mit Brötchen. Nachdem unten alles wieder aufgeräumt war, hieß es für uns Kinder: Nach oben, waschen, Schlafanzug an, ab ins Bett. Vorher durften wir aber noch unsere Teller aufstellen, auf den großen Esstisch im Wohnzimmer bei der Krippe. Jeder mit seinem Namen und auf seinem Platz, damit das Christkind auch seine Geschenke richtig ablegen konnte. Der Teller war für die Süßigkeiten, die jeder dazubekam.

Wir gingen also früh schlafen, da wir am ersten Weihnachtstag in die erste Messe gingen, die begann um sechs Uhr früh. Unsere Familie besetzte in der Kirche eine ganze Bank. Später haben wir älteren Geschwister uns dann auch mal distanziert, weil es cooler war, sich hinten in die Kirche zu stellen. Nach der Messe gingen wir geschlossen nach Hause. Besonders schön war es immer, wenn es geschneit hatte.

Zu Hause gab es erst mal ein gemeinsames Frühstück. Wir Kinder waren natürlich immer sehr aufgeregt und ungeduldig. Wir konnten es doch kaum erwarten, dass die Bescherung begann. Aber unsere Eltern bestanden auf festgelegten Ritualen. Wir versuchten es mit einigen Tricks, etwa: „Ich glaub`, ich habe eine Glocke gehört!" Oder „Psst, da war was, ich hab` oben was vergessen, ich hol es eben runter!" Meine Eltern ließen sich nicht drängen. Dann, wenn sie meinten, es sei an der Zeit, sagte Papa, ich will doch mal schauen, ob das Christkind dagewesen ist.

Ich weiß es noch: In jenem Jahr hatte ich verstanden, dass meine Eltern das Christkind waren. Am Weihnachtsmorgen ging ich neben meinem Vater von der Messe heim. Ich sagte ihm, dass ich jetzt wüsste, dass Mama und er das Christkind wären, ich aber ganz bestimmt den anderen nichts erzählen würde. Mein Vater lachte nur, kniff mir liebevoll in die Wange und sagte: „Was du so alles weißt!"

Also, mein Vater verschwand und kurz nach ihm meine Mutter. Die Größeren von uns räumten schon mal den Tisch ab, dann stellten wir uns wie die Orgelpfeifen auf, die Kleinen nach vorne und die Großen nach hinten. Wir warteten gespannt, bis ein leises Glockengebimmel erklang, dann öffnete sich die Tür. Mein Vater kam lachend herein und sagte: „Das Christkind war da." Wir stürmten nach oben. Mama stand an der Wohnzimmertür, die Kerzen brannten am Baum, und wir durften endlich ins Wohnzimmer.

Aber bevor wir unsere Geschenke und unsere Teller in Augenschein nehmen durften, wurde gesungen. Wir sangen alle mit Inbrunst: „Stille Nacht, Heilige Nacht!", alle drei Strophen. Dann war endlich Bescherung. Inzwischen war es fast 9 Uhr geworden, und die zweite Messe war auch schon vorbei.

Eine Freundin meiner Eltern, die immer in die zweite Messe ging, sagte später einmal zu meinem Vater: „Weißt du Paul, wenn ich aus der Kirche gekommen bin und bei euch vorbei ging, habe ich euch oft singen gehört. Das war für mich Weihnachten!" Mein Vater hatte damals Tränen in den Augen. Es hat ihn so gefreut.

Das Lauerloch

❄❄❄

Martha Cantauw, Jahrgang 1938, ist im münsterländischen Rheine aufgewachsen, wo sie auch heute noch lebt. Nach dem frühen Tod ihres Ehemannes war sie gezwungen, ihre beiden Töchter im Alter von zwei und vier Jahren allein aufzuziehen. Frau Cantauw lebt heute im Haus ihrer Tochter. Sie hat vier Enkelkinder.

Das Schönste an Weihnachten ist eigentlich die Vorfreude, die Spannung und das Knistern in der Luft, das mit jedem Tag, den Weihnachten näher rückt, mehr zu werden scheint. Als Witwe mit zwei kleinen Töchtern habe ich mich, diesem Grundsatz getreu, immer bemüht, die Vorfreude der Mädchen auf das Weihnachtsfest und die weihnachtliche Bescherung zu steigern.

Die Adventszeit verstrich bei uns mit Plätzchenbacken und Heimlichkeiten aller Art, bei denen sich meine Mutter nach Kräften beteiligte. Da saßen wir Abende lang und strickten Puppenkleider oder nähten neue Bezüge für die Kissen in den Puppenwagen. Selbstverständlich besuchten die Kinder und ich auch die adventlichen Gottesdienste und verfolgten, wie am riesigen Adventskranz in der Kirche eine Kerze nach der anderen angezündet wurde.

Mindestens genauso wichtig war für die Kinder aber der Adventskalender über der Eckbank in der Küche. Er bestand aus einem etwa 40 mal 60 Zentimeter großen Bild aus verschiedenfarbigem Filz, welches das Christkind darstellte, das einen riesigen, mit Geschenken beladenen Schlitten durch die Winterlandschaft zog. Auf dieser Filzunterlage waren Messingringe angebracht, an die ich kleine, in buntes Papier eingewickelte Päckchen hängte. An den ungeraden Tagen durfte meine ältere Tochter nun ein Päckchen abschneiden und öffnen. An den geraden Tagen war die Kleine dran. Der Clou bei der ganzen Sache war, dass die Päckchen, in denen sich meist Bonbons oder kleine Schokoladenstückchen befanden, nicht nummeriert waren. Da galt es dann, klug auszuwählen: War in diesem länglichen Päckchen wohl eines von den besonders leckeren Karamellbonbons? Und würde das leuchtend rote wohl das halten, was es versprach? Tagelang wurde darüber nachgedacht, welches Päckchen als nächstes geöffnet werden sollte.

Plätzchen backen mit kleinen Kindern ist eine Erfahrung, die sich niemand entgehen lassen sollte. Das Geheimnis dabei ist, dass man sich Zeit lassen muss und sich nicht zu viel vornehmen darf. Wer sagt denn, dass sämtliche Weihnachtsplätzchen an einem Nachmittag gebacken werden müssen? Wie die Kleinen mit hochroten Backen und verschwitzten Händen Herzchen und Sterne ausstechen, gehört zu meinen liebsten Weihnachtserinnerungen. Dass einige der Plätzchen vom Handschweiß ein wenig marmoriert waren, tat der Freude keinen Abbruch. Gesundheitsschädlich war es anscheinend nicht. Als ob er gerochen hätte, dass wir gebacken haben, kam mein Vater stets am Abend nach einem Plätzchenbacknachmittag „zufällig“ zu Besuch. Selbstverständlich packte er gern mit an, wenn es darum ging, die Plätzchen vorsichtig in die große Plätzchendose zu verfrachten. Dass dabei das ein oder andere Plätzchen in seinem Mund verschwand, musste ich einkalkulieren.

In der Woche vor Heiligabend begann dann die „heiße Phase“: Die Glastür zwischen Wohn- und Eßzimmer wurde abgeschlossen und mit Bettlaken und Decken verhängt, damit ich das Wohnzimmer in Ruhe für das Weihnachtsfest herrichten konnte. Immerhin galt es, die große Krippe mit den bunten Gipsfiguren aufzubauen, den Christbaum zu schmücken und die Geschenke zu arrangieren. Die Kinder schlichen in dieser Zeit – das wusste ich ganz genau – immer auf der anderen Seite der Tür herum und versuchten, durch einen Spalt zwischen den Decken oder durch das Schlüsselloch einen Blick in dieses geheimnisumwobene Zimmer zu erhaschen, in dem sich das Christkind und die Mutter in trauter Zweisamkeit beschäftigten. Jedes Jahr wieder entstand beim Verhängen der Tür – selbstverständlich „aus Versehen“ – ein sogenanntes „Lauerloch“, durch das die Kinder einen winzigen Ausschnitt des weihnachtlich geschmückten Wohnzimmers sehen konnten. Selbstverständlich achtete ich immer darauf, dass keine der kleinen Überraschungen vorweg genommen wurde. Ein großer Regenschirm oder ein riesiger Karton versperrten die Sicht. Manchmal drapierte ich auch die Kisten mit den Christbaumkugeln so, dass sie nicht als solche erkannt werden konnten. Vor der Tür begannen schon bald die Diskussionen darüber, was man denn erkannt zu haben glaubte: „Da ist etwas Großes, Rotes, das ist bestimmt ...“ „Ich kann das nicht genau erkennen.“ – „Geh mal zur Seite! Lass mich doch mal gucken!" Selbstverständlich alles im Flüsterton, weil Lauern offiziell ja gar nicht erlaubt war. Wenn ich aus der Küche fragte, was die Kinder denn gerade machten, verstummte das Flüstern abrupt und leises Füßescharren signalisierte mir, dass sie sich möglichst weit vom „Lauerloch" entfernten.

Bevor sich die Tür am Heiligabend zur Bescherung öffnete, besuchten wir noch den Familiengottesdienst. Danach ging's auf kürzestem Weg nach Hause, wo die Kinder in der Küche so lange singen sollten, bis ich die Kerzen am Baum entzündet hatte. Das war gerade in den ersten Jahren nicht so einfach, weil das Repertoire der Kinder nur sehr klein war. Gezwungenermaßen erklangen dieselben zwei Weihnachtslieder in einer Art Endlosschleife, so dass ich mich redlich abmühte, um die Kerzen möglichst schnell zum Brennen zu bringen. Endlich bimmelte das Glöckchen, die Flügeltüren zum Wohnzimmer öffneten sich, Heintjes Weihnachtslieder erklangen vom Plattenspieler und die Kinder stürmten hinein. Der Weihnachtsbaum und die Krippe wurden geziemend bestaunt, jede der Gipsfiguren musste erst einmal eingehend in Augenschein genommen werden. Danach wurden die Geschenke ausgepackt, Jubelschreie erfüllten das Zimmer. Wichtig war es aber immer auch, die Süßigkeiten auf dem bunten Teller zu zählen und sie hinsichtlich ihrer Anzahl und Qualität zu vergleichen.

Wenn die beiden Mädchen schließlich total erschöpft, aber immer noch seltsam aufgeregt Stunden später im Bett lagen, hörte ich sie wieder flüstern: „Sag mal, wo war eigentlich das große rote Paket, das wir gesehen haben? Und die Holzkiste mit dem Tannenzweig drauf, die hat doch keine von uns bekommen. Ob das Christkind diese Sachen wieder mitgenommen hat?"

Eine ganz besondere Krippe

✳✳✳

Gerta Thier, Jahrgang 1941, stammt aus Brake. Sie hat drei erwachsene Kinder und bald auch drei Enkelkinder. Gerta Thier hat bereits mehrere Gedichtbände veröffentlicht, die auch ausgezeichnet wurden. Diese Geschichte ist einem Buch mit Geschichten und Gedichten aus ihrer Feder entnommen.

Im Jahr 1976 hatte sich unsere Familie entschlossen, für das kommende Weihnachtsfest eine Krippe anzuschaffen. Auf der Rückfahrt eines Urlaubs vom Gardasee besuchten wir in Oberammergau einen guten Holzschnitzer. Zunächst studierten wir die Schaufenster an der Hauptstraße. Wir fanden aber nichts, was unseren Vorstellungen entsprach. So fragten wir einen Einheimischen nach einem Schnitzer, der Hauskrippen anfertigen würde. Auf diesem Wege gelangten wir zu einem kleinen Familienbetrieb.

Herr Bachmann zeigte uns einige Anfertigungen, es waren noch nicht unsere Vorstellungen. Bis wir uns seine eigene Naturholzkrippe ansehen durften. Von dieser waren wir hellauf begeistert! Es war eine ganz besondere Krippe, zum Beispiel, weil Maria und Josef auf einer Bank aneinander sitzend, eingenickt sind. Neben ihnen liegen ein gefülltes Leinentuch und ein langer Wanderstock.

Zwei kleine Engel haben für sie das Wiegen des Kindes übernommen. Der Ochse und der Esel sind seitlich im gediegenen Holzstall. Außerdem knien zwei Hirten mit ihrer Herde vor dem Kinde Gottes. Die Krippe bestach durch ihre Natürlichkeit, ihre dezenten Farben und ihre starke Ausdruckskraft. Wir baten ihn, auch für unsere Familie dieses Kleinod zu schnitzen, worauf er nickend einwilligte. Im Herbst des gleichen Jahres erreichte uns ein Postpaket und wir konnten unsere prächtig gelungene Holzkrippe bestaunen.

Sie erfreut uns auch heute noch in jedem Jahr aufs Neue. Dank der besonderen Idee des Schnitzers gibt es diese Krippe in dieser Zusammenstellung nur ein paar Mal. In einem Zeitungsartikel über die Oberammergauer Schnitzer, die wohl recht bekannt sind, fand ich den Satz: „Nur im Himmel soll es mehr Engel geben als in Oberammergau.

Den hat das Christkind für euch abgegeben!

❄❄❄

Ruth Frieling-Bagert, Jahrgang 1967, wuchs auf dem Bauernhof Bagert in der Bauerschaft Hastehausen bei Darup, einem Ortsteil von Nottuln, auf. Sie ist das Jüngste von sechs Mädchen. Die Autorin ist mit einem Vollerwerbslandwirt verheiratet und hat nun selbst drei Kinder, zwei Jungen und ein Mädchen.

Es war kurz vor dem Weihnachtsfest 1976. Meine Schwester Mechthild und ich waren inzwischen zu alt, um noch an das Christkind zu glauben. Da fragte mich Mechthild, die ein Jahr älter war als ich, ob wir beiden nicht einmal selbst für Papa, Mama und Oma Christkind spielen wollten. Sie hatte auch schon einen Plan, wie wir das anstellen könnten.

So radelten wir am nächsten Tag mit etwas Erspartem in der Tasche durch die Bauerschaft bis zu Reckmanns, welche Weihnachtsbäume auf dem Markt verkauften. Ob wir hier bekamen, was wir suchten? Wir hatten Glück und konnten Vater Reckmann unser Anliegen persönlich vortragen: Wir würden gerne einen ganz kleinen Tannenbaum kaufen, aber das Ganze müsse streng geheim bleiben. Herr Reckmann beriet uns fachmännisch und präsentierte uns einen Baum, der genau unseren Vorstellungen entsprach. Ob unser Geld dafür wohl reichen würde? Auf unsere schüchterne Frage, wie viel der Baum wohl kosten würde, antwortete Vater Reckmann jedoch: „Is' schon gut so, nehmt den Baum mal mit." Wir bedankten uns, verstauten den Baum auf Mechthilds Fahrrad und fuhren stolz nach Hause, wo wir den Baum zunächst draußen versteckten. Na, das hatte ja schon mal gut geklappt.

Ich schlich ins Haus, um zu sehen, ob die Luft rein war. Oma saß im Wohnzimmer, Mama war in der Küche und Papa im Stall. Also brauchte ich nur noch die Küchentür zu schließen und Mechthild konnte den Baum schnell durch die Diele in ihr Zimmer bringen und unter einer Wolldecke verschwinden lassen.

Als nächstes brauchten wir einen Weihnachtsbaumständer. Auch für dieses Problem hatte Mecky schon eine Lösung. Ein kleiner Schmierseifeneimer wurde mit Sand und Kies gefüllt und der Baum hineingesteckt. Schnell wieder die Decke darüber, falls mal jemand aus Versehen ins Zimmer kommen würde. Oma und Mama hatten wir gebeten, die nächsten Tage Mechthilds Zimmer nicht zu betreten, das wäre ganz, ganz wichtig. Ja und Papa kam sowieso fast nie in unsere Zimmer.

Da wir den Baum so günstig bekommen hatten, machten wir uns am folgenden Tag auf ins Dorf und kauften bei „Karweger" – das war damals der „Spar"-Laden in Darup – eine Tüte Lebkuchenplätzchen mit Löchern drin und dazu noch Schleifenband. Goldpapierreste hatten wir noch zu Hause. So wurde der Baum von uns liebevoll mit selbst gebastelten Goldsternen, Lebkuchenplätzchen und Schleifen verziert. Wir waren sehr stolz auf unser Werk. Aber das musste ja zunächst wieder unter der Decke verschwinden. Unsere großen Schwestern waren inzwischen schon neugierig, was wir denn die ganze Zeit in Mechthilds Zimmer machen würden. Das blieb jedoch unser Geheimnis.

Dann war es Heiligabend. Endlich hatten wir die Weihnachtsmesse hinter uns. Nun mussten noch die Allerheiligen- und die Haus- und Hoflitanei gebetet werden, was uns damals unendlich lange vorkam.

Schließlich begann Papa, das Haus einzusegnen. Dazu musste er auch in Mechthilds Zimmer. Hoffentlich fiel ihm nicht das komische Gebilde unter der Wolldecke auf! Wir hatten es extra noch mal zur Seite geschoben. Papa ließ sich nichts anmerken, Mecky und ich atmeten auf. So, dann noch das Essen: Seit Generationen gibt bei uns wie jedes Jahr zu Heiligabend „Fettsoppen". Das sind Knabbeln (im Ofen getrocknete Weißbrotstücke), die in einer Schüssel mit Schmalz und Salz gewürzt, kurz mit kochendem Wasser übergossen, einen Moment mit einem Teller abgedeckt werden; anschließend wird das überschüssige Wasser abgegossen. Auf dieses Essen freuten wir uns schon das ganze Jahr über – Mmmh – lecker! Während wir Kinder danach den Tisch abräumten, schaute Mama wie immer nach, ob das Christkind schon da war. Tatsächlich!

Wir gingen aufs „beste Zimmer", die Kerzen am Weihnachtsbaum brannten und der Dual-Plattenspieler mit den Weihnachtsliedern der „Westfälischen Nachtigallen" lief bereits im Hintergrund. Es war Weihnachten!

Nachdem wir gemeinsam „Zu Bethlehem geboren" gesungen und uns gegenseitig Frohe Weihnachten gewünscht hatten, packten wir erwartungsvoll unsere Geschenke aus.

Schließlich liefen Mecky und ich in Mechthilds Zimmer und trugen nun voller Stolz den kleinen Tannenbaum zu Papa, Mama und Oma ins beste Zimmer. „Guckt mal, den hat das Christkind noch für Euch abgegeben!"

Ich weiß nicht, wer mehr gestrahlt hat, die Erwachsenen oder wir.

Nur ein Viertelstundenprotokoll

✳✳✳

Hannes Demming, geboren 1936 in Münster, sieht sich als Freund der plattdeutschen Mundart zuallererst als „Schoolmeester, Schauspeler und plattdüütschen Schriever". Er bestand 1956 am Paulinum in Münster sein Abitur. Nach dem Lehramtsstudium in seiner Heimatstadt unterrichtete er von 1963 bis 2000 an Gymnasien in Greven, Münster und Recklinghausen die Fächer Latein, Griechisch, Englisch, Musik, Mathematik und Literatur. Seine Leidenschaft galt zugleich dem Theater, so dass er seit 1955 bei den Städtischen Bühnen Münster mitarbeitete, zuerst als Sänger, sodann seit 1961 als Schauspieler. Der langjährige Vorsitzende und erfahrene Regisseur der Niederdeutschen Bühne Münster war zugleich für Rundfunk- und Fernsehanstalten als Autor, Sänger, Sprecher und Übersetzer tätig und gehört zu den gefragtesten Autoren der niederdeutschen Sprache.

Ei, lästig, diese Sammelbüchsen! Fürs Rote Kreuz, für die Bahnhofsmission, für die Caritas, für kranke Mütter, für behinderte Kinder, für einen Zirkus in Not und was es sonst noch alles gibt. Guck, da steht schon wieder einer zu rappeln. Von welcher Sorte ist der denn? Aha, einer von den Anti-Atom-Leuten. Ein älterer Herr steht vor ihm, mit Hut, sagt etwas zu ihm. Der Junge – wie alt mag er sein, fünfzehn, sechzehn? – der Junge schüttelt den Kopf, gräbt in seinen Parka-Taschen herum. Ich komme mit meinem Fahrrad näher heran, höre den älteren Herrn sagen, wenn er keinen Ausweis habe, dürfe er gar nicht sammeln. Dann geht der Mann mit Hut in die Sparkasse. Der Junge schaut sich um, hat nicht gemerkt, dass ich die ganze Sache mitbekommen habe, stopft die Büchse unter seinen Parka und geht schnell weg.

Ich bin neugierig geworden und beschließe, ihn zu verfolgen: links, noch einmal links, dann geradeaus, rechts ab, wieder rechts, geradeaus, halt! Was macht er denn jetzt? Er wühlt in einem Abfallbehälter für Restmüll herum, zieht noch eine zweite Büchse aus dem Behälter, auch mit „Atomkraft, nein danke!" drauf. Da stimmt was nicht. Die beiden Büchsen steckt er in eine Plastiktasche und will weg. Ich steuere auf ihn zu, frage, was das zu bedeuten habe. Er ruft mir beim Weglaufen zu, ich solle ihn mal... Jetzt aber schnell! Gut, dass ich mein Fahrrad bei mir habe. Er ist schon um die Ecke verschwunden, aber da, in der Menge, sehe ich den Parka wieder. Der Junge schaut sich um, sieht mich, läuft schneller, ich hinter ihm her. Teufel auch! Zu viele Leute! Ich muss vom Rad! Fußgängerzone! Aber noch sehe ich ihn. Da, vor der Kirche biegt er rechts ab. Die Bahn ist wieder frei. Ich springe aufs Rad. Hundert Meter noch, dann kann er nicht mehr, gibt auf, lehnt sich an die Wand eines Kinos, kriegt keine Luft mehr, als ich vor ihm stehe, will er noch einmal ausbrechen, aber dann begreift er wohl, dass es nichts bringen kann.

Ich frage ihn, was er in den Büchsen habe. Er fummelt daran herum. An der einen ist am Deckel ein Draht durchgezogen und einige Male ineinander gedreht, vor der anderen sehe ich oben ein einfaches Schloss. Die Büchsen habe er gefunden und sich fürs Sammeln zurechtgebastelt; aber das Schloss, das gehöre ihm. Nun hat er die Büchsen aufgemacht, kippt das Geld auf die Plastiktasche, die er auf die Erde gelegt hat. Ein Mann in meinem Alter kommt vorbei, begreift die Situation nicht, fragt. Ich erkläre ihm die Sache. Er will die Polizei anrufen. Das solle er doch ja nicht tun, sagt der Junge. Aber der Mann ist schon weg.

Ich denke auch, die Polizei solle das ruhig übernehmen. Der Junge – ich sehe ihm ins Gesicht: eigentlich noch ein Kind, wenn auch einen Kopf größer als ich – der Junge fängt an zu weinen. Ich könne auch das ganze Geld bekommen, vier Mark siebenunddreißig; dreißig Pfennig habe er vorher hineingetan, damit es richtig rappele. Ich könne alles kriegen, wenn ich ihn laufen ließe. Wenn die Polizei komme, könne ich ja sagen, er sei mir abgehauen.

Aber darauf lasse ich mich nicht ein. Er erzählt mir, er habe eine Lehrstelle, müsse sein bisschen Geld zu Hause abgeben, weil sein Vater sage, er mache ja damit doch bloß dummes Zeug. Und Vater vertrinke es dann. Sie seien sechs Kinder zu Hause; Mutter werde von Vater geschlagen, wenn er betrunken sei, und er, der Älteste von den sechsen, komme in ein Heim, wenn er noch einmal irgendetwas anstelle. Das habe sein Vater ihm angedroht. Er habe nämlich schon zweimal etwas in einem Supermarkt gestohlen und einmal etwas aus einem nicht abgeschlossenen Auto. Aber heute habe er bloß ein bisschen Geld sammeln wollen, um für Mutter eine Kleinigkeit zu Weihnachten zu kaufen, auf ehrliche Art und Weise. Und nun sei ihm das so schief gegangen. Und dann nennt er mir noch den Namen eines Diakons, der die ganze Familie kenne und der bezeugen könne, dass alles wahr sei, was er erzählt habe. Bloß nicht in ein Heim, nur das nicht! Und Tränen laufen ihm über die Wangen.

Der weiß-grüne Polizeiwagen hält. Ein Beamter steigt aus, sagt, er wisse schon Bescheid; der Junge solle seine Sachen nur zusammenpacken. Ich muss meinen Namen angeben, für alle Fälle, wenn man mich als Zeugen benötige. Ich will noch etwas sagen. Einsteigen! Tür zu! Der Junge schaut durch ein Seitenfenster, an mir vorbei. Ich ziehe die Schultern hoch. Ich habe das Gefühl, ich müsse ihn um Entschuldigung bitten.

Mir ist ziemlich übel. Ich hab einen Schnaps nötig.

Ungebetene Gäste

❊❊❊

Melita Seeger, Jahrgang 1953, ist gelernte Bankkauffrau und seit 1993 Malteser-Schwester in der häuslichen Altenpflege. Zu ihren Hobbys zählen Lesen, Gartenarbeit und das Schreiben. Melita Seeger, seit 1977 verheiratet und Mutter eines Kindes, lebt in Kirchen im Siegerland.

Frisch vermählt bezogen wir unser gemütliches Nest in einer kleinen Mietwohnung. Zwei Jahre später machten die Eltern meines Mannes das verlockende Angebot; wir könnten an ihrem Haus anbauen. Das Grundstück sei groß genug und sie, die alten Herrschaften, wollten sich in der oberen Etage zur Ruhe setzen. So richtig betagt waren die beiden zwar nicht, denn jeder ging seiner beruflichen Tätigkeit nach, und sie bereisten den Globus.

Für uns ein schmackhaftes Angebot? Wir werden sehen, was für wen verdaulich und köstlich ist.

Mein Mann und ich berechneten, prüften Kosten, Erträge und schließlich stand unser Entschluss fest: Wir bauen. Doch bei allen Überlegungen hatten wir das „Kriegsschiff" Schwiegermutter übersehen. Das Verhältnis wurde distanziert und frostig. Im gemeinsamen Hausflur bei unweigerlichen Begegnungen ein kurzes „Hallo!". Jeder vermied persönlichen Kontakt. Auch in der eigentlich besinnlichen Weihnachtszeit.

Mein Mann ist ein ganz Süßer. Ja, das stimmt. Am liebsten mag er Marzipankugeln. Aber bitte mit Schokoladenglasur. Ich hingegen liebe das Deftige. Somit kein Problem, wenn der Ehemann sein „Süppchen selber kocht".

Mit Tüten bepackt schleppte der Liebste seine Zutaten ins Küchenrevier. Es wurde gemixt, geknetet und geformt, aus allem, was der Einkauf herhielt. Damit die Schokoglasur trocknen konnte, pRiekste der Pralinier die 50 Kugeln mit Zahnstochern auf eine Styropor-Palette. So konnte die Leckerei im Keller aufbewahrt werden. Stolz bekräftigte mein Mann: „Die sind aber fürs Christfest. Nicht vorher naschen!" Ich beruhigte ihn: „Keine Sorge, es geht ja nicht um (die) Wurst."

Wann immer ich in der nächsten Zeit in den Keller ging, blickte ich prüfend in das Regal, wo die Marzipankugeln standen. Seltsam, nach einer Woche fehlten welche. Aus der Mitte, vom Rand. Die Lücken wurden von Woche zu Woche größer. Hatte mein Mann doch gesagt: „Für Weihnachten!" Auch ihm war der drastische Verzehr aufgefallen. Um den Verlust in Grenzen zu halten, sprachen wir darüber und kamen schnell zu dem eindeutigen Ergebnis: „Das waren die Eltern. Die Mutter war es, die hält sich immer außergewöhnlich lange im Keller auf. Oder der Vater, der schnalzt neuerdings oft laut mit der Zunge."

Wütend und enttäuscht packte mein Mann den jämmerlichen Rest in eine kleine Blechdose. Plötzlich hielt er inne: „Hey, schau mal hier!" Er fuchtelte mir mit einem der Exemplare vor der Nase herum. „Da sind ja Zahnabdrücke dran!" Winzig klein, mal hier, mal dort.

Mäuschen hatten uns den Streich gespielt, und bald wäre es ihnen gelungen, das schon so deftig verkorkste Verhältnis zwischen uns und den Eltern noch mehr zu vergiften. Erleichtert lachten wir auf. Eine Woche später war Heiligabend.

Wir hatten Vater und Mutter zu einer kurzen Begegnung eingeladen. Würden sie kommen? Wir waren gespannt. Um Punkt 20 Uhr standen sie vor unserer Tür. Der Papa etwas unbeholfen, nestelte verlegen an einem seiner Jackenzipfel. Mutter hingegen forscher, schritt entschieden ins Weihnachtszimmer und beschlagnahmte umgehend den bequemsten Sessel im Raum. Zur Entspannung reichte ich einen Getränkemix aus heißer Milch mit Eierlikör. Dazu Fischhäppchen auf Brot.

Es wurde eine lange Nacht. So viele Missverständnisse gab es zu klären. Zum krönenden Abschluss schmeckten uns allen die verbliebenen Marzipankugeln besonders gut.

Die ewige Frage

❊❊❊

Yvonne Gruener ist 35 Jahre alt. Sie absolviert ein Studium der Germanistik und Sozialpädagogik für das Lehramt Berufskolleg an der TU Dortmund und lebt mit ihrem Partner in Saerbeck.

Die ewige Frage: Erst Essen oder erst Bescherung? Und glauben wir nun an das Christkind oder nicht? Wollen wir, dass Mutter mit dem Glöckchen klingelt und im Hintergrund die seit Jahrzehnten bewährte LP mit Peter Alexanders Weihnachtsträumen läuft?

Und dann die ewige Frage, die aber noch nie geklärt wurde: Wer beginnt mit dem Auspacken der Geschenke? Alle halten sich vornehm zurück, erneut wird der Tannenbaum bewundert, der doch eigentlich schon seit einer Woche so aussieht wie jetzt – aber – ach – noch nie so schön – das Essen, ja das Essen war gut und liegt auch nicht so schwer im Magen und die Katze hat sich – nein, nicht schon wieder! – unter den Zweigen des Weihnachtsbaumes verkrochen und dabei die heilige Maria in der Krippe umgeworfen.

Und jedes Mal fragt man sich, ob man sich auch genug gefreut hat und der andere zufrieden ist mit der eigenen Freude, denn man hat sich ja schließlich Gedanken gemacht. Vater bekommt – wie jedes Jahr – eine Karte von Uli Stein und es wird gelacht – Uli Stein ist einfach herrlich – und dann der obligatorische Wein mit den wetterkritischen Äußerungen: „Letztes Jahr war es aber kälter."

Dann läuft Mutter hinter der Katze her, die sich das Jesuskind aus der Krippe geschnappt hat und auf seine Beißfestigkeit überprüft, es dann aber irritiert auf Grund von Mutters hysterischer Reaktion wieder fallen lässt und sich dem König Melchior zuwendet. Wenn die Krippe wieder steht, das Jesuskind mit noch mehr Blessuren als im letzten Jahr in dem Futtertrog ruht und mit ausgestreckten Ärmchen und milde lächelnd uns alle ansieht, geht Vater ins Bett – natürlich mit Katze – die in der Zwischenzeit aus dem Tannenbaum raus und in den Geschenkpapierberg hineingekrochen ist.

Und Mutter und ich sitzen am Wohnzimmertisch, rauchen, reden und denken schon wieder ans Essen, deshalb ist die Frage ob erst Essen oder erst Bescherung überflüssig, denn gegessen wird immer – zumindest im Kopf – und genießen den harmonischsten Tag des Jahres.

Weihnachten ist ein Gefühl

❄❄❄

Felix Tappe, Jahrgang 1980, stammt aus Telgte, studierte von 2000 bis 2007 an der Fachhochschule Köln und schloss das Studium als Diplom-Übersetzer und Diplom-Dolmetscher für die Sprachen Spanisch und Englisch ab. 2007 bis 2009 arbeitete er als festangestellter Übersetzer, seit 2009 ist er als freier Dolmetscher und Übersetzer tätig. Er lebt in Köln.

Als ich fünf Jahre alt war, hob Onkel Arno, wie ich den mit keinem meiner beiden Elternteile in verwandtschaftlicher Beziehung stehenden Jugendfreund meines Vaters nannte, den Tonjosef unserer Krippe, die auf der Fensterbank im Wohnzimmer aufgebaut war und in deren unmittelbarer Nähe ich mich meinen neuen Geschenken widmete, am Kopf hoch.

Der Kopf brach umgehend ab, und der schwere Rest halsabwärts der Figur fiel ungebremst und treffsicher auf den kleinen Finger meiner Kinderhand. Ich schrie, und es ergoss sich ein beträchtlicher Blutschwall über unseren Wohnzimmerteppich und kurz darauf in das Waschbecken im Badezimmer. Die Wunde wurde im Krankenhaus genäht.

Nicht ungern würde ich nun behaupten, dass dieses Ereignis und nicht mein fehlender Wille, ordentlich zu üben, eine große Karriere als Konzertpianist zunichte machte, oder gar, dass ich seitdem einen psychischen Knacks habe und Weihnachten nicht viel abgewinnen kann – wie viele in meinem Alter sich nicht entblöden, immer wieder zu bekräftigen. Kann ich aber nicht behaupten. Weder reicht meine Erinnerung der Ereignisse nach dem münsterschen Fensterbanksturz an das Ziehen der Fäden heran, noch kann ich über Weihnachten im Kreise meiner Familie etwas anderes sagen, als dass es schlichtweg immer wieder sehr schön war.

Gerade die „Festgefahrenheit" der weihnachtlichen Familientraditionen und Riten ist es, die das Fest der Liebe im unsteten Leben eines Studenten zu einem Glanzlicht macht. Und Riten gibt es bei uns noch und nöcher. Das fängt bei den Geschenken an. Meine Mutter bekommt vom Vater jedes Jahr etwas Teures, Schmuck oder Parfüm, und ein Gedicht, das sie – so glaube ich – wenn meine Schwester, mein Vater und ich uns an die Zubereitung des (klar: traditionellen) Fondues machen, mit beseeltem Blick auf dem Wohnzimmersofa sitzend, mit Fondantsternen, die (traditionell) nur sie isst und einem Glas Sekt in Reichweite, noch etwa 150 Mal durchliest. Was meine Mutter wirklich in dieser Übergangsphase zwischen Bescherung und Essen alleine im Wohnzimmer macht, kann ich freilich nicht sagen, da ich, wie es der weihnachtliche Duktus fordert, währenddessen mit der Zubereitung meiner Guacamole beschäftigt bin. Aber ich denke, sie liest das Gedicht. Mehrmals.

Mein Vater bekommt von meiner Mutter Bücher, Hemden und Krawatten. Das hat Sinn, denn er liest gerne und ist ein Typ, dem Hemden und Krawatten ausgezeichnet stehen. Deshalb freut er sich auch immer. Meine Schwester ist künstlerisch begabt und verschenkt daher viel Selbstgemaltes. Traditionell bekommen die Eltern von den Kindern aber verhältnismäßig wenig, was daran liegen mag, dass sich die Mutter immer und ausdrücklich nur eine schöne Karte wünscht, der dann aus leichter Verlegenheit meist noch ein Buch beigelegt wird, und auf väterlicher Seite daran, dass mit Büchern, Hemden und Krawatten die Geschenkehoheit bei der Mutter liegt. Meine Schwester und ich schenken uns stets irgendwas. Irgendwas Tolles (Bild, von ihr an mich) oder irgendwas Normales (Ohrringe, CDs). In die Kirche wird seit unserem Umzug aus der blutdurchtränkten Wohnung in das altehrwürdige Haus auch mittlerweile schon traditionell nicht mehr gegangen. Wenn also der Vater die Christkindklingel betätigt hat und einige Zeit der brennende Baum (eine der wenigen Neuerungen in den letzten Jahren war die Umstellung des Baumschmucks von Walnussholzapfelöko auf Kugeln und etwas mehr Glamour) bewundert worden ist, werden, ganz wie es immer war, in vier verschiedenen Stimmlagen zwei bis drei Weihnachtslieder angestimmt.

Dabei kann nur meine Mutter jeweils alle Strophen, der Rest der Familie stürzt ab Strophe zwei etwas ab. Dadurch wird der Klang aber insgesamt harmonischer. Danach lese ich die Weihnachtsgeschichte nach Lukas, wozu ich mich in einen Sessel setze und die Beine übereinander schlage. Bei der Stelle „Und Maria, die war schwanger" müssen meine Schwester und ich immer lachen. Dann ist Bescherung, wie schon geschildert. Dazu möchte ich noch anmerken, dass Geld und Elektrogeräte wie zum Beispiel DVD-Player unter dem Weihnachtsbaum nicht gesichtet wurden in all den Jahren, ausgenommen Stereoanlagen und ein Drucker. Da sind wir sehr „retro".

Auch das Essen ist streng reglementiert, lediglich der Plätzchenteller erfährt gelegentlich die Einführung neuer Kekskreationen wie Weihnachtsbrocken oder „Happen", die es erst seit vielleicht fünf Jahren gibt. Die Plätzchen von meiner Mutter sind sehr gut. Leider verschenkt sie jedes Jahr zu viele davon. Am Heiligabend gibt es Fondue mit diversen Saucen, am Ersten Weihnachtstag ein großes Feiertagsmenü und am zweiten Pichelsteiner aus den Fondue-Resten, der in letzter Zeit größtenteils von einer hungrigen und sehr betrunkenen Meute nach dem „Stephanussteinigen" verköstigt wird.

Zwischen den Jahren gibt es dann eigentlich immer Knatsch. Dann weiß man, dass alles in Butter ist. Und kann bangend zurück ins traditionsarme Studentenleben fahren. Und wird man dann gefragt, wie Weihnachten war, kann man es eigentlich gar nicht so genau sagen. Denn Weihnachten ist immer das Gleiche. Abgesehen einmal von dem schmerzhaften, zu Beginn geschilderten Ereignis, gab es wenig Spektakuläres. Nie hat der Baum zum Beispiel gebrannt. Und Weihnachten ist durch die stete Wiederholung (einmal pro Jahr) das geworden, was meine Wahlheimat durch Köln von sich behauptet zu sein, es aber nicht ist: ein Gefühl.

Wie das helle Licht des Sterns von Bethlehem auf die Erde kam

❄❄❄

Paul Kurzweg, Jahrgang 1936, stammt aus Massow in Pommern, wuchs in Thüringen auf und kam 1965 ins Münsterland. Er war viele Jahre Berufsberater beim Arbeitsamt Steinfurt. Er ist über 50 Jahre verheiratet, hat drei Söhne und fünf Enkelkinder. Die vorliegende Geschichte hat er aus Sicht seiner Enkeltochter Kyra (Jahrgang 1989) für seine Enkelkinder aufgeschrieben.

D er Dezember war für mich ein geheimnisvoller Monat. Die Eltern tuschelten in dieser Zeit hin und wieder und besprachen etwas, was nicht für meine Ohren bestimmt war. Meine Neugierde war groß. Ich lauschte, um mitzubekommen, was sie heimlich erzählten. Aber leider habe ich nie etwas richtig verstanden, was sie sich zuflüsterten.

Jedes Jahr, wenn die Weihnachtstage näher rückten, wurde die Spannung größer. Ich war voll kindlicher Erwartung, was das Christkind mir am Heiligabend an Geschenken bringen würde. Unvergesslich blieben mir drei Weihnachten in Erinnerung, an die ich gerne zurückdenke.

An jenem Tag ging Vater mit mir bei einsetzender Dunkelheit aus dem Haus. Der Abendspaziergang mit ihm war jedes Jahr die Einstimmung auf den Heiligabend. Diesmal sagte er unterwegs: „Wir wollen das Christkind suchen, und das helle Licht des Sterns von Bethlehem zeigt uns den Weg zu ihm." Wir wohnten damals am Rande Coesfelds. In unmittelbarer Nähe befand sich ein leicht ansteigender Hügel mit großen Buchen. Einige Wege waren darin angelegt. Es waren nur einige hundert Meter, um auf die höchste Stelle zu gelangen. Obwohl er nicht sehr hoch war, hieß er in dieser Landschaft im Volksmund der „Coesfelder Berg". Zur Stadt hinunter hatten wir eine freie Sicht. Von hier oben aus sahen wir den Lichtschein über der ganzen Stadt liegen. Wie eine sichtbare Lichtkuppel, die in der Ferne des tief dunklen Himmels sich aufzulösen schien. Wir waren hier oben zu der Stunde, in der die Gottesdienste stattfanden. Der Schall des Glockengeläutes schwebte unsichtbar zu uns herauf. Nach einiger Zeit hörten die Glocken auf zu läuten und nach und nach wurden die Töne leiser, bis die letzten Glockenschläge ganz verstummten.

Schweigend standen Vater und ich eine Weile. Er hielt meine Hand. Es kam mir sehr lange vor. Vater drehte sich um und ich tat das gleiche. Wir schauten in die Dunkelheit. Nur schemenhaft waren die Umrisse des welligen Geländes der Landschaft zu erkennen. „Schau einmal", und mit seinem ausgestreckten Arm zeigte er mit der Hand in den Himmel auf einen der sichtbaren Sterne. „Siehst du ihn, das ist er, das ist der Stern von Bethlehem. Schau genau hin, in welche Richtung er uns weist." Vater drehte sich leicht zur Seite, und seine Hand deutete in die Richtung, aus der wir gekommen waren. „So müssen auch die Hirten auf dem Felde und die Weisen aus dem Morgenland den Weg nach Bethlehem gefunden haben", bemerkte er. „Der Stern zeigt auch uns den Weg." Und ich glaubte ihm, was er mir sagte. Er drückte meine Hand fester und dann meinte er: „Lass uns zurückwandern und Mutter berichten, was wir gehört und gesehen haben."

Auf dem Rückweg erzählte er mir von seinen Weihnachtserinnerungen, und dass viele Menschen auf der Welt heute das Christkind erwarten. Bergab ging es schneller, und der Weg durch den Wald kam mir viel kürzer vor. Zu Hause öffnete uns Mutter die Tür. An ihrem freundlichen Gesicht erahnte ich, dass etwas Besonderes geschehen sei. Das Christkind ist hier, aber wir dürfen es nicht stören. Ich glaubte Mutter. Leise musste ich nach oben in mein Kinderzimmer gehen. Im Nebenzimmer schlief meine kleine Schwester.

Voller Ungeduld wartete ich. Endlich klingelte das Weihnachtsglöckchen. Die Treppe hinunter bin ich mehr gesprungen als gelaufen, um ja schnell ins Wohnzimmer zu kommen. Welch eine Überraschung, als ich den geschmückten Weihnachtsbaum mit den brennenden Kerzen sah. Die Eltern beobachteten, wie ich in kindlicher Unbefangenheit meine Geschenke vom Christkind auspackte und mich freute.

Die Jahre gingen dahin. Ein weiteres Geschwisterchen wurde geboren. Es war Frühjahr geworden, und die Eltern zogen mit uns in eine andere Stadt, nach Burgsteinfurt. Vater hatte eine neue Arbeitsstelle angetreten. Jetzt wohnten wir fast im Zentrum und in der Nähe des Bahnhofs. Hinter der Bahnlinie war ein anderer Stadtteil. Außer den beiden Zufahrtsstraßen dorthin gab es die Abkürzung über eine Fußgängerbrücke. Diese war von unserem Hause aus leicht zu erreichen. Von der Brücke aus hatte man einen weiten Blick über die Stadt. Hier blieben wir oft stehen, und Vater zeigte uns die Kirchen mit ihren Türmen und das Schloss in der Ferne, was dem Stadtbild eine besondere Prägung gab. Auch der hohe Schornstein und der rote Backsteinbau der Brauerei waren von hier oben deutlich erkennbar. Das neue Industrieviertel mit seinen Zweckbauten konnte man von der Brücke aus gut sehen.

Am ersten Advent hing für uns Kinder ein Adventskalender im Zimmer. An jedem Tag durften wir abwechselnd ein Türchen öffnen. Mutter und auch Vater lasen uns in dieser Zeit abends Geschichten vor, wenn es ihre Zeit erlaubte. Weihnachten rückte näher. Ich freute mich auf den Heiligabend. Aber würde es wieder so schön werden wie in dem einem Jahr, als Vater mit mir auf den Coesfelder Berg gegangen war? Dort hatte er mir den Stern von Bethlehem gezeigt. Mit dieser Geschichte hatte er den kindlichen Glauben an das Christkind in mir wachgehalten.

Für mich war die Zeit bis zum Heiligabend immer viel zu lang. Mutter backte mit uns Plätzchen, und wir durften schon mal probieren. Sobald ich mehr essen wollte, sagte sie: „Die Plätzchen bleiben für Weihnachten." Doch an den Adventssonntagen stellte sie das leckere Gebäck in einer Schale zum Naschen für uns hin.

Kurz vor den Weihnachtstagen gab es für uns Kinder in diesem Jahr eine Überraschung. Die Temperatur war gefallen, so dass Vater meinte: „Wir werden vielleicht weiße Weihnacht bekommen." Er sollte recht behalten. Bei einbrechender Dunkelheit am Spätnachmittag des Heiligabends sagte er zu uns: „Zieht euch an, wir müssen das helle Licht des Sterns von Bethlehem suchen, welches zu uns Menschen auf die Erde gekommen ist." Ich dachte, wo will Vater das hier in der Stadt wohl finden? Der Himmel war mit einer Wolkendecke verhangen. Wie kann er uns da einen Stern zeigen? Mutter und er halfen uns in unsere Anoraks. Sie war besorgt, dass wir auch ja warm genug angezogen waren. Als wir aus der Haustür traten, spürten wir die kalte Winterluft. Vater ging mit uns in Richtung Bahnhof. Kurz vor der Brücke sagte er: „Es wird bald schneien, ich rieche Schnee, das habe ich schon als kleiner Junge können." Ich lachte darüber. Doch als wir auf die Fußgängerbrücke gingen und oben ankamen, wollte ich meinen Augen nicht trauen. Vater blieb stehen und schaute in die Richtung eines hohen Gebäudes. Deutlich konnte ich sehen, wie es dort hinten schneite. Ganz sachte fielen die ersten Flocken auch über uns. Und dort auf dem Dach des Fabrikgebäudes, des früheren Fernmeldeamts, auf welches er zeigte, stand er: ein riesiger heller Stern mit einem großen Schweif. Er leuchtete und strahlte in goldenem Schein und war trotz des einsetzenden Schneefalles deutlich zu erkennen. Es war für mich wie ein Traum und Wirklichkeit zugleich. „Erinnerst du dich an früher, als ich dir den Stern von Bethlehem am Nachthimmel zeigte?", fragte mich Vater. Ich nickte, ohne etwas zu sagen. „Die Menschen sehnen sich nach Frieden. Mit dem Weihnachtsfest verbinden die Christen, dass mit Jesus das Licht und die Botschaft des Friedens auf die Erde gekommen ist. Deshalb holen sie sich den leuchtenden Stern vom Himmel. Sie schmücken ihren Weihnachtsbaum mit vielen brennenden Kerzen, damit diese durch ihren hellen Schein in die Dunkelheit leuchten."

Als wir älter waren, halfen wir Vater beim Schmücken des Weihnachtsbaumes. Mutter blieb immer zu Hause. Ich wusste längst, warum sie uns am Heiligabend nicht auf dem Abendspaziergang begleitete. Es war für mich ein Rest des Geheimnisses vom Christkind, welches uns die Geschenke brachte. Tief in meinem Herzen wollte ich dieses Stückchen Kindheit nicht loslassen.

Die jüngste Schwester war inzwischen drei Jahre alt geworden. Eines Tages sah ich, wie sich die Eltern einen Bildband von einem anderen Land ansahen. Er enthielt Glanzfotos mit farbigen Landschaftsaufnahmen. „Mir gefällt es", sagte Mutter, „ich würde mitgehen." Wir Kinder sahen uns die Bilder ebenfalls an. Auch wir fanden sie schön. So ganz beiläufig bemerkte Mutter. „Möchtet ihr in dem Land einmal wohnen?" „Warum nicht", sagte ich. Doch ich war mir der Tragweite meiner lockeren Bemerkung nicht bewusst. „Es kann sein, dass Vater in dem Land arbeiten wird. Wir können ihn dann nicht allein dort wohnen lassen." In diesem Punkt waren wir uns alle einig.

Für ein paar Tage wohnten die Großeltern bei uns, während die Eltern in dem fernen Land Vaters neue Arbeitsstelle ansahen und nach einer Wohnmöglichkeit für uns suchten. Der Tag rückte immer näher, an dem wir Abschied nehmen mussten. Nach einer langen Schiffsreise kamen wir in Norwegen an, das ich nur aus dem Bildband kannte. Wir fuhren noch eine Stunde mit dem Auto und dann betraten wir das Haus, das Vater inzwischen für uns hatte herrichten lassen. In der Schule lernte ich die Sprache des fremden Landes, was zu Anfang nicht ganz einfach war. Hier im Norden begann der Winter mit Schnee und Kälte viel früher. Wir wohnten in einem Holzhaus. Der Stadtteil, in dem wir lebten, lag dicht am Wald. Wenn es im Winter nicht schneite, war hier überwiegend blauer Himmel und die Sonne strahlte.

Das erste Weihnachtsfest in Norwegen rückte näher. In der Schule lernten wir norwegische Weihnachtslieder. Jeder in der Familie hatte einen Wunschzettel geschrieben. Mutter bereitete uns wie in all den anderen Jahren eine schöne Adventszeit.

Am Heiligabend sind wir in die große Kirche zum Gottesdienst gegangen. Mutter hatte mit Vater ein Festessen angerichtet, und danach war die Bescherung. Nachdem jeder von uns sich über seine Geschenke gefreut hatte, las uns Mutter die Geschichte von Astrid Lindgren vor: „Pelle zieht aus".

Es war spät geworden, doch plötzlich sagte Vater: „Jetzt werde ich euch zeigen, wo wir das helle, Licht des Sterns von Bethlehem finden, was auf die Erde gekommen ist. Was das nun sollte, konnte ich mir gar nicht vorstellen. Er fuhr mit uns in den Wald. Ein kurzes Stück Weg gingen wir zu Fuß, um an einen einsamen zugefrorenen See zu kommen. Am Ufer, an einer freien verschneiten Fläche, blieb er stehen. Aus seinem Anorak holte Vater eine Kerze. Mit den Händen machte er eine kleine Vertiefung in den Schnee, stellte sie hinein und zündete sie an. Im Schein der Kerze sah ich die zufriedenen Gesichter der anderen. Vater nahm Mutters Hand. Unser Nesthäkchen hatte sich schon die ganze Zeit an seiner Hand festgehalten. Mutter streckte ihre Hand zu uns aus und wir bildeten einen Kreis um die Kerze. In diese Stille hinein fing Vater an, ein Lied zu summen. Und auf einmal sangen wir alle zusammen „Stille Nacht, Heilige Nacht." Es war für mich eine wirklich „Heilige Nacht". In dieser Stimmung forderte uns Vater auf, unsere Hände an der Flamme der Kerze zu wärmen. Er meinte: „So wie die Kerze uns Wärme spendet, so könnte ein jeder von uns mit liebevollen Worten diese heilbringende Kunde von Weihnachten weitererzählen. Jeder Christ kann die Freude der Weihnachtsbotschaft in der Welt verkünden, denn uns ist heute der Heiland geboren. Das will uns die Weihnachtsbotschaft vermitteln."

Nachdenklich ging ich zum Auto zurück. Als wir auf der anderen Seite des Sees mit dem Auto entlang fuhren, hielt Vater an. „Seht ihr dort drüben das Licht im Dunkeln? Es ist unsere kleine Kerze. So unscheinbar ist sie offensichtlich nicht, denn ihren Lichtschein können wir bis hierher sehen. Wie ihr Schein in die Dunkelheit strahlt, so kann ein jeder von uns die Botschaft der Liebe und des Friedens in der Welt hinaustragen."

Zu Hause haben wir noch über Weihnachten gesprochen. Als ich an diesem Abend im Bett lag, erinnerte ich mich an frühere Spaziergänge am Heiligabend, und mir wurde bewusst: Vater war es, der für mich, ja für uns alle das helle Licht des Sterns von Bethlehem auf die Erde geholt hatte.

Kommen und gehen:
Ein weihnachtlicher Abschied

✳✳✳

Martin Freytag, geboren 1962 in Münster, Abitur 1982 am Gymnasium Paulinum
in Münster, studierte von 1982 bis 1988 Katholische Theologie, Germanistik und
Pädagogik in Münster. 1989 bis 1991 folgte das Referendariat in Mönchenglad-
bach. Martin Freytag ist Lehrer für Katholische Religion und Deutsch am Gymnasium Remigianum in Borken. Er ist verheiratet und Vater eines Sohnes und
einer Pflegetochter.

Weihnachten 1995. Ein Fest wie immer: Vorbereitungen, festliche
Gottesdienste, der Blick aus dem Fenster: Gibt es weiße Weihnacht? Und doch kein Fest wie immer. Traditionell versammelt
sich die Familie am ersten Weihnachtstag bei den Großeltern, den Eltern
meines Vaters.

Auch in diesem Jahr stehen dort, wie seit Jahrzehnten, an ihrem angestammten Platz Weihnachtsbaum und Krippe. Der Baum ist wie immer
nach dem Geschmack der Großeltern etwas altertümlich geschmückt. Lametta, das wir zu Hause schon lange nicht mehr verwenden, muss unbedingt dabei sein.

Kein Fest wie immer. Denn wir wissen: Großvater ist krank, sehr
krank. Schon vor einiger Zeit gab es die Diagnose: Blasenkrebs. Krankenhausaufenthalte. Operationen. Der Optimismus der Ärzte hält sich sehr in
Grenzen. Großvater ist alt, 88 Jahre. Ganz ein Mensch des 20. Jahrhunderts, der die Höhen und Tiefen dieses Zeitraums miterlebt hat. Als Soldat
im Krieg, Aufbau einer großen Rosengärtnerei aus kleinsten Anfängen,
Gründung einer Familie.

Ein einfacher Mann, nie um Worte verlegen, aber nie jemand der groß-
en Worte.

Seit der Krankheit ist er still geworden, seit dem Sommer fast verstummt. Redet nur noch, wenn er angesprochen wird, knapp und karg,
manchmal nur noch ein Wort, ein Brummen, ein Nicken oder Schütteln

des Kopfes. Wahrscheinlich ist es seine Art, sich auf das Ende vorzubereiten. Und nun ist Weihnachten und die Familie ist wieder beisammen, Söhne und Enkelkinder. Und wie immer singen wir die altvertrauten Lieder. „Stille Nacht, heilige Nacht", „Zu Betlehem geboren", „O du fröhliche", „Alle Jahre wieder". Seit Kinderzeiten war mir gerade Weihnachten mit seinen Liedern, seinen Ritualen und der unverwechselbaren Atmosphäre wie ein großes Versprechen, dass es immer so sein werde, dass die Großeltern immer da sein und wir uns immer bei ihnen versammeln würden.

Klingt unser Gesang in diesem Jahr traurig, nachdenklicher als sonst?

Hat der eine oder andere von uns Tränen in den Augen, die er verbirgt im Halbdunkel des weihnachtlichen Wohnzimmers?

Ich erinnere mich, dass Großvater mitsang, wenigstens die Lippen bewegte. Seine innere Bewegung ist nur zu erahnen. Wir ahnen es alle, angstvoll und bang: Über diesem Weihnachtsfest liegt der Schatten des Todes. Es wird Großvaters letztes Weihnachten sein. Niemand weiß das so genau wie er selbst. Vielleicht hilft es ihm, dass wir einfach da sind, bei ihm sind.

Und dass wir seine Hoffnung teilen, seinen Glauben, dass das Leben, sein Leben, nicht im Nichts, sondern in Gottes Hand enden wird. Das wird mir von diesem Weihnachtsfest immer in Erinnerung bleiben.

Im Februar 1996 durften Großvater und Großmutter noch ihre Diamantene Hochzeit feiern, 60 Jahre Ehe. Es war das letzte Mal, dass Großvater, unter Aufbietung der letzten Kräfte, einen Gottesdienst besuchen konnte.

Am 19. Mai 1996 ist Großvater gestorben.

In fünf Tagen ist Heiliger Abend!

✳✳✳

Heinz Mührmann aus Altena, Jahrgang 1933, wurde in Nachrodt/Westfalen geboren. Er ist heute Rentner und lebt mit seiner Familie in Altena. Herr Mührmann ist verheiratet, hat einen Sohn und einen Enkel, den achtjährigen Jonas.

Heute habe ich ihn wieder beim Einkaufen gesehen und gesprochen, den alten Mann, am Stock gehend. Gesundheitlich ist er ganz schlecht dran. Neulich hatte er wohl das Bedürfnis, mich in der Stadt anzusprechen. Natürlich habe ich gut zugehört, was er wohl aussagen möchte.

Da quoll es dann auch so aus seinem Herzen hervor. „Weißt du", sagte er, „ich bin ziemlich arm dran." Und schon ergoss er sich in Tränen und schluchzend sagte er: „Ich bin nun allein; meine Frau ist vor ein paar Tagen gestorben. Ich kann es einfach nicht fassen. Wir haben uns doch so gut verstanden." Nun habe ich versucht, ihm ein wenig Mut zu machen und sagte: „Jetzt darfst du dich unter keinen Umständen hängen lassen! Was du ganz dringend brauchst, ist ein wenig Ablenkung und Gesellschaft." Dabei sprach ich gewisse Kreise an. Wie wäre es denn zum Beispiel, mal zur AWO zu gehen oder sich einmal in kirchlichen Kreisen umzuschauen?"

Er hörte mir aufmerksam zu und sagte dann, dass so etwas vielleicht auch ganz gut für ihn wäre. Nach ein paar Tagen traf ich ihn wieder in der Stadt und sofort sprach er den Tod seiner Frau an. „Gesundheitlich ruiniert mich die Sache immer mehr." Als ich ihn zu uns nach Hause einlud, winkte er ab. „In fünf Tagen ist Heiligabend und ich denke an Weihnachten ohne meine Frau."

Dann hat er sich ausgeweint und ich spürte, das war für ihn wie Medizin. Doch was sollte ich ihm jetzt für einen Trost geben? Da fiel mir etwas ein: „Wie wäre es denn, wenn du am Heiligabend mal zu uns in den Abendgottesdienst kommen würdest?" Genau das war es! Die Augen strahlten, die Tränen verschwanden und der alte Mann sagte: „Das ist eine gute Idee; ich werde kommen!" Dann erzählte ich ihm, dass der Gottesdienst immer etwas Besonders ist. Das machte Mut und er fragte sogleich, in welcher Kirche das sei. „Gegenüber der Post – es ist die Lutherkirche; der Gottesdienst beginnt um viertel nach sechs Uhr." Mit einem „Dankeschön" verabschiedete sich der alte Mann. Nun war ich natürlich sehr gespannt, ob er am Heiligen Abend auch wirklich zur Kirche kommen würde.

Nun war es soweit – Heiligabend! Schon sehr früh saß ich in der Kirche und habe mich immer schon mal umgeschaut mit dem Gedanken: „Ob er wohl kommt?" Die Kirche füllte sich rasch, und ich verlor den Überblick. Beim Hinausgehen habe ich ihn auch nicht gesehen. Da habe ich unseren Pfarrer gefragt, der an der Kirchentür stand und jedem per Handschlag ein gesegnetes Weihnachtsfest wünschte, ob er einen alten, gebrechlichen Mann, an einem Stock gehend, gesehen habe. Unser Pfarrer verneinte.

Schade, dachte ich; er hat sich doch so über meine Einladung zum Gottesdienst gefreut. Indem ich so denke, sehe ich gleichsam wieder vor mir seine strahlenden Augen, die vor fünf Tagen seinen ganzen Kummer für ein paar Minuten vergessen hatten. Über Weihnachten dachte ich wieder an den alten Mann – er ist ein Symbol für Millionen einsamer und von Kummer geplagter Menschen in unserer so herzlos gewordenen Gesellschaft. Durch dieses Erlebnis formulierte ich den Satz: Darum mach dem anderen mal wieder Mut, du glaubst ja nicht, wie gut das tut.

De Fierdagsakte

✾✾✾

Otto Pötter, Jahrgang 1948, kommt aus Rheine und schreibt dort seit Jahren in der Wochenendausgabe der Münsterländischen Volkszeitung die plattdeutsche Kolumne „Hackemaih".

Et hett jä so schön: „Große Ereignisse werfen ihre Schatten voraus." Bi us in Huuse is dat de *Fierdagsakte*. Gistern, keek ick fröhmuorns in de Küök. Ick wör all feddig un miene Frau wör noch in' Badezimmer. Dat duert nu maol immer lück länger äs bi mi. Nu denn. Ick möök Lecht – un dao lag se wier, sietto in de Küök up 'n Disk, de Fierdagsakte. Ick dacht: Dä, nu feihlt nich mehr vull büs Wiehnachten...

Wann lag se dao dat leßte Maol? Ostern, Pingsten, Geburtsdag van...? Egaol, nu wanner wiärd et wier festlick. Wiehnachten. Endlicks kuemmet de Kinner maol wier, samt de leiwen Enkelkinner. Wat schön!

Wat et düt Jaohr nu all's wuohl so giff? Dao lött sick wier Buotter up 'n Speck smeeren (gutes und reichhaltiges Essen). Wat immer et auk is, et steiht dr wat van in de Fierdagsakte. Un et kümp Freide up, dat se dao all ligg. Ja, bi us lött sick säggen: „Große Ereignisse werfen ihre Aktenblätter voraus..."

Et is noch ganz still. Bloß uut' Badezimmer bruuset de Föhn. Ick nemm de Akte un sett mi an' Küökendisk. Se häff all „sichtbare Gebrauchsspuren", use aolle Fierdagsakte. Binnen aower is se immer noch akkraot dör Register updeelt in Geburtstage, Frühjahrsüberraschungen, Karneval, Hausfest, Ostern, Pfingsten, Urlaub und Grillspaß, Weihnachten und Sylvester büs hen to Sonstiges. Met jedet Blättken wieset sick 'n guet Deel vant Jaohr. Manche Siete is use Familge all to-guete kuemmen. Nu bünd use Jungs längst graut un...

Wiet weg van iähr Öllernhuus hier in Rheine an' Steinburgring, häbt use Kinner sömms all Kinner. Un doch krieget se vandage noch 'n wunnerbar Löchten in de Aogen, wenn se van dat *Knusperhäuschen* vertellt. Dat schöne Knusperhüüsken, wat se tosammen met Mama fröher in' Advent hier in de Küök immer so giän bastelt un backet häbt. Nu kiek ick

234

drup – up de „Anleitung und Rezepte für ein Knusperhaus". Et bünd veer Sieten Laubsägevörlagen met 'n Grundriss samt Sieten- un Dackmaote. Vergilbt all.

Un wat süss nich all's noch so in de Fierdagsakte to finnen is! Zutaten- und Einkaufslisten für besondere Anlässe, Anleitungen zum dekorativen Serviettenfalten, die festliche Tischgestaltung... Un dann Rezepte üöwer Rezepte för Karfriedagsstruwen, Himmelstorte, Frankfurter Kranz, Spargelvariationen, Auberginen- und Tomatentürmchen, Gemüseaufläufe, Kalbstöttchen, Münsterländer Pfefferpotthast, Alles Gute von Hahn und Pute, Sommerbowlen, Winterpunsch und... Weihnachtsplätzchen! – Sacht un naodenklick klapp ick de Fierdagsakte wier to. Wuvull schöne Dage in all de Jaohre sitt' dao in? Doch dat Liäben geiht wieder. Drüm ligg se dr jä auk all wier för Wiehnachten. Sall mi wünnern, wat miene leiwe Frau nu düt Jaohr daoruut an guede Saaken wier för us uutsöch un mäck.

Wat?! Wat mien Deel äs Mann daobi nu is?

Nu moss nich ganz so nieschierig sien. Met eens aower will ick gar nich achter 'n Busk haollen, äs aollen Stadtbeamten „entscheide ich je nach Aktenlage". Daobi is mi wuohl bedacht:

De Fierdagsakte alleene mäck et nich. Drüm will ick för miene guede Frau düt Jaohr es 'n Extrageschenk uutsööken. Un ick weet auk all, wat ick iähr daoto schrief:

> Bei der Akte, hier allein,
>
> fiel mir so viel Gutes ein.
>
> Gutes, das du uns geschenkst,
>
> indem Du immer an uns denkst.
>
> So möcht auch ich ein wenig schenken –
>
> und einfach viel mehr an Dich denken.
>
> Möcht viel mehr liebe Worte sagen;
>
> nicht meckern mehr und wen'ger klagen.
>
> Will deine Sorgfalt auch nicht stören,
>
> dafür mehr lernen, zuzuhören.
>
> Will aufmerksamer sehen,
>
> wohin die Wege gehen

mit uns zu zweit,

so Seit an Seit.

Ich bin da guten Mutes,

denn in der Akte liegt viel Gutes!

„Huberta" oder „Ein Weihnachtsmorgen"

❆❆❆

Jutta Ernst aus Dortmund, Jahrgang 1935, stammt aus Naumburg/Saale. Ihr Hobby ist das Schreiben. Seit 17 Jahren nimmt sie in der Altenakademie Dortmund an dem Kurs „Schreiben macht Freude" teil.

Im Sommer hätte sich dies alles nicht zugetragen. Ich wäre einfach meines Weges gegangen... Es war ein herrlicher Morgen – ein kalter Weihnachtsmorgen. Es geschah so gegen acht Uhr in der Früh, als mein etwas zu groß geratener Zwergdackel und ich das Haus zu unserem ersten Spaziergang des Tages verließen. Wir hatten die Stille und die unberührte Natur ganz für uns allein. Der kleine Lohbach begleitete uns durch die Wiese. In ein paar Tagen wird er verstummt sein. Eine dicke Eisschicht wird ihn dann bedecken. Aber dies wusste der Bach jetzt noch nicht, und so erzählte er uns munter plätschernd, was er die letzten Stunden gesehen und gehört hatte. Unter unseren Füßen knisterte das gefrorene Gras.

Es lohnte sich wirklich, an diesem Tag so zeitig unterwegs zu sein. Schließlich war Weihnachten, und Weihnachten hält nun mal so manche Überraschung bereit. Da war ein Anblick, der mich erstarren, erschrecken, aber gleichzeitig auch staunen ließ. Als wir den Rückweg angetreten hatten, stand plötzlich ein riesiges Kreuz zwischen den blattlosen Sträuchern vor uns. Leicht rosa gefärbt, vielleicht von der Sonne, die hinter unserem Rücken aufgegangen war.

Eine Erleuchtung? Eine Erscheinung? Eine Offenbarung? War ich zu einer Auserwählten geworden? Kam etwas auf mich zu, was ich nie richtig würde begreifen können? Galt mir das Zeichen, ähnlich dem Hubertus, der durch das Kreuz im Geweih eines Hirsches bekehrt worden war?

Solch ein Kreuz stand in der Landschaft und blieb stehen, solange ich auch hinschaute. Es schwebte vor mir zwischen den leeren Sträuchern und Bäumen und rührte sich nicht.

Es war der Weihnachtsmorgen anno 1996! Ich bin nicht sehr gläubig. Aber, auch nicht ganz ungläubig. Auch bin ich nicht so leicht zu erschüttern. Aber es wurde mir doch sehr warm unter meiner Daunenjacke. Diese hatte ich vorher als angenehm wärmend empfunden. Angst? Na ja, ich war doch verwirrt. Schließlich sah ich, was ich sah. Und dies war nun mal ein riesiges hellrosa Kreuz. Von meinem Begleiter kam auch keine rechte Hilfe. Er hob nur eine Pfote nach der anderen. Ihm war, im Gegensatz zu mir, nur kalt. Allerdings verhielt er sich ungewöhnlich still. Dem wundersamen Augenblick entsprechend. Kein Mensch weit und breit, der mir hätte beistehen können. Also, nur wir zwei, mein Dackel und ich, vor einer solch umwerfenden Wahrnehmung. Es dauerte lange, bis ich mich gefangen hatte und meine Empfindungen ordnen konnte.

Der erste brauchbare Gedanke war: „Das glaubt mir kein Mensch!" Aber dann kam die verflixte Neugierde wie eine Versuchung über mich. Sie wurde stärker und stärker. Ich konnte ihr keinen Einhalt gebieten. Hätte ich dieser Neugierde und Versuchung damals nicht nachgegeben, umschwirren würde mich jetzt ein Hauch von Demut, Duldsamkeit und Ehrfurcht. Oh, warum konnte ich nicht einfach nur glauben! Glauben an das, was ich gesehen hatte, was ja wirklich Achtung gebietend vor mir stand. Und dies auch noch am Weihnachtsmorgen!

Mutig machten mein etwas zu groß geratener Dackel und ich uns auf, das Kreuz anzuschauen, welches weiterhin mitten in der Landschaft leuchtete. Ich war fast in euphorischer Stimmung. Je näher wir der riesigen Erscheinung kamen, desto mehr nahm jedoch die Leuchtkraft ab. Das hellrosa Kreuz presste sich gegen irgend etwas. Es konnte nicht weiter vor uns zurückweichen und drückte sich gegen eine Hallenwand, die ich vorher nicht hatte sehen können. Kahle Bäume und Sträucher standen schützend davor. Das Kreuz musste sich vor unserer aufdringlichen Neugier erschrocken haben, denn es krallte sich jetzt förmlich an der Mauer fest. Aber, trotzdem leuchtete es immer weiter. Schließlich war ja Weihnachten.

Oh, warum konnte ich nicht nur einfach glauben? Warum nicht die Neugierde zügeln? Vor meinen Augen wurde das riesige hellrosa Kreuz eins mit dem festgefügten Fenster einer Tennishalle! Dort verharrte es. Es leuchtete weiter, wenn auch nicht mehr so strahlend. Sicherlich waren wir zwei ungläubigen Wanderer kein „erhebender" Anblick für das wundersame Kreuz von dort oben. Meinem Dackel würde bestimmt verziehen, folgte er doch nur seiner ach so neugierigen Begleitung. Aber ich? Mir blieb das Fensterkreuz an einer ganz banalen Tennishalle als Strafe.

Ich hatte das Wunder vom Weihnachtsmorgen für immer verloren. Ein Fensterkreuz ist nun einmal eine reale Gegebenheit. Vielleicht bleibt aber doch ein bisschen Demut, Duldsamkeit und Ehrfurcht an mir haften – wir feierten doch Weihnachten! Bald tragen Bäume und Sträucher wieder ihr Blätterkleid. Dann verschwindet die Halle mit ihrem wundersamen Fensterkreuz dahinter. Vielleicht, oder bestimmt schaue ich dann ab und zu durch das Laub zu ihm hinauf. Ich werde ein wenig Zwiesprache halten. Mich ein bisschen erinnern an das rosa Wunder an jenem herrlich kalten Weihnachtsmorgen.

Als Jesus im Dielenschrank liegen blieb

❄❄❄

Gabriele Lütke Daldrup, Jahrgang 1963, lebt mit Schwiegermutter, Mann und fünf Kindern auf einem Bauernhof in Billerbeck. Nach dem Abitur 1982 in Rheine und einer Ausbildung in der ländlichen Hauswirtschaft arbeitete sie beim Caritasverband in Rheine. Seit 1988 ist sie im Hauptberuf Bäuerin und Mutter. Ehrenamtlich ist sie im Pfarrgemeinderat aktiv.

M ama, fangen wir am nächsten Wochenende mit der Weihnachtsbäckerei an?", fragte mich unsere jüngste Tochter Verena am ersten Adventssamstag 2008. Gerade sitze ich gemütlich mit der Tageszeitung bei einer Tasse Rooibostee in der Küche. Noch ehe ich darauf antworten kann, platzt die 14-jährige hinzugeeilte Tochter Monika mit einer deutlichen Ansage dazwischen: „Heute fange *ich* mit Mürbeteigplätzchen an. Machen wir dieses Jahr eigentlich auch wieder „Ischler" und „Nougatstangen?"

Plötzlich sehe ich unsere Kinder wieder alle wie Zwerge am Küchentisch sitzen: Wie jedes Jahr im Advent, war das Haus auch 1998 weihnachtlich geschmückt und trotz zahlreicher „Weihnachtsfeiern" in Grundschule, Kindergarten, Musikschule und Sportverein gelang es uns am Wochenende, Plätzchen zu backen. Bei passender Kammermusik, von Rolf Zuckowski und Detlev Jöcker, fanden sich dazu unsere vier ältesten Kinder begeistert in unserer kleinen Küche ein. Schließlich förderte dies, neben Gesellschaftsspielen, vor allem die Kreativität, die Kommunikation und sogar das wirtschaftliche Denken der Kleinen.

Dass unsere Jüngste mit ihren eindreiviertel Jahren nicht immer dabei sein konnte, war nur allzu klar, denn „Die isst uns nur den Teig auf", wie unsere älteste Tochter Claudia mehrmals beobachtet hatte. So musste der Mittagsschlaf eben verlängert werden. Schließlich sollten genügend Plätzchen für das Fest entstehen. Darum wurden vor allem mit Liebe verzierte Kunstwerke vor kleinen und großen Naschkatzen rigoros versteckt.

Weihnachten, das wussten unsere Kinder wohl, ist das Geburtsfest Jesu Christi. Der positive Aspekt war und ist aber auch, gerade für sie,

Kinder der Autorin beim weihnachtlichen Plätzchenbacken

die Tatsache, dass es aus diesem Anlass für sie Geschenke gab! Unser ältester Sohn Christian gab in einer Backstunde seinen kleinen Schwestern den klugen Rat, sich doch zu Weihnachten ruhig teures Spielzeug zu wünschen, da es ja vom Christkind und nicht von den Eltern bezahlt werden müsste. Dies mag man als „wstfälische Spitzfindigkeit" ansehen.

Doch zurück zu den vielen Plätzchen und Weihnachtstorten sowie Festtagsmenüplänen für zu erwartende Visiten und sonstige Festvorbereitungen. Diese waren, wie immer, neben den sonstigen Arbeiten auf dem Hof, im Haus und Stall mit vereinten Kräften erledigt worden (Aufräumen, Putzen, Kaminholz auf Vorrat besorgen etc.). Die Oma, mein Mann, die Kinder und ich gaben unser Bestes. Bis Heiligabend war ein kleiner Weihnachtsbaum aus unserem Wald geholt und in der Diele aufgestellt und geschmückt, die Krippe, aus Eichenholz gefertigt, aufgestellt und eingeräumt worden, was den Kindern immer viel Freude bereitete. Die kleine Jesusfigur legte ich, mit Einverständnis meiner tatkräftigen Wichtelmännchen, bis zur Heiligen Nacht in den Dielenschrank.

Am Nachmittag des 24. Dezembers gingen mein Mann und ich noch mit den vier „Großen" zur Krippe in unseren schönen Billerbecker Dom. Zu Hause angekommen, sollte sich zeigen, dass jenes Weihnachten 1998 nicht ganz so, wie bisher verlaufen sollte. Kurz gefasst, erkrankte über die Weihnachtstage die ganze Familie jeweils kurz, aber dafür heftig, an einem Magen-Darm-Infekt. Somit mussten sämtliche Aktionen im Haus und auch im Stall auf ein Minimum heruntergefahren werden. Die traditionelle Segnung der Ställe und des Wohnhauses mit Weihrauch und anschließendem Rosenkranzgebet am Kamin verlief im wahrsten Sinne des Wortes schleppend und brach vorzeitig ab. Die Weihnachtsbescherung bekam eine „doppelte Bedeutung". Vorbeugend und begleitend gab es kein typisches Weihnachtsessen, statt dessen war „Kamillentee mit Zwieback" oder alternativ „schwarzer Tee mit Orangensaft" oder „Cola mit reichlich Salzstangen" die Hauptmahlzeit aller.

Die Plätzchen blieben in der Dose. Weihnachtsgesänge am Kamin fielen aus, ebenso weitere Kirchgänge. Alles andere als „Oh, du fröhliche", konnte besungen werden. Die Verwandtschaft sparte sich – wie zu erwarten war – den Besuch. Jesus blieb in jenen Tagen tatsächlich im Dielenschrank liegen, da ich ihn einfach vergessen hatte. Ob ER uns auch vergessen hatte? Der Aufmerksamkeit unserer damals sechsjährigen Tochter Sylvia hatten wir es zu verdanken, dass die Jesusfigur noch bis zum Jahreswechsel ihren Platz in der Krippe fand.

„Hallo, Mama?! Fangen wir jetzt mit der Weihnachtsbäckerei an oder etwa nicht?", reißt mich unsere Jüngste aus meinem Tagtraum. Seit Weihnachten 1998 nehme ich mir immer jedes Jahr aufs Neue vor, die Adventszeit wirklich besinnlich sein zu lassen, unnötige Hektik zu vermeiden, damit Weihnachten besser verläuft als eben jenes Jahr 1998. Und doch liegt nicht alles in unserer Hand, wenn unsere Pläne und Bemühungen auch noch so perfekt sein mögen.

Gänsehaut

✵✵✵

Martina Timmer, Jahrgang 1970, lebt in Coesfeld. Die gelernte technische Zeichnerin hat drei Söhne.

Wie bei allen jungen Eltern war unser erstes Weihnachtsfest mit Kind etwas Besonderes. Unser Schatz Moritz wurde im Mai 2000 geboren, war also an Weihnachten ein halbes Jahr alt. Wir waren mit meinen Eltern Heiligabend bei meinem Bruder zum Abendessen eingeladen. Draußen war es sehr kalt. Wir hatten festlich zu Abend gegessen und dann gemütlich am Kamin gesessen und ein Glas Wein getrunken. Als es Zeit war, nach Hause zu gehen, bemerkten wir, dass es in der Zwischenzeit angefangen hatte zu schneien. Jeder, der im Münsterland wohnt, weiß, dass dies etwas ganz Besonderes ist.

Wir mummelten uns ein und gingen zu Fuß nach Hause. Mittlerweile war es Mitternacht. Alle Geräusche waren gedämpft, wie es nun mal so ist, wenn es geschneit hat. Auf einmal hörten wir in der Nähe jemanden draußen auf der Trompete „Stille Nacht" spielen. Uns lief eine Gänsehaut über den Rücken, es hörte sich wunderschön an. Überall schauten die Leute aus ihren Häusern, um zu sehen, woher die Musik kam. Heute noch, acht Jahre später, wenn wir unseren Kindern, mittlerweile sind es drei, davon erzählen, merke ich, wie ich eine Gänsehaut bekomme.

Aufregende Weihnachten

✳✳✳

Die Schülerin Anna Rettinghausen ist 14 Jahre alt. Mit ihrer älteren Schwester
Meike, den Eltern und der Großmutter lebt sie in Rheine.

Weihnachten ist bei uns immer gleich. Doch früher, als ich noch
kleiner war, hatte es etwas Magisches. Meine Schwester und ich
waren im Kinderchor und mussten respektive durften am Heiligen Abend in der Kirche singen. Alle Chorkinder waren total aufgedreht.
Der Chorleiter konnte uns kaum beruhigen. Die ganze Zeit wurde nur ge-
flüstert und gezappelt. Hauptsache schnell fertig werden, um nach Hause
zu den Geschenken zu kommen.

Meine Oma musste immer schon eher aus der Kirche hinausgehen
– sie musste ja auch das Essen kochen. Meine Schwester und ich wurden
überhaupt nicht misstrauisch, denn was sollte Oma wohl sonst machen,
außer das Essen kochen? Schließlich hatte das Christkind ja alle Geschenke gebracht – damit hatte die Oma ja überhaupt nichts zu tun!

Nach einer gefühlten Ewigkeit kamen wir irgendwann zu Hause an und
durften natürlich nicht ins Wohnzimmer gehen. Das wurde uns verboten.
Außerdem wurde uns gesagt, dass das Christkind gerade eben noch gesehen worden war. Wir waren sehr aufgeregt, es war aber eine schöne Freude. Wir dachten an all die schönen Dinge, die wir uns gewünscht hatten,
nur zur Sicherheit, um ja nichts zu vergessen. Falls das Christkind nicht
alles gebracht hätte, hätte man vielleicht einen Brief oder ähnliches hin-
schicken können. Papa und Mama kannten das Christkind ja persönlich!

Dann durften wir endlich ins Wohnzimmer und da lagen dann unsere
Geschenke, die das Christkind gebracht hatte. Wir durften natürlich nicht
alle Päckchen auf einmal aufreißen, erst einmal nur ein oder zwei. Danach
mussten wir essen. Das Essen war natürlich toll, die Geschenke waren aber
besser! Nach kurzer Zeit waren wir von der ganzen Aufregung so schlapp,
dass wir gern ins Bett gegangen sind.

Weihnachten riecht anders

❄❄❄

Sabine Sürder ist 1960 in Dortmund geboren und wohnt heute noch dort. Sie ist verheiratet und hat zwei erwachsene Töchter. Von Beruf ist sie Diplompädagogin. Seit 1988 hat sie verschiedene Sachtexte und Werbetexte geschrieben. Heute hat sie Textveröffentlichungen im Internet und in Zeitungen, arbeitet an einem Band mit Kurzgeschichten.

Es war das Weihnachtsfest, an dem es das erste Mal, seit ich mich an Weihnachtsfeste erinnere, keinen Gänsebraten gab. Meine Mutter war über 70 und hatte sich in diesem Jahr geweigert, die Gänse für die Familie zuzubereiten. Aus gutem Grund – war sie doch das ganze Jahr über sehr schlechter gesundheitlicher Verfassung gewesen und hatte im Herbst angekündigt, dass nun jemand anderes den Stab oder besser Kochlöffel übernehmen müsste. Sie jedenfalls habe lange genug Gänse gebraten und wolle sich weiteren Stress, der dadurch entstehen würde, dass sie wie jedes Jahr die ganze Familie bekochte, ersparen. Vincent und ich, meine Schwester samt Mann und alle Kinder waren schwer enttäuscht, heuchelten jedoch Verständnis. Mein Vater war offen sauer und hakte Heiligabend ab, denn der war ohne Gänse nichts wert. Keiner von uns traute sich stattdessen an den Braten.

Wir diskutierten Ersatzrezepte: „Nein, Lamm geht nicht, das mögen unsere Kinder nicht."

„Schweinebraten? Wie langweilig." – „Gibt es Weihnachten wirklich keine Gänse?", fragte Valentina ungläubig und die Erwachsenen nickten stumm. James, die englische Bulldogge, blickte ratlos von einem zum anderen und wusste noch nicht, dass auch er auf seinen besonderen Leckerbissen am Heiligabend würde verzichten müssen. Als eine Familie von Dauerorientierten stürzte uns diese Veränderung, obwohl lange angekündigt, in gehörige Verzweiflung, zu der wir gute Mienen machten. Mein Vater, der sich schon im normalen Leben durch seinen ausgeprägten Starrsinn auszeichnete, weigerte sich, an den alternativen Essensplänen mitzuwirken und zitierte unermüdlich seine eigene Großmutter, Gott hab' sie selig, die immer zu sagen pflegte: „Zu Weihnachten gehört eine anständige Gans auf den Tisch."

Nur meine ältere Schwester freute sich unverhohlen, da sie Weihnachten bei ihren Schwiegereltern verbringen musste, und es dort nie Gänsebraten gab. Nun gönnte sie uns anderen diesen Verlust von ganzem Herzen. Mein Bruder wurde nie eingeladen.

Es gab einige hilflose Erpressungsversuche, mit denen wir meine Mutter attackierten, indem wir scheinheilig murmelten: „Ach, und dann gibt ja auch nicht den leckeren Rotkohl, schade", die sie jedoch mit einer Standfestigkeit ignorierte, die ihr keiner so recht zugetraut hatte.

Nachdem wir uns mit vielem Hin und Her auf eine Speisenfolge geeinigt hatten, verloren wir die Vorfreude auf das Fest. „Ach", seufzte Jonathan, mein Neffe, „wenn ich nur an den Duft nach gebratenen Äpfeln, Gans und Rotkohl denke."

Emilia zog ihre Nase hörbar hoch und säuselte dann: „Hmm, und die Haut, sooo knusprig." „Dann riecht die Bude wenigstens nicht tagelang", brummte mein Vater.

Unsere Sinne wurden um ein Großereignis des Jahres betrogen, und wir sahen dem Tag mit Skepsis und Trauer entgegen. Die üblichen Rituale, wie Weihnachtsbaumschmücken, Kirchgang und gemeinsames Singen, waren als Ersatz nicht geeignet. Wir ahnten schon, dass es nie mehr so sein würde, wie wir es liebten.

Rechtzeitig zu Heiligabend setzte eine westliche Strömung ein: sieben Grad über Null, stark bewölkt, 80 Prozent Regenwahrscheinlichkeit und James war weg. Spurlos verschwunden.

„Das erinnert mich an eine Geschichte, die meine Oma Anne, der wir Sonntagsmorgens im Bett immer Zöpfe flechten durften, einmal erzählte", sagte ich. „Mama", meinte Emilia warnend. „Also, meine Oma Anne hatte nämlich damals vor langer, langer Zeit in einem sehr kalten Winter am Heiligabend ihre niegel-nagel-neuen Winterstiefel in einem riesigen Schneehaufen, in dem sie bis zu den Hüften...", begann ich ungerührt. „Mama", wiederholten Valentina und Emilia, „jetzt nicht", und verdrehten die Augen. „...bis zu den Hüften eingesunken war, verloren", beendete ich den Satz. „Ich habe die Haustür nicht offengelassen", bemerkte Vincent.

Wir suchten überall nach dem Hund. Die Glocken läuteten. Im Fernsehen lief „Wir warten auf's Christkind".

Die Essensvorbereitungen blieben vollends an meiner Schwester hängen, die völlig genervt ausrichten ließ, dass ihr das gerade noch gefehlt hätte und ob wir nicht besser hätten aufpassen können. Wir liefen durch die leeren Straßen, riefen uns heiser und erreichten nichts. Kurz bevor wir die Suche aufgeben wollten, klingelte das Telefon. James hatte bei Freunden, die im gleichen Dorf wohnen, vor der Tür gehockt. Als wir ihn eilig dort abholten, rochen wir schon im Hausflur, aber erst recht nach einem neidischen Blick in den Backofen, den Braten. Wir schimpften halbherzig, und James ließ es unbeeindruckt über sich ergehen. Der Weihnachtsgottesdienst war längst ohne uns beendet, und in den Fenstern spiegelte sich der Kerzenglanz.

Als Vincent, Valentina, Emilia, ich und die anderen endlich abgehetzt am festlich gedeckten Tisch meiner Eltern ohne Gänsebraten saßen, dachten wir ausnahmslos, aber heimlich, still und leise: „Weihnachten riecht anders."

Advenire

❄❄❄

Regina Franziska Fischer aus Bielefeld wurde 1951 in Herford geboren. Ihre Kindheit verlebte sie in der Wittekindstadt Enger. Sie ist verheiratet, hat einen erwachsenen Sohn und lebt seit 1976 in Bielefeld. Sie war Industriekauffrau, Fremdspachenkorrespondentin und ist jetzt Schriftstellerin. Nach einem zweijährigen Belletristik-Studium hat sie inzwischen eigene Werke veröffentlicht.

Kurz vor der Adventszeit hatte ich meinen letzten Untersuchungstermin nach sieben Chemo-Zyklen. Dankbarkeit strömte aus unseren Herzen. Es war geschafft! Mein Mann – Fels in der Brandung mehr denn je in diesem schicksalsreichen Jahr – und ich folgten unserer inneren Stimme der Danksagung und suchten die Kapelle des Franziskushospitals auf.

Heller Gesang empfing uns aus dem Halbdunkel dieser kleinen Gebetsstätte. Eine Anzahl Kerzen flackerte und umgab fast mystisch die Mutter Gottes. Und immer wieder wurde diese Dunkelheit durch eine glockenreine Stimme unterbrochen und bereichert, dann wieder der Inhalt wie ein Mantra betont.

Auf einer der wenigen Bänke kniete ein Engel. Er verstummte, als er nicht mehr allein war. Beim andächtigen Kerzenanzünden blickte ich bewegt zu „ihr". „Wir haben Sie in Ihrem wunderschönen Gesang gestört", bekannte ich leise. „Ich wollte Sie nicht stören". Einfühlsame Worte an diesem tristen Novembermorgen. „Im Gegenteil", mein Mann und ich gaben ihr zu verstehen, wie sehr uns ihr Gesang berührt hatte. Ich erklärte ihr voller Freude, dass ich vor dem Abschluss meiner schweren Chemo-Therapie stünde. Mit Nervenschäden an Händen und Füßen. Taxol!

„Ihre Situation kann ich nachempfinden. Mein Mann hatte auch Krebs." Es folgte ein betroffener Blick meinerseits, mit der vorsichtigen Frage, ob er überlebt habe? „Mein Mann lebt."

Nach diesen wenigen Minuten hob sie wieder an zu singen. „Und gib, dass wir dich heute noch erkennen..." Ihr gesungenes Band verknüpfte die Schicksale zweier Menschen, erinnerte ferner an etwas, das wir in unserem Alltag nicht mehr suchten, geschweige denn zu finden hofften. Beim Abschied kreuzten sich unsere Blicke.

In der Dunkelheit –
eine Stimme
mit Flügeln

Der Untersuchungstermin rückte nun heran. In einer Nische des Krankenhauses wollten wir das soeben Erlebte fest in unsere Herzen einpflanzen. Im Vorübergehen nahmen wir die Pfarrnachrichten des Pastoralverbundes Bielefeld-Mitte zur Hand.

Heilige
sind Menschen, durch die
die Sonne scheint. So lautete die Überschrift.
Weihnachten hatte begonnen.
Weihnachten geschieht nur dort,
wo Jesus in den Herzen geboren wird.

Ein treuer Gefährte

❄❄❄

Eva Badock aus Bielefeld ist 1936 geboren. Sie hat einen Sohn und ist verwitwet.
Ihre Kindheit verlebte sie in Höxter.

Weihnachten 2008 verlebte ich mit meinem 72. Weihnachtsbaum. Ohne Christbaum könnte ich mir das Fest nicht vorstellen. Ich wäre unglücklich! Am schönsten waren die Weihnachtsfeste, als mein Mann und meine Eltern noch lebten und unser Sohn noch zu Hause war. Da er selten kommen kann, ist praktisch nur der Tannenbaum ein treuer Gefährte geblieben.

Meine Kindheit verlebte ich vom vierten bis zum vierzehnten Lebensjahr in Höxter, da mein Vater kurz vor dem Krieg in dieser Kleinstadt Arbeit suchte, da es ihm in Hannover zu gefährlich gewesen wäre bei einem Krieg. Die Kriegsweihnachten und die Nachkriegsfeste habe ich in besonders guter Erinnerung. Einmal hatte mein Vater einige Tage Urlaub vom Krieg. Es war sein einziger Urlaub in all den Jahren!

Wochenlang war vor Weihnachten das Wohnzimmer abends gesperrt, da dort das Christkind arbeiten musste. „Das Christkind" war Mutter mit Bekannten. So entstand eine große Puppenstube, jedes Jahr ein Zimmer mehr. Zuerst ein großes Wohnzimmer mit Küche und einer Bauernterrasse nebenan. Ein Jahr später kam darüber ein Schlafzimmer. Alles wurde mit Laubsäge gesägt. Die Polstermöbel bekamen den weinroten Samtstoff meines zu kleinen Kleides. Das Schlafzimmer hatte Ähnlichkeit mit dem meiner Eltern. Der Küchenschrank besaß Griffe aus Perlen.

Einmal war ein Holzpuppenwagen (Sportkarre) da. Später ein Holzpuppenbett, auch gebastelt. Ich wollte immer Engelchen sein, so wie die Kommunionkinder. Da habe ich als Ersatz ein himmelblaues langes Kleid mit Rüschen bekommen und konnte zu Weihnachten ein Engelchen sein. Einmal bekam ich das Buch „Vater und Sohn". Ich hab mir diese Bilder so oft angesehen und später angemalt, bis das Buch morsch wurde. Vor etwa zwanzig Jahren kaufte ich mir ein neues.

Große Freude herrschte, als einmal Heiligabend unverhofft ein Amerika-Paket kam. Es war das erste von vielen. Zwei Schwestern meines Großvaters hatten sich alle Adressen besorgt und beglückten die Verwandten in Deutschland. So auch uns. Sie waren als junge Mädchen ausgewandert, da es in Bayern keine Arbeit gab. Ziemlich mutig! Dann kam die Zeit der Tauschzentralen. Meine Blockflöte stammte aus dieser Quelle. Als ich sie besaß, brauchte ich nicht mehr zu singen, sondern flötete immer. Das ist dann all die Jahre so geblieben.

Einmal gab es Schlittschuhe! Nagelneue, auch aus der Tauschzentrale. Leider gab es nicht die richtige Größe, so musste ich Männerschlittschuhe, die drei Nummern zu groß waren, unter die Schuhe schrauben. Das war schweres Laufen und ab und zu fielen sie ab. Aber man war ja beweglich und hat das hingekriegt. Eislaufen ging auf einer Wiese. Dort ließ ein Bierverlag Wasser gefrieren, hieß es. Hier in Bielefeld-Heepen wurde jetzt Anfang Januar 2009 das erste Mal eine Eiswiese geschaffen. Es ist ein voller Erfolg. Eine Erfolgsmeldung steht schon im Wochenblatt, da dachte ich an die Eiswiese in Höxter und die blitzenden neuen Riesen-Herrenschlittschuhe meiner Kindheit.

So lange meine Eltern lebten, gab es Stollen. Als sie jünger waren, hat Mutter so einige gebacken. Es war eine schwere Arbeit. Sie haben dann auch meinen Großeltern in Leipzig einen großen Stollen geschickt. Am besten schmeckte der Rest zu Ostern. Wie Marzipan – aber es waren die guten und richtigen Zutaten (Dresdner Art), die sie wie Marzipan schmecken ließen. Dann durften keine rohen Klöße fehlen und für abends der Heringssalat. Das war wieder viel Arbeit. An den Salat kam wohl Zwölferlei. So lecker und herzhaft (Kapern, Zwiebeln, Kartoffeln, geschnittener Salzhering und vieles andere).

Ja, wenn ich so überlege, muss ich doch feststellen, dass ich früher immer ein glückliches Gefühl zu Weihnachten hatte. Es ging auch zur Kirche, es war einfach sehr schön. Deshalb bin ich froh, dass ich wieder einen Baum habe und nicht, wie viele andere Alte, auf diese Tradition verzichte!

Mein Weihnachten

❄❄❄

Hartmut Klette, Jahrgang 1932, wohnt in Halle und ist Vater von zwei Töchtern, inzwischen auch Großvater von drei Enkelkindern. Hartmut Klette ist verwitwet.

Heiligabend, Mittwoch, 24. Dezember 2008. Um halb acht Uhr schellt es an unserer Haustür. Ich werde vom Fahrdienst abgeholt zur Tagespflege, Haus Daheim e.V. Nach dem Frühstück gibt es die Morgenrunde. Der Tagesplan ist täglich von neun bis sechzehn Uhr. In der Morgenrunde wird gesungen, heute sind es die bekannten Weihnachtslieder.

Um zwölf Uhr gibt es Mittagessen. Heute gibt es Kartoffelsalat mit Würstchen, zum Nachtisch einen Bratapfel mit Vanillesoße. Nach einer Mittagspause trinken wir gegen fünfzehn Uhr Kaffee. Dann fährt uns ein „Zivi" nach Hause.

Um 18 Uhr beginnt am heutigen Heiligabend in der St. Johanniskirche zu Halle eine Christvesper. Ich singe im Chor als Tenor. Die Kirche ist rappelvoll, es gibt viele Stehplätze. Nach der Christvesper gibt es ein Angebot der evangelischen Kirchengemeinde: eine Weihnachtsfeier für Alleinstehende. Zur Begrüßung gibt es eine Tasse Kaffee, im Verlauf des Abends eine deftige Kartoffelsuppe.

Das Gespräch spielt an diesem Abend eine große Rolle, außerdem das Singen und das Geschichtenvorlesen. Jeder Teilnehmer bringt sich ein in die Gemeinschaft. Für mich ist diese Veranstaltung ein guter Abschluss des Heiligabends.

Der graue Engel

✻✻✻

Clara Rasmus, Jahrgang 1951, wuchs in Bad Waldliesborn auf und erlernte den Beruf der Krankenschwester. 1981 kam sie nach Havixbeck und war ab 1984 selbstständige Kauffrau in einem Kunstgewerbeladen. Seit 1999 arbeitet sie im Baumberger Sandstein-Museum in Havixbeck. In der Freizeit liest und schreibt sie gerne und besucht zu diesem Zweck seit drei Jahren Schreibseminare. Clara Rasmus ist verheiratet und hat eine Tochter.

Es war der 5. Dezember 2008. Ich fuhr seit längerer Zeit mit meinem Auto durch den Nieselregen und hatte noch einige Kilometer vor mir, ehe ich Havixbeck erreichte. Viele Gedanken schwirrten durch meinen Kopf.

Plötzlich sah ich das Autobahnschild mit der abgebildeten Kirche an mir vorüberfliegen. Kurz entschlossen setze ich den Blinker, um in die Raststätte Roxel einzubiegen, die mich zu der Kapelle führte. Ich wollte mir einige Minuten der Stille, der Besinnung, der Ruhe und der Erinnerungen gönnen.

Leise betrat ich die nur durch Kerzen erleuchtete Kirche. Ich ergänzte den strahlenden Kerzenbaum mit meinen Lichtern, für jeden meiner Liebsten eine. Ich genoss das Alleinsein mit mir und meinen Gefühlen. Mir schossen die Tränen in die Augen, und ich dachte an den Besuch vor fast 13 Jahren in dieser Kapelle. Wie hatte mein Leben sich in dieser Zeit verändert.

Es war ein Abend mit Schneeregen und Kälte damals. Ich war viele Stunden unterwegs und fühlte mich leer, verzweifelt, mutlos und traurig. Meine Mutter war gerade vor einigen Monaten gestorben, und sie fehlte mir sehr. Einige Minuten des Innehaltens wollte ich mir gönnen, damit meine Tochter, die daheim auf mich wartete, nicht eine so aufgelöste Mutter sehen musste.

Ich betrat in der Dunkelheit die Kapelle und stolperte über Füße. Es lagen drei obdachlose Männer auf den Fliesen und baten mich um ein Almosen. Voller Schreck und Panik rannte ich zurück zu meinem Auto.

Von Weitem sah ich einen Mann, der an der Dachantenne meines Autos hantierte und rief ihn grob an. Ich wollte nur noch nach Hause und nicht diskutieren. Der Mann im grauen Kittel, mit großen Birkenstocksandalen an den Füßen und dicken Händen, fragte mich: „Geht es Ihnen nicht gut? Das tut mir Leid. Ich wollte Ihnen nur die Antenne gerade rücken, damit sie nicht den Lack Ihres Autos verkratzt."

Ich war erleichtert, musste herzhaft darüber lachen, dass sich jemand für meinen Lack interessierte.

„Vielleicht hätten Sie Lust, mit einem Viehhändler wie mir einen Kaffee zu trinken?" Er sagte es so drollig, da mochte ich ihm die Bitte nicht abschlagen und ging mit ihm in die Raststätte. Er saß mir gegenüber und erzählte mir seine ganze Lebensgeschichte, die auch manche traurigen und wehmütigen Stellen enthielten, mit all seinen erfüllten und unerfüllten Träumen. Ich hörte ihm schweigend zu. Nach einer Weile fragte er mich: „Was ist mit Ihnen? Sie sehen so traurig aus. Ich habe so viel von mir erzählt. Jetzt sind Sie dran!" Ich wollte nicht viel über mich und meine Sorgen preisgeben. Mein Gegenüber spürte es und sagte mir: „Ich kenne Sie nicht, aber ich möchte Ihnen etwas sagen: Ich bin ein grober Viehhändler, aber mit einem großen Herzen. Im Laufe meines Lebens bin ich vielen Menschen begegnet. Ich habe mir eine gute Menschenkenntnis angeeignet und liege meistens richtig. Ihnen möchte ich jetzt sagen, dass Sie ihr ganzes Leben meistern werden und immer wieder aufstehen, wenn Sie fallen. Machen Sie sich keine Sorgen. Wenn es Ihnen dann mal nicht gut geht, denken Sie an den Viehhändler im grauen Kittel an der Raststätte Roxel."

Ich bedankte mich, und unsere Wege trennten sich. Nachdenklich stieg ich in mein Auto. Ich musste lächeln. Mein Herz war viel leichter geworden. Ich war zwar nicht in die Kapelle gekommen, aber es gab einen Menschen für mich, der mir Worte mit auf den Weg gab, an die ich mich immer in traurigen Zeiten erinnerte. Ich wusste, meine Mutter hatte mich da oben nicht vergessen und mir keinen weißen, sondern einen grauen Engel geschickt.

Daran dachte ich an diesem 5.Dezember 2008. Wie hatte sich mein Leben in diesen vielen Jahren verändert. Es überkam mich ein Gefühl des Glücks, der Dankbarkeit und der Zufriedenheit. Ich glaube, mein Gottvertrauen, meine positive Lebenseinstellung und nicht zuletzt die Worte des grauen Engels von Roxel haben mich all die Jahre die Klippen des Lebens umschiffen lassen. Ich habe aber auch gelernt, mich an den kleinen Dingen des Lebens zu erfreuen.

Wo hat der Josef seinen Platz?

❊❊❊

Ilse Tornscheidt, Jahrgang 1924, wuchs in Bockum-Hövel auf. 1943 bestand sie das Abitur und studierte nach dem Krieg zunächst Germanistik und Evangelische Theologie im Nebenfach, dann folgte ein Vollstudium Theologie. Nach der Ordination 1956 war sie in der Gemeindearbeit tätig, arbeitete auch bei einer theologischen Zeitschrift mit und veröffentlichte zahlreiche Beiträge. 1989 wurde Ilse Tornscheidt pensioniert. Sie gehörte dann zu den Mitbegründern des „Evangelischen Seniorenwerks", einem Bundesverband für Frauen und Männer im Ruhestand. Die Autorin lebt in Bielefeld.

Zu den Vorbereitungen aufs Christfest gehört in vielen Familien der Aufbau der Krippe. Die sorgfältig verpackten Figuren werden hervorgeholt und aufgestellt, wie es die Familientradition bestimmt. Maria und das Jesuskind, die Hirten und Weisen, dazu die Engel, Schafe, Ochs und Esel. Die Entscheidung, welchen Standort jede Figur bekommen soll, fällt nicht schwer. Nur – wie ist das eigentlich bei Josef? Maler gaben ihm auf ihren Bildern nicht immer den zentralen Platz. Manchmal erscheint Josef gar nicht auf dem Hauptbild, sondern man entdeckt ihn erst auf dem Seitenflügel des Altars. Ist er vielleicht doch eine Nebenfigur, gehört er ins Abseits? Die Bibel erzählt uns nicht viel über ihn. Der Evangelist Lukas erwähnt ihn als den, der aus Nazareth aufbricht, um zur Volkszählung nach Bethlehem zu wandern. Die Hirten sehen ihn, als sie zur Krippe eilen, „… sie fanden beide, Maria und Josef, dazu das Kind in der Krippe liegen. " Der Evangelist Lukas erzählt im ersten und zweiten Kapitel seines Evangeliums, dass Josef im Traum durch den Engel des Herrn Weisung empfing. Diesen Anordnungen folgte er, das hatte Konsequenzen für das Kind, für Maria – und für ihn.

Wo also hat Josef seinen Platz? Zwei Begebenheiten machten mir vor langer Zeit klar, wie wichtig die Frage ist und die Antwort darauf. Jedes Jahr, wenn ich meine Krippe aufstelle, denke ich an das, was ich damals erlebte: Sie kamen zur Weihnachtsfeier ihrer Schule in die Kapelle. Vom Altarraum aus konnte ich die Spieler beobachten, es waren behinderte

Kinder, teils sogar mehrfach behinderte. Ein schlichtes Krippenspiel hatten sie eingeübt. Einige Kinder wurden von Helfern in Rollstühlen hereingefahren, einige schleppten sich auf Krücken nach vorn, andere stützten und hielten sich gegenseitig. Das Sprechen viel etlichen schwer, während andere munter und unbekümmert schwatzend ihren Platz suchten.

Ein Junge schleppte sich mühsam, aber zielgerichtet bis in den Altarraum. Er kam auf mich zu und fragte: „Wo hat der Josef seinen Platz?" Ich stutzte, ich verstand die Frage nicht. „Wo hat Josef seinen Platz? Ich bin der Josef!"

Das Kind ließ nicht locker. Da endlich begriff ich. Mein Gegenüber stellt im Krippenspiel den Josef dar. Sollte die Aufführung gelingen, musste der Junge wissen, wo er hingehörte. Dieser Junge identifizierte sich mit dem biblischen Josef. Und er ahnte: Hier bin ich gemeint, da muss ich wissen, wohin ich gehöre.

Ein Jahr später schneite es heftig zur Weihnachtszeit. Wegen der schlechten Straßenverhältnisse konnten die behinderten Kinder nicht zur Weihnachtsfeier in die Kapelle kommen. So wurde die Feier in der Schule veranstaltet. In einem Schulraum saßen nun Kinder und Lehrer eng aneinandergedrängt.

Es herrschte angespannte Unruhe. Aber beim Erzählen der Weihnachtsgeschichte wurden die Kinder ganz still und hörten aufmerksam zu. Nach der Feier drängten sie nach Hause. Ich ging langsam den langen Schulflur entlang und fragte mich, ob ich die Kinder mit der Weihnachtsbotschaft erreicht hatte. In einer dunklen Ecke, nahe der großen Ausgangstür stand ein kleiner Junge, frierend und geplagt durch seine Behinderung. Er wartete, bis auch das letzte Kind die Schule verlassen hatte. Ich erinnerte mich, dass er bei der Weihnachtsfeier einen verschüchterten, unglücklichen Eindruck auf mich gemacht hatte. Jetzt kam er vorsichtig auf mich zu. Ich beugte mich zu ihm herab, um ihn besser verstehen zu können. Was hat er wohl auf dem Herzen? Strahlend glücklich stammelte er: „Ich heiße Josef." Von Josef hatte er eben in der Weihnachtsgeschichte gehört, und er hatte begriffen: Ich heiße ja Josef. Das hat Konsequenzen. Mit all meinem Kummer, mit aller Schüchternheit gehöre ich in diese wundersame Geschichte hinein. Mitten hinein. Und das musste er mir mitteilen. Im kalten, dunklen Flur war für ihn – und für mich – wirklich Weihnachten geworden.

Die beiden Kinder waren mir Lehrmeister. Sie identifizierten sich beide mit dem Mann, der so nah bei dem Kind an der Krippe steht. Josef, der von Gott in seiner Angefochtenheit und Lebensdunkelheit gerufen, angesprochen, beauftragt und geführt wurde. Wie schwer es ihm gefallen sein mag, Gottes Willen zu tun, erzählt die Bibel nicht. Josef steht nicht im Rampenlicht des Geschehens, aber er ist für Gott wichtig. Er hat das erfahren und jeder der beiden behinderten Jungen nahm es ebenfalls für sich an: Ich bin Gott wichtig wie Josef.

Josef gehört dazu. Die Krippe ohne ihn? Welch absurde Frage. Wenn ich meine Krippe aufstelle und die kleine Figur des Josef in der Hand habe, denke ich an meine beiden Lehrmeister und ich überlege: Wie kann es Weihnachten bei mir werden? Wo habe ich meinen Platz? Gott will mich an der Krippe haben. Er spricht mich an. Seine Botschaft dringt gerade auch im Dunkeln zu mir. Und ich weiß, wer zur Krippe geht, wird selbst ein Kind des Lichts.

Katzenjammer

❆❆❆

Malte Grünwald, 12 Jahre, wohnt in Münster.

Wie immer zündeten wir am Heiligabend den Weihnachtsbaum an und stellten die Krippe auf. Typisch ist auch, dass wir erst einmal Raclette essen, bevor es die Geschenke gibt. Meine Eltern haben immer die größten Berge auf ihren Pfannen und brauchen natürlich unendlich lange, bis sie alles aufgegessen haben.

Als meine Katze reinkommen wollte, mussten wir hinter dem Tannenbaum das Fenster öffnen, weil unsere Terrassentür kaputt war. Sie kam herein und wie alle Katzen musste sie erst einmal überall herumschnuppern. Sie sprang von der Fensterbank, inspizierte die Krippe und schleckte das Jesuskind ab. Dann fraß sie ihr Futter und legte sich direkt auf mein größtes Geschenk. – Naja, dann musste ich eben erst die anderen Geschenke auspacken: drei Bücher Worrior-Cats, eine Feder von einem Perlhuhn und zwei Artemis-Foul-Bücher. Als die Katze endlich von meinem Geschenk runterging, öffnete ich es und sah die Verpackung von Lego-Minestorms. Aber was war das für ein Geruch? Ich öffnete die Verpackung und stellte fest, dass die Katze in mein Geschenk reingepinkelt hatte. – Okay, nicht böse sein, ist ja ein heiliges Fest. Also alles rauspacken und in die Spüle damit.

In der Zeit hatte sich die Katze schon wieder auf die Fensterbank hinter dem Tannenbaum gelegt. Sie pendelte mit dem Schwanz und auf einmal streifte sie eine Kerze. Sie jaulte laut auf und rannte mit ihren angesengten Schwanzhaaren durch unser Wohnzimmer. Das hat ganz schön gestunken und ich glaube, es hat ihr auch ein bisschen weh getan. Naja, wer in anderer Leute Geschenke pinkelt, hat's eigentlich auch verdient!

Es lebe Weihnachten!

✳✳✳

Ursula Sprengelmeyer, Jahrgang 1937, ist verheiratet, hat drei Kinder und vier Enkelkinder. Sie war viele Jahre Lehrerin an einer berufsbildenden Schule. Seit Januar 1998 ist Ursula Sprengelmeyer Rentnerin. Sie lebt in Münster.

Alle Jahre wieder dringt am Vorabend des 25. Dezember das „Stille Nacht" durch die doppelt verglasten Fenster der weihnachtlich erleuchteten Wohnzimmer. So war es seit Jahrzehnten, so wird es sich immer und immer wiederholen, und auch ich werde immer und immer wieder mitsingen, werde auch immer wieder diese Gänsehaut bekommen.

Dabei haben mich die Tage vorher dermaßen genervt, und wie jedes Jahr hieß mein Vorsatz: Geschenke nur für die Enkel, und zwar in finanziell angemessenem Rahmen. Dennoch lässt mich Weihnachten in seinem eigentlichen Sinne nicht kalt. Was bedeutet uns Europäer des 21. Jahrhunderts dieses Fest eigentlich noch?

Wenn ich mal hier und jetzt darüber reden möchte, und niemand ist da, dann kleide ich meine Gedanken in Verse und bin wieder einigermaßen versöhnt:

Fünfmal werden wir noch wach, schrecklich, dann ist Weihnachtstag!
Schieben, drängen, düster schaun, auf ein schönes Fest vertraun.
Ein Tannenbaum, wie eh und je, die Nadeln stechen, tuen weh,
aus dünnem Glas in Rot und Gold – die Kugeln schon als Kind gewollt.
Nur damals war' n die Kerzen echt; heut' die aus China, auch nicht schlecht;
wenn auch mit Vorsicht zu genießen, weil daraus schnell mal Funken sprießen.
Die Frage bleibt, warum man schmückt, was Kinderaugen sehr beglückt.
Inzwischen ist fast jedem klar, es wiederholt sich Jahr für Jahr
das Schieben, Drängen, düster Schaun, bei Kindern, Männern, Ehefraun.
Ein jeder quält sich und muss denken, was werd' ich nur den Leuten schenken?
Man kann mit Schlips und Baumwollsocken keinen weg vom Ofen locken.
Die Rolex für den Herrn von Welt, für den, der etwas auf sich hält;

aus weißem Gold und Diamant glänzt Weihnachtsring an Frauenhand.
Zurück geht alles auf das Eine – geschehen in der Weihnachtsscheune.
Zweitausend Jahre sind vergangen, als Weihnachten hat angefangen.
Seither wurd' aus Nacht im Stall ein Schieben, Drängen, überall.
Viermal werden wir noch wach, schrecklich, dann ist Weihnachtstag.
Noch mehr Schieben, Drängen, Hetzen, letzte Euros umzusetzen.
Finanzen spielen keine Rolle, lass doch kommen, was da wolle!
Alle Welt spricht von der Krise – mehr und mehr gewinnt das Miese!
Milliarden kurz verzockt, man auf fetten Schulden hockt.
Wann, frag' ich, werden wir wach, lassen Schieben, Drängen nach?
Wann, frag' ich, macht man uns klar, wer schuld an der Misere war?
Einmal werden wir noch wach, dann ist wieder Weihnachtstag!

Meine Gedanken graben sich Schritt für Schritt in fast sieben Jahrzehnte zurück. Da sehe ich meine Kindheit, erinnere mich an das wunderbare Märchen vom Christkind, an die eben von diesem Christkind Jahr für Jahr neu geschneiderten Puppenkleider, dann die aus Haferflocken kunstvoll geformten Köstlichkeiten auf meinem seit Jahren bestaunten bunten Pappteller.

Verzückt nahmen wir Kinder am Himmel das Abendrot wahr, hieß es doch: Die Engel backen Plätzchen für Weihnachten. Dieses Gefühl von einem himmlischen Hineinwirken in meine kindliche Welt überlebte – und zumindest bei mir – einige Jahre, und es tat gut. Ich weiß nicht recht, ob ich es missen möchte.

Mutti konnte sehr gut singen, vor allem das „Stille Nacht". Das war schön, von ihr habe ich auch andere wohlklingende Festmelodien gelernt. Vielleicht liegt hier der Grund für die Weihnachtsgänsehaut. Erinnerungen schieben sich ins Bild, Erinnerungen daran, dass wir damals die Kerzen für den Baum selbst herstellten – aus den Resten vom Jahr vorher. Eine Art Reagenzglas mit eingelassenem Docht wurde mit weichem, nahezu flüssigem Wachs gefüllt und später nach dem Erkalten ganz unten mit einem vorher in Petroleum getauchten Wollfaden umwickelt, angezündet und in kaltem Wasser abgeschreckt.

Auf mich als Vier- oder Fünfjährige wirkte das Ablösen der meist bis zu zehn Glasböden zum Zwecke der Kerzenbefreiung wie Weihnachtszauber.

Der Baum, so gut es ging mit bunten Kugeln und dem unvermeidlichen Engelshaar geschmückt, war immer eine aus der benachbarten

Schonung besorgte Fichte, unter deren Zweigen trotzdem innbrünstig das „O Tannenbaum" erklang.

Eben angezündet knisterten unsere Kerzen etwas, wohl durch restliches Kühlwasser. Ein mit Sand gefüllter Zinkeimer stand immer griffbereit; offenes Feuer ist nun mal nicht ungefährlich.

Dieses Problem wird heutzutage elektrisch gelöst und ersetzt zur Weihnachtszeit bisweilen die herkömmliche Beleuchtung.

Zwischen Verdunkelungspflicht, kriegsbedingter Weihnachtsbeleuchtung und heutiger Totalillumination unserer Innenstädte klaffen Welten. Sollte ich nun sagen, was mir persönlich mehr bedeutet, bedeutet hat, komme ich immer wieder auf die Weihnachten in meiner Kindheit zurück. Die hatten etwas, etwas Unwiederbringliches und Unvergessliches. Auch in diesem Jahr, am Vorabend des 25. Dezember, wird das „Stille Nacht" erklingen. Es lebe Weihnachten!

Tagebucherinnerungen mit Ritualen und Rezepten

✳✳✳

Jennifer Janelt, Jahrgang 1975, stammt aus Kamen. Nach Stationen in Paderborn, Bielefeld und Bad Nenndorf lebt sie derzeit im Lügder Ortsteil Falkenhagen in Lippe. Sie arbeitet freiberuflich und selbstständig als Atem-, Sprech- und Stimmlehrerin. Sie hat für ihren Buchbeitrag in ihren detailfreudigen Tagebuchaufzeichnungen geblättert.

Weihnachten beginnt mit dem Heiligabend und folgt einem festen Ritual, das im Laufe der Jahre diversen Varianten unterworfen wurde. Nicht austauschbare Komponenten waren und sind:

a) ein gemeinsames Essen. „Erst Geschenke oder erst Essen?" – auch diese Frage und ihre gemeinsame Klärung gehört zum Ritual. In der Kindheit bestand dies aus panierten Schnitzeln oder Koteletts mit Dosenchampignons auf Toastbrot. Das gab es in dieser Kombination nur an Heiligabend und wurde auch immer wieder gewünscht;

b) das Weihnachtsritual an sich, stets vor dem geschmückten Baum und gedämpftem Licht: das Verlesen des Weihnachtsevangeliums nach Lukas, in der Regel Aufgabe des Vaters – ein oder zwei Lieder – gegenseitiges „Frohe Weihnachten"-Wünschen;

c) die gegenseitige Bescherung, wobei jedes Familienmitglied seinen angestammten Platz zur Geschenkeablage hatte und hat;

d) die Süßigkeiten-Tauschaktion – weil Mutter jedem einen „süßen Teller" zusammenstellt und dazu alle Dinge gerecht auf die einzelnen Teller verteilt, auch wenn nicht jeder alles mag;

e) Beisammensitzen, Plaudern; und irgendwann im Laufe des Tages auch, für einige Familienmitglieder, die Mitfeier der Christmette.

Weihnachten 2000

Heiligabend irgendwie anders – auch hier Bruch mit der Tradition: Papi musste am Beginn des Weihnachtsevangeliums so lachen, weil St. (Schwager) was von einer vierten Strophe von „O du fröhliche" gesagt hatte, daß stattdessen St. gelesen hat. Der zweite Feiertag dann ganz unweihnachtlich: Goldene Hochzeit in der Verwandschaft. Weihnachten war mir noch nie so wenig bewusst wie jetzt, und ich sehe jeden Tag erstaunt den Tannenbaum – Fichte mit Blausilber – und kann „meinen" Advent gar nicht mit dem Weihnachten hier in Einklang bringen. Nur die Lieder erinnern mich daran: „Menschen, die ihr wart verloren", „Auf Christen singt festliche Lieder".

24.12.2001

Es scheint ein Weihnachtsfest der wiederentdeckten Infantilität zu sein – so, wie Gott ein Menschenkind wurde, so kommen auch in unserer Familie die Sehnsüchte nach Kindlichkeit oder entsprechendes Benehmen hervor, was ja auch grundsätzlich gut ist. Da wünscht sich P. „Dolly"-Bücher, weil sie die als Kind so toll fand; V. kann sich freuen wie ein Kind und dies auch so ausdrücken, unbekümmert wie immer; Mutti sorgt für das Minimum an Tradition – den üblichen Rahmen wie Raumschmuck und Essen und die für jeden gleichen Anteile an im Überfluß vorhandenen Süßigkeiten – auch dies ein kindliches Bewahren; Papi erstaunt uns dieses Jahr alle – er hat tatsächlich für jedes seiner Kinder ein Geschenk gebastelt (!). Auch ich versuche, dies kindliche Glauben mit hinüber ins Jetzt zu nehmen, indem ich mir nämlich unsere alte erste Krippe ausleihe und in meiner Wohnung aufstelle. Unser diesjähriges Weihnachtsevangelium: statt der Kindheitsgeschichte nach Lukas ein lyrischer Text aus Brasilien, der aufzählt: „Jedesmal wenn…, ist Weihnachten." In der Christmette sorgten die Meßdiener – 17 mit Flambeaus wie in guten alten Zeiten – dadurch für Erheiterung, dass beim feierlichen Klingeln zum Gloria von jeder Schelle eine Glocke ab- und mit großem Geschepper durch die Gegend flog. Der Gottesdienst war feierlich und schön – es ist einfach wohltuend, mittendrin zu sein, wenn so viele Menschen das gleiche verbindet und ein großes Stück Zuhause.

25.12.2002

Ich konnte mir als Kind nur schwer vorstellen, dass Weihnachten nicht in der Familie gefeiert wird, so wie wir es taten. Jetzt ist der Heiligabend respektive dessen Nachmittag auch ein Stück Alltag, und jetzt sieht auch Papi am Nachmittag fern, was uns kleineren Kindern am Heiligabend wie ein Sakrileg erschien. Seit gestern Nachmittag haben wir Schwestern bereits sechs oder sieben Traditionsbrüche gezählt: angefangen damit, dass es nicht „Schnitzel mit Pilzen und Toast", sondern Kartoffelsalat mit

Würstchen zum Weihnachtsessen gab. Dann las nicht Papi, sondern ich das Weihnachtsevangelium; die üblichen „Geschenkeplätze" hatten nicht die übliche Ordnung; wir waren nicht in der Christmette; haben heute morgen im Gottesdienst im Mittelschiff statt wie sonst im Seitenschiff gesessen; haben gestern abend nicht „O du fröhliche", sondern „Stille Nacht" gesungen...

23.12.2003

In diesem Jahr will außer mir keiner zur Christmette – wohl zur Messe am ersten Weihnachtstag, aber eben nicht zum Hauptweihnachtsgottesdienst. Weihnachten driftet irgendwie auseinander – auf der einen Seite das familiäre Beisammensein, bei dem es in diesem Jahr Raclette gibt und das doch immer irgendwie oberflächlich bleibt, auf der anderen Seite die kirchliche Feier, die immer mehr an Bedeutung verliert, weil der familiäre Konsens fehlt. Weihnachten war früher ja mal ein rein kirchliches Fest, und ich finde es schade zu sehen, daß die „Verweltlichung" so in unserer Familie angekommen ist. In diesem Jahr spüre ich besonders die Leere des zu erwartenden Rituals – erstens der ewige Streitpunkt „Erst Essen oder erst Geschenke?", dann das Lukasevangelium, was wohl mein Part sein wird, was noch schwerer fällt, wenn ich weiß, daß ich die einzige bin, die sich um diese Botschaft des Glaubens wirklich Gedanken macht, dann „O du fröhliche" mit dem jährlichen „Streit" um Tonart und Strophenreihenfolge...

29.12.2003

Zur Tradition bei Janelts gehören die Süßigkeitenteller – immer noch mit Namen versehen, obwohl wir aus dem Alter längst heraus sind, als man sich um gerechte Verteilung von Marzipan und den begehrten Elisenlebkuchen stritt, wobei ja immer gleich und gerecht verteilt wurde und es dann Tauschaktionen à la „ein Marzipanbrot gegen fünf Dominosteine" gab. Da die „Süßes-Teller" in diesem Jahr ausschließlich Schokoladiges enthielten – die selbstgebackenen Plätzchen auf einem Teller für alle, in diesem Jahr immerhin endlich wieder „Berliner Brot" –, ist auch hier der Wandel der Zeiten kulinarisch spürbar. Einen weiteren Traditionsbruch stellte auch das gesamte Weihnachtsessen dar. Es gab nicht „wie sonst", allerdings bestimmt schon zwei bis drei Jahre nicht mehr, Schnitzel mit Toast und Dosenchampignons, auch nicht Kartoffelsalat und Würstchen, sondern: Raclette. Ein Gefühl wie Silvester. Da gibt es dann, der Tradition zuliebe, auch nochmal Raclette.

25.12.2004

Papi hat in diesem Jahr für alle überraschend beschlossen, Weihnachten bei einer Gruppenstudienreise auf Malta zu verbringen. Das war noch nie da, dass ein Familienmitglied sich absetzt! Aber eben auch eine Gelegenheit, die alten Traditionen in Frage zu stellen oder alles mal ganz anders zu machen. Weihnachten im Hause Janelt, Heiligabend: Es gibt ein gutes Essen – gefüllte Lachsbällchen, Schnitzel mit Pilzen, Toast und Pommes, „wie früher", Apfelgratin mit Eiscreme. Aber mir fällt mal wieder auf, was dem gemeinsamen Essen in meiner Familie stets fehlt: die gute Konversation, die über gegenseitige Geschmacksinformationen hinausgeht. P. hatte jedenfalls eine überraschende, gute Idee zur andersartigen Gestaltung. Nachdem Omi auf die Frage nach dem „Und nun?" nach dem Essen aus vollem Herzen und mit Entschlossenheit verkündete: „Geschenke verteilen" (wir mussten sehr lachen über ihren Ton tiefster kindlicher Überzeugung, genau darauf nun ein Anrecht zu haben), haben wir gemütlich zusammengesessen – um den Tisch, nach dem Essen eben – und reihum die Weihnachtsgeschichte aus V.s Bibel vorgelesen und außer „Stille Nacht" auch noch „Zu Bethlehem geboren" gesungen – P.s Idee! Es hätte mit dem Singen noch schöner werden können – diese spürbare Sehnsucht! Aber es ging dann nach den beiden Liedern und dem gegenseitigen Frohe-Weihnachten-Wünschen gleich weiter mit dem Geschenkeverteilen…

29.12.2005

(Zum ersten Mal im Leben Heiligabend nicht bei und mit der Familie, sondern bei und mit einem befreundeten Pastor, für den die Autorin als Haushälterin tätig ist und in dessen Gemeinde sie zu dieser Zeit die Schola leitet.)

Am Heiligabend geputzt bis 19 Uhr, die Stimmung stark gereizt, weil Chr. seinen Schlüsselbund verlegt hat, der sich erst am nächsten Tag spätnachmittags (im Predigtordner! Ende eines echten Dramas) wiederfindet. Fischsuppenessen – lecker! Anschließend Baumschmücken zu Elton-John-Musik, dann auch schon Zeit zur Vorbereitung der Christmette. Und die Schola singt – wie nie! Da ging alles auf! Nicht nur vollkommen harmonisch-tonrein, sondern: mit Seele! ES singt… Ein unbeschreiblich glücklicher Moment. Nach der Messe noch ein kleiner Gang durchs Dorf allein, zum Spannungablaufen, dann noch zusammensitzen und plaudern bis nach 2 Uhr.

24.12.2006

(Die Autorin feiert zum ersten Mal, bewusst und mit Genuss, Weihnachten alleine)

Ich kann mich nicht erinnern, wann ich je zuvor solch einen freudig-erwartungsvollen, entspannten, herrlichen Heiligabend verbracht habe! Den ganzen Tag bin ich mit einer Dauerfreude herumgelaufen, es hat wohl an dem einmaligen Erleben selbstbestimmten Tuns und Lassens gelegen. Ein echter Festtag von Beginn an! Angefangen mit Milchreis – köstliches Früh-Mittagessen; dann Haushaltsarbeiten; Baum aufstellen; ein wenig Klavierspiel; eine Nachbarin brachte Grüße und ein Geschenk vorbei; Geschenke für die Familie verpacken und Weihnachtszeit-Grüße schreiben; den Zeitpunkt für einen lauschigen Spaziergang durchs Dorf bei genug Licht und Nebel habe ich verpasst, auf einmal war's dunkel, beide Gottesdienste – evangelisch und katholisch – vorbei und Zeit zum Essen; ein Festmenü, wie es das bei mir nicht alle Tage gibt und das ich sogar fotographiert habe. Das Kochen und Abschmecken machte mir ebenso viel Vergnügen wie der stille Verzehr am schön gedeckten Tisch: Kürbiscremesüppchen, ein drittel Glas Chianti, Speckklöße mit Jägersauce und Bohnengemüse, Eiscreme mit feinem Gebäck. Dann war es auch schon Zeit, den Baum zu schmücken. Kaum fertig, war's auch schon Zeit für die Christmette in der Abtei – und bei alledem, den ganzen Tag lang, keine Diskussionen, ob nun erst Essen oder erst Bescherung. Wieder Zuhause um viertel nach zwölf, dann Krippe aufbauen und Geschenke unter den Baum legen – und so ist der Tag ausgeklungen – in Stille!

24.12.2007

(Wieder ein Heiligabend bei der Familie in Kamen)

Abends kamen P. und St. samt Hund Marley. Das festliche Essen war keins. Die gewünschten Schnitzel mit Pilzen und Toast nur so halb „wie früher", außerdem Kartoffel- und Nudelsalat mit Aldi- oder Lidl-Würstchen. Nach dem Essen das übliche Programm, das leider auch bei mir in diesem Jahr nicht mehr ist als das: „O du fröhliche" und „Stille Nacht" mit Klavierbegleitung und der üblichen Strophenverwirrung. Alles singt und starrt gebannt auf den Hund in Erwartung, dass er anfängt zu jaulen – was er nicht tut –, er starrt zurück, was sonst. Ich lese die Weihnachtsgeschichte, lustlos und mit vielen Verlesern, weil ich während des Vortrags versuche, den Text an die bekanntere (Einheits-) Übersetzung anzugleichen. Frohe Weihnachten-Wünsche, Programm abgehakt. Zusammen mit

Omi besuche ich die Christmette. Aber trotz der „alten Schlager" – „Heiligste Nacht", „Menschen die ihr wart verloren" – es ist mir etwas abhanden gekommen, und ich habe es – noch nicht – wiedergefunden.

26.12.2008

Heiligabend: Den Tag herumgekriegt mit dem Basteln eines Geschenks. Spontan entschlossen mit Papi zum Gottesdienst um 18 Uhr in Dortmund-Husen gefahren. Keine erinnerungsrührselige innige orgel- und gesangdurchbrauste Heimatgemeinde-Messe, sondern – eine neue Erfahrung! Bei der Rückkehr nach Hause ärgerlich dicke Luft, weil durch unseren spontanen Kirchenbesuch Muttis Essensplanung durcheinandergeraten war. Es ist, auch durch die Auswahl an Gottesdienstzeiten in den umliegenden Pastoralverbünden bedingt, nicht möglich, sich auf eine gemeinsame Zeit zum Gottesdienstbesuch zu einigen, schade! Nun, so haben wir eben alle spät mit hungrigem Magen Raclette gegessen. Die traditionelle „Andacht" aufgefrischt durch ein Gedicht von Hermann Hesse („Der Heiland") und durch zweistimmigen Gesang der üblichen „O du fröhliche"- und „Stille Nacht"-Strophen. Das war schön!

28.12.2009

(Heiligabend gemeinsam mit einer Schwester und der Katze in Falkenhagen verbracht)

Am Heiligabend haben V. und ich es uns gemütlich gemacht, nachdem wir tags zuvor unser erstes Honigkuchen-Knusperhaus gefertigt haben und das Aufstellen des Baumes viele Axthiebe erforderte, während halb Falkenhagen schon am Nachmittag in die beiden Kirchen (kath. und ev.) strömte. Wir haben ein Festmenue gekocht: Kürbissuppe, Entenbrust und in Sahne geschmorte Hähnchenfilets, Rotkohl (den fertig aus dem Beutel) und Kartoffelgratin mit weißen und blauen Kartoffeln, und als Dessert Quitten-Apfel-Creme mit Krokant. Nachdem wir es uns gerade auf dem Sofa gemütlich gemacht hatten, kam Hausmeister-Küster U.B. auf ein Glas Rotwein vorbei, um kurz zu quatschen; dann las V. eine Katzen-Weihnachtsgeschichte vor, und der gemütliche Teil mit Singen und wechselseitiger Gedichtrezitation – und dies auf dem Teppich vor dem Baum sitzend – das war wirklich schön. Am ersten Weihnachtstag dann gemeinsames Musizieren, ein paar Spiele, noch der letzte Schliff an einem Geschenk und Fahrt nach Kamen.

Matschiger Christstollen und Flötengedudel in Nairobi

✳✳✳

Benedikt Loy, Jahrgang 1990, hat 2009 sein Abitur am Joseph-Haydn-Gymnasium in Senden abgelegt. Im Dienst des Bistums Münster verbrachte er sein Freiwilliges Soziales Jahr in Iringa/Tansania, wo er als Aushilfslehrer arbeitete sowie Waisenkinder betreute. Zur Zeit absolviert er eine Ausbildung als Krankenpfleger.

Während meines freiwilligen sozialen Friedensjahrs in Tansania reisten vier Mitfreiwillige und ich Ende 2009 durch Tansania, Ruanda und Uganda, bis wir schließlich zwei Tage vor Heiligabend die Hauptstadt Kenias erreichten: Nairobi! Völlig planlos und erschöpft von der langen Busfahrt überlegten wir nicht lange und ließen uns von einem extrem überteuerten Taxi in ein Backpackerhostel bringen. Zuvor hatten wir zunächst an einer Bank angehalten, um Kenianische Schilling abzuheben. Sechs Tage sollte unser Aufenthalt dauern. Hierfür buchten wir fünf jungen Leute ein zweckmäßiges Viererzimmer. Dusche und Toilette waren, wie man es in einem Backpackerhostel gewohnt ist, für die Gemeinschaft gedacht. Als großes Plus erwiesen sich die warmen Duschköpfe, die bei richtig dosiertem Wasserstrahl das Wasser schnell genug erhitzen konnten, wenn man duschen wollte. Dieser Luxus war uns leider nicht während der gesamten Reise vergönnt. Der 24. Dezember begann mit einem leicht bewölkten Himmel und für afrikanische Verhältnisse kühlen 20 Grad. Mein Bösenseller Freund Markus und ich machten uns auf den Weg zum Frühstück in einer kleinen Wellblechhütte. Auf dem Weg kauften wir uns noch Bananen und aßen dann ein typisch ostafrikanisches Frühstück: Chapati (eine Art Pfannkuchen) und Chai ya Maziwa (Tee mit Milch). Anschließend begann die Diskussion über das Prozedere, wie der Heiligabend angesichts der anstehenden Termine dennoch entspannt über die Bühne gehen sollte.

Kurzerhand wurde in einer eher diktatorischen Diskussion entschieden, dass zuerst das Kino aufgesucht werden sollte. Leider fuhren wir mit dem Taxi zu einer falschen Shopping-Mall und mussten dann zum Kino joggen,

Geradezu traumhafte Ferienstimmung unter Palmen, während in Europa Winter ist: Markus Diemon, Benedikt Loy (Mitte) und Jana Köbbing nutzen die freie Zeit ihres sozialen Friedensdienstes in Tansania Ende 2009 zu einem Ausflug an den Tanganjikasee. Die Weihnachtsfeier findet kurze Zeit später in der kenianischen Hauptstadt Nairobi statt.

um die Vorstellung noch rechtzeitig zu erreichen. Leicht erkältet – wegen der Klimaanlage im Kino – ging es in die Christmette. Der englische Gottesdienst war auf jeden Fall ein kulturelles Ereignis. Auch wenn die Messe nur eineinhalb Stunden dauerte, was für afrikanische Zeitvorstellungen eher ein kurzer Gottesdienst ist, erzeugten die bunten und blinkenden Lichterketten an Altar und Krippe eine weihnachtlich-afrikanische Stimmung. Ein kurzer Stromausfall gegen Mitte der Predigt rundete das Ganze ab. Mit knurrendem Magen gingen wir durch Nairobis Straßen zu einem der angesagtesten Italiener! Das Preis-Leistungs-Verhältnis stimmte nicht recht, allerdings halfen die Pizzabrötchen und das Olivenöl über den etwas faden Geschmack des Hauptgerichtes hinweg. Immer noch nicht vollständig gesättigt, kippten Markus und ich uns zu meiner Freude noch ein paar Bierchen hinter die Binde, nachdem unsere Ohren vom weihnachtlichen Flötenspiel einer Mitreisenden gequält worden waren.

Der erste Weihnachtstag sollte zunächst Besserung versprechen. Ein leckeres Frühstück und der anschließende entspannte Spaziergang durch Nai-

robis Botanischen Garten brachten die erwartete Erholung von den Strapazen der „stillen, heiligen Nacht". An einem schönen Platz ließen wir uns
nieder und aßen Lebkuchen und sogar einen Christstollen, der uns per
Post vor der Reise zugesendet worden war. Ein wahrer Gaumenschmaus,
auch wenn das Gebäck durch die lange Reise schon etwas zermatscht
war. Unterbrochen wurde der Frieden wiederum durch eine extrem läs-
tige Flötenspielerin, die es sich offenbar zur Aufgabe gemacht hatte, in
den unpassendsten Momenten mit ihrer mitgebrachten Blockflöte deutsche Weihnachtslieder zu spielen. Aber was wäre ein Weihnachten ohne
schönen Abschluss? Am Abend des 25. Dezember feierten wir abends bei
einem riesigen Festmahl mit über 30 Backpackern aus aller Welt im Hos-
tel ein schönes Fest: Truthahn, diverse Salate, Kartoffeln und eine leckere
Bowle rundeten die beiden Tage am Ende doch noch wunderbar ab. Und
die Moral von der Geschicht'? Ist man im Ausland, braucht man die deutschen Weihnachtsbräuche nicht!

Wunschksiedel

✳✳✳

Helga Börsting, Jahrgang 1938, besuchte die Private Realschule für Mädchen in Borghorst. Nach der mittleren Reife absolvierte sie eine Ausbildung als Zahnarzthelferin. Später war sie Angestellte bei der Raiffeisen- und Volksbankenversicherung und bei der Kassenärztlichen Vereinigung Westfalen-Lippe. Sie schrieb bereits verschiedene Beiträge, unter anderem für die „Steinfurter Schriften" und den Heimatverein Borghorst. Helga Börsting lebt in Steinfurt.

Leiwe, guute Wihnachtsmann,
kiek Du mi äs richtig an.
Ick bin blooß een kleinet Wicht.
Leiwe Mann vegiärt mi nich.

Ick wünschk mi nu in mienen Schoo,
en paar Leckerien un' ne Pupp dao too.
Seih äs too, off Du dat maken kass;
denn dat meck mi grauten Spass.

Daomet is met mienen Siedel Schluss.
Ick giff Di auk en „dicken Kuss"!
Ick will auk ümmer aarig bliewen,
dat kann ick hiermet unnerschriewen.

Von der „weißen Weihnacht" träumen

❄❄❄

Johannes Loy, geboren 1963 in Münster, studierte nach dem Abitur am Gymnasium Paulinum (1982) in seiner Heimatstadt Geschichte, Katholische Theologie und Erziehungswissenschaften. Seit 1995 leitet er das Feuilleton-Ressort der Westfälischen Nachrichten/Zeitungsgruppe Münsterland. Johannes Loy ist verheiratet, hat drei Kinder und lebt in Senden-Bösensell.

Wer träumt nicht von der weißen Weihnacht? Ein für Nordwestdeutschland und das Münsterland ungewöhnlich langer und weißer Winter liegt gerade einmal ein Jahr zurück. Vom 18. Dezember 2009 bis Ende Januar 2010 schneite es in mehreren Schüben bis zu zehn oder sogar zwölf Zentimeter. Als der münstersche Weihbischof Franz-Josef Overbeck am 20. Dezember 2009, dem 4. Adventssonntag, als neuer Ruhrbischof in Essen in sein Amt eingeführt wurde, sah es im Münsterland und im Ruhrgebiet aus wie in einem Wintermärchen. Die Open-Air-Eröffnung der Kulturhauptstadt Ruhr am 9. Januar 2010 stand auf der Kippe, weil es wiederum stark wehte und schneite. Kalter Ostwind und Frost bis minus 15 Grad, im Osten Deutschlands sogar unter minus 20 Grad, ließen Schnee über viele Tage am Boden liegen. Noch am Karnevalswochenende (13./.14 Februar 2010) gab es Pulverschnee, so dass Rathauserstürmung und Rosenmontagszug im Schnee stattfanden. Noch am ersten Märzwochenende fiel Schnee und bildete eine kuriose Verstärkung des frühlingshaften Sonnenscheins. Doch solche Winter sind in unseren Breiten eher selten und sonst doch nur in den Höhen des Sauerlandes anzutreffen. Wie dem auch sei.

Bing Crosby wurde mit seinem weltweit bekannten Schlager „White Christmas" unsterblich. Auch im Münsterland träumt man natürlich jedes Jahr von der „Weißen Weihnacht". Meistens allerdings vergeblich, auch wenn Weihnachten 2009 noch dicke Schneereste bis zum Ersten Weihnachtstag winterliche Stimmung aufkommen ließen. Nur ganz selten übrigens rieseln die heiß ersehnten weißen Flocken pünktlich zur Bescherung. Wenn das passiert, dann halten aufmerksame Zeitgenossen das sogar im

Die vom Schnee eingezuckerte Pfarrkirche St. Johannes Bösensell
im Januar 2010.

Tagebuch fest. So werden sich viele Menschen im Münsterland vielleicht noch an das erste Jahr des neuen Jahrtausends erinnern. Ein Bösenseller notiert am 24. Dezember 2000 um 21.12 Uhr in sein Tagebuch: „Leise rieselt der Schnee. Den ganzen Tag hatten wir darauf gewartet, pünktlich zur Bescherung fielen die ersten Flocken." Und einen Tag später heißt es eine Tagebuchseite weiter: „Der Traum von einer weißen Weihnacht ist wahr geworden. Rund zehn Zentimeter Schnee türmten sich bis heute früh in Bösensell. Ganz Norddeutschland ist weiß. Im Süden regnet es. Eine Stunde waren wir am Vormittag draußen, mit Schlitten und Schaufel."

In einem Lied des Kinderliedermachers Rolf Zuckowski heißt es so schön: „Winterkinder können stundenlang am Fenster steh'n und voll Ungeduld hinauf zum Himmel seh'n." Dieses Lied erinnert viele Erwachsene an die eigene Kindheit, an die Ungeduld, mit der man nach einem nebligen, nassen Herbst auf die ersten Flocken oder nur auf die erste Frostnacht wartete. Ich kann mich gut daran erinnern, dass ich als Kind in einer der ersten klaren Oktobernächte, die Frost verhieß, stets eine Blechschüssel mit Wasser auf den Rasen stellte. Triumphierend wurde die Schüssel mit Eis am nächsten Morgen ins Haus geholt. Auf dem mit Raureif überzogenen Rasen ließ sich mit den Füßen trefflich eine „Trecker-spur" trampeln. Ende Oktober konnte man dann auch auf dem Weg zur Dyckburgkirche bereits auf der glatten Fahrbahn der Mariendorfer Straße schlindern. Wenn hinter den Bäumen des Boniburger Waldes in Münster-St. Mauritz glutrot die Dezembersonne aufging und die Wolken färbte, hieß es, dass die Engelchen im Himmel sicher schon den Ofen aufheizten, um Weihnachtsplätzchen zu backen. Für Kleinkinder eine entzückende Vorstellung. Nun war Weihnachten nicht mehr weit. Die ersten Plätzchen mit Spritzgebäck wurden um Buß- und Bettag herum gebacken. Ich durfte den Teig in den Fleischwolf stopfen. Im Haus wurde es geheimnisvoll dunkel. Und um Nikolaus herum stellte ich Pantoffeln ans geöffnete Dachgaubenfenster. Eine wundersame, geheimnisvolle Zeit begann.

Jede kleine Schneeschicht wird im Münsterland zur Rodelpartie genutzt. In Münster rutschen die Kinder die Rasenwälle der ehemaligen Stadtbefestigung an der Promenade herab, auch wenn das Gras noch durch den Schnee schaut. Jedes Kind im Münsterland kennt irgendeine abschüssige Straße oder einen Hügel, wo bereits wenige Zentimeter Schnee ausreichen, um die Abfahrt zu wagen. Bei uns zu Hause in Münster-Mariendorf traf sich in den 60er und Anfang der 70er Jahre die ganze Straße „Im Sundern" zur Rodelpartie. Der Abhang im eigenen Garten war nur wenige Meter lang, mit Anlauf wurde der Schlitten in Fahrt gebracht, um dann 20, 30 Meter weit auf dem Bauch den nur wenig abschüssigen Hang hinunterzugleiten. Blaue Flecken über den Knien zeugten von den unzähligen Versuchen, sich möglichst schwungvoll auf den Schlitten zu werfen. Ich entsinne mich, dass der Winter 1969/1970 ein besonders langer und vergleichsweise idealer Rodelwinter war, und da passte es vorzüglich, dass ich damals einen großen Davos-Schlitten zu Weihnachten bekam, der in jenem Winter besonders häufig genutzt wurde.

Die Nähe zur Nordsee und häufig anzutreffende Westwindwetterlagen machen aus dem Münsterland-Winter in der Regel ein graues, nebliges Etwas, und nur an wenigen Tagen ist eine geschlossene, nur wenige Zentimeter dicke Schneedecke zu erleben. Der Frost beißt nicht besonders. Doch etwa alle zehn Jahre schlägt der Winter trotz der allgemeinen Klimaerwärmung, von der die Wetterforscher berichten, härter zu. Dass er dann mitunter sogar noch im März oder April heftige Rückzugsgefechte liefert, ist nicht vollkommen ungewöhnlich. Die etwas knackigeren Ausnahmewinter sind in Münster zum Beispiel daran zu erkennen, dass der Aasee zufriert. Der künstlich erweiterte Innenstadtsee dient dann als

Winter-Idyll: Die Dyckburg bei Münster im Winterkleid im Januar 2010

Schlittschuhläufer-Treffpunkt. Wegen seiner Zuflüsse, der mittleren Strömung und mancher Brückenbereiche ist das Eislaufen hier nicht ungefährlich. Deshalb ziehen es viele Familien vor, die Rieselfelder im Osten der Stadt aufzusuchen. Das geklärte Wasser steht hier nur etwa knietief auf den Feldern und ist meistens schon nach einigen mäßigen Frostnächten von etwa minus zehn Grad befahrbar. Die Vogelschützer freilich sehen den großen Aufmarsch der Schlittschuhläufer und Hobby-Eishockeyspieler nicht so gerne, denn dieses Areal zählt zu den bedeutenden europäischen Vogelschutzgebieten. In der Regel ist aber Raum genug, damit sich Mensch und Getier aus dem Weg gehen können. Im Dezember 1978 habe ich dort, ziemlich spät, mit 15 Jahren, Schlittschuhlaufen und Eishockeyspielen gelernt. Mit tausend Stürzen, dicken Knien und Ellenbogen. Eine lehrreiche Lektion. Und das Schlittschuhlaufen verlernt man nie mehr.

Ein besonderes Beispiel für einen ungewöhnlich langen und schon etwas härteren Winter im Münsterland liegt erst kurze Zeit zurück. Der Winter 2005/2006 wird sogar in die Wettergeschichte eingehen, denn er bescherte ein Schneechaos, wie es das Münsterland in dieser Form bis dahin nicht erlebt hat. Der Deutsche Wetterdienst meldete: „Pünktlich zum ersten Adventwochenende hatte der Winter praktisch ganz Deutschland fest im Griff. Nur wenige Regionen waren schneefrei. Dabei war die Schneeverteilung nicht überall so, wie man es gewohnt ist, sondern traf auch Gebiete, die gewöhnlich keine hohen Schneemassen verzeichnen. Vor allem in einem Streifen vom Weser- und Wiehengebirge über das nördliche Münsterland und den Niederrhein bis zu den Niederlanden hat Schneetief „Thorsten" von Freitagnachmittag (25.11.2005) bis Sonnabend (26.11.2005) weiße Pracht in selten beobachteter Höhe zurückgelassen". Die Wetterstation am Flughafen Münster–Osnabrück registrierte nach Angaben des Deutschen Wetterdienstes 28 Zentimeter Schnee, und man muss schon sehr weit in den Wetteraufzeichnungen zurückgehen, um eine derartige Schneehöhe im Herbstmonat November zu finden. Am 16. November 1919 wurden an der „alten" Wetterstation vor den Toren Münsters schon einmal 30 Zentimeter gemessen. Die Rekordmarke für Münster seit Beginn der dortigen Aufzeichnungen im Jahre 1891 wird beim Deutschen Wetterdienst mit 38 Zentimetern Schnee (am 28. Januar 1897) angegeben.

Die Schneemassen am ersten Adventswochenende 2005 führten im Münsterland im Verkehr und bei der Stromversorgung zu teilweise katastrophalen Bedingungen. Ursache dafür waren besonders die Witterungsbedingungen, unter denen der Schnee fiel. Nicht leichter Pulverschnee, sondern tonnenschwerer Nassschnee wickelte sich bei Temperaturen um null Grad um Bäume, Strommasten und Überlandleitungen. Hinzu kam ein böiger Wind, der die dick mit Schnee und Eis ummantelten Leitungen in Schwingungen versetzte und viele Masten wie Streichhölzer umknicken ließ. Die Folgen: Viele Bahnreisende strandeten am 25. November 2005 in Münster und mussten teilweise im Schutzraum des Bahnhofs ausharren, weil die Strecken in den Norden durch geknickte Bäume und zerstörte Oberleitungen blockiert waren. Hunderttausende Bewohner im nördlichen und westlichen Münsterland blieben für mehrere Tage ohne Strom. Besonders die Stadt Ochtrup wurde in jener Zeit in Deutschland zum Synonym für Schneechaos und Stromausfall. Besonders schlimm traf es die Landwirte, die erst nach Stunden und Tagen mit Notstromaggregaten versorgt wurden, so dass sie dann wenigstens die Kühe melken und die elektronisch gesteuerten Fütterungsmaschinen starten konnten. Die Ochtruper Stadthalle wurde zur Anlaufstation für Menschen, die der Kälte in den eigenen vier Wänden entfliehen und sich mit einem warmen Süpplein aufwärmen wollten. Der nordrhein-westfälische Ministerpräsident Jürgen Rüttgers und Münsters Regierungspräsident Jörg Twenhöven besuchten die Krisenregion Münsterland, die sonst nur selten in die Hauptnachrichten der Fernsehsender rückt.

Im Großen und Ganzen lief dieses Schneechaos noch glimpflich ab. Der Stromversorger, die Rheinisch-Westfälischen Elektrizitätswerke, sah sich allerdings heftiger Kritik ausgesetzt. Vorwürfe wurden laut, der Energiekonzern habe über Jahre schon von der spröden Beschaffenheit seiner Stahlmasten gewusst und nichts unternommen. Es kam zu etlichen Schadensersatzklagen. Später stellte der Konzern einige Millionen Euro für besonders vom Schneechaos in Mitleidenschaft gezogene landwirtschaftliche Betriebe bereit. Wie immer in der Not ist die Hilfe nicht weit. Feuerwehren und das Technische Hilfswerk rückten mit ihren Mitarbeitern aus nah und fern heran. Vor allem funktionierte die Nachbarschaftshilfe. Wer noch einen Kaminofen im Haus hatte, konnte Wärme spenden. Manche warfen auch den Gasbrenner oder den Holzkohlegrill an, um wenigstens eine Suppe oder ein paar Bratwürste zuzubereiten. Es blieb die Erkenntnis, dass man sich im Zweifelsfall für einige Tage auf das wirklich Notwendige beschränken kann und muss. Manche empfanden die Stille und Häuslichkeit vielleicht sogar als Gewinn in einer Zeit, die uns gerade vor Weihnachten so laut und lichtüberflutet entgegentritt. Bei manchen wuchs vielleicht auch die Erkenntnis, dass unser modernes und auf rastlose Mobilität fixiertes Leben mit seinen Maschinen und Apparaturen doch sehr labil und störanfällig ist, wenn mal ein paar Zentimeter Schnee mehr fallen als gewöhnlich.

Der Deutsche Wetterdienst stellte abschließend ganz nüchtern fest: „Ursache für diese Extremwitterung war eine Nordwestströmung, in der das Tief ‚Thorsten' über die Nordsee nach Nordwestdeutschland zog. Dabei wurde hochreichende Kaltluft herangeführt. Diese Luft nahm über der Nordsee große Mengen an Feuchte auf, die dann als Schnee über dem Land wieder abgegeben wurde. Im Laufe seiner Entwicklung füllte sich das Tief immer mehr mit Kaltluft auf und kam aus der Nordwestströmung in ein Gebiet mit nur noch schwacher Strömung in der höheren Atmosphäre. Daher bewegte sich das Tief kaum noch weiter, so dass die Schneefälle über lange Zeit in der gleichen Region niedergingen und zu den extremen Neuschneemengen führten". Im weiteren Verlauf des Winters kam es aufgrund der Schneemengen an den Alpen und vor allem im Bayerischen Wald zu chaotischen Verhältnissen. In Bad Reichenhall brach die Eislaufhalle unter der Schneelast ein, Tote waren dort zu beklagen. Im Bayerischen Wald türmte sich der Schnee in Rekordhöhe, auf dem

Feldberg im Schwarzwald wurden fast fünf Meter Schnee gemessen. Die Tauwetterperiode im März und April 2006 ließ vor allem die Elbe ansteigen und malerische Ortschaften wie Hitzacker in Niedersachsen im Wasser versinken. Es war das Nachspiel eines langen, kalten und vor allem schneereichen Winters.

Eine ungewöhnlich harte Frostperiode wurde in Deutschland auch zum Jahreswechsel 1996/1997 registriert. In der Neujahrsnacht war es in Münster so kalt, dass man mit bloßen Händen kaum die Raketen anzünden konnte. Der Aasee verwandelte sich in jenen Tagen wieder einmal in ein Schlittschuhläufer-Areal. Die Kälteperiode mit Dauerfrost reichte etwa vom vierten Advent bis Mitte Januar, es war bis minus 16 Grad kalt.

Noch in lebendiger Erinnerung ist das „Schneechaos" zur Jahreswende 1978/1979. Seit dem 29. Dezember 1978 führten orkanartige Schneestürme zu katastrophalen Verhältnisse vor allem in Norddeutschland. Von Norden her rückte eine Kältefront Stunde für Stunde nach Süden vor und erreichte auch das Münsterland, wo sich pulvrige Schneewehen türmten. Am stärksten betroffen war jedoch der Norden, vor allem Schleswig-Holstein, wo schweres Räumgerät der Bundeswehr zum Einsatz kam. 150 Ortschaften waren von der Außenwelt abgeschnitten, in 80 Gemeinden fiel der Strom aus. Viele Menschen saßen in ihren Autos auf den Straßen fest, es waren auch Todesfälle zu beklagen. Im Münsterland zeigte sich der Eiswinter von der schöneren Seite. In Münster war es bis zu minus 17 Grad kalt. In der Neujahrsnacht, so steht es in einem meiner Tagebücher, fror der Teich an der Dyckburgkirche in Münster so schnell und dick zu, dass am Neujahrstag Schlittschuhlaufen möglich war.

Sechs Wochen später, Mitte Februar, zog ein weiterer Schneeorkan über Norddeutschland hinweg. Besonders hart traf es dann Mecklenburg und die Insel Rügen, wo Räumpanzer der Nationalen Volksarmee der DDR sich den Weg zu den vom Schnee eingeschlossenen Inselbewohnern bahnten. Auch das Münsterland hatte wiederum mit hohen Schneeverwehungen zu kämpfen, doch stellte sich die Situation im Vergleich zu Niedersachsen oder Schleswig-Holstein hier vergleichsweise glimpflich dar. Erst Mitte März ließ der eisige Griff des Winters nach.

Viele Leser werden sicher auch noch den langen und besonders eisigen Winter 1962/1963 in Erinnerung haben, der für die Region Mitteleuropa allgemein sogar als Jahrhundertwinter bezeichnet wird.

Wie es mit dem Wetter weitergeht, das wissen nicht einmal die Meteorologen. Trotz messbarer deutlicher Klimaerwärmung in den vergangenen

100 Jahren sind kalte Winter nicht ausgeschlossen. Es zeigt sich jedoch, dass die Erwärmung des Klimas extreme Wetterlagen begünstigt. Orkanartige Winde, Hitzewellen und große Regenmassen im Sommer sowie starke Schneefälle im Winter sind Ausdruck dafür, dass die Atmosphäre aus dem Gleichgewicht gerät. Das alles hält uns aber nicht davon ab, auch die kommenden Jahre immer wieder von der weißen Weihnacht zu träumen, von der schon Bing Crosby sang.

Alle Jahre wieder: Weihnachtskarten

❊❊❊

Christiane Cantauw, Jahrgang 1964, stammt aus dem münsterländischen Rheine.
Sie arbeitet als wissenschaftliche Referentin und Geschäftsführerin bei der Volkskundlichen Kommission für Westfalen des Landschaftsverbands Westfalen-Lippe. Sie lebt und arbeitet in Münster. Christiane Cantauw ist verheiratet und hat
zwei Kinder.
Sebastian Kloth, Jahrgang 1980, ist in Schleswig-Holstein geboren. Seit 2002 lebt
er in Münster. Er ist als Leiter des Bildarchivs der Volkskundlichen Kommission
beim Landschaftsverband Westfalen-Lippe beschäftigt.

Für die einen fängt die Weihnachtszeit damit an, dass der dicke
Quellekatalog ins Haus kommt, für die anderen wird Weihnachten greifbar, wenn die „Fierdagsakte" herausgekramt ist, wieder
andere denken intensiver an Weihnachten, wenn der Weihnachtsmarkt seine Pforten öffnet. Ich aber jedenfalls komme in weihnachtliche Stimmung,
wenn ich darüber nachdenke, Weihnachtskarten zu schreiben. Bereits das
Sichten der angebotenen Druckerzeugnisse im Schreibwarenhandel, die
alljährliche Verzweiflung, wenn das Angebot nicht meinen Vorstellungen
entspricht, und der Vorsatz, im nächsten Jahr gleich von Anfang an auf ein
selbstgebasteltes Exemplar zu setzen, gehören unumgänglich zum alljähr-
lichen Prozedere in der Adventszeit.

Nun gibt es ja im Grunde drei Arten von Weihnachtskartenschreibern:
erstens diejenigen, die dem Aufdruck „Frohe Weihnachten und einen guten
Rutsch ins Neue Jahr" nur noch ein „wünschen Euch Elli und Jochen" hin-
zufügen, und zweitens diejenigen, die die alljährliche Weihnachtskarte zu
einer „Generalabrechnung" über das zu Ende gehende Jahr nutzen und die
deshalb mit dem auf kommerziellen Karten zur Verfügung stehenden Platz
auf keinen Fall auskommen. Ich gehöre zu einer dritten Gruppe, nämlich
zu denen, die sich – manchmal verzweifelt – um einen Mittelweg bemüh-
en. Das nahende Weihnachtsfest ist unweigerlich ein Termin, der zur Rück-
schau einlädt. Was war für mich als Kartenschreiberin und für den Adressaten meiner Karte im vergangenen Jahr wichtig? Auf der anderen Seite

gehen die Gedanken auch schon in Richtung des kommenden Jahres. Gibt es gemeinsame Ziele, gemeinsame Wünsche, die mich mit dem Adressaten verbinden? Ist es möglich, dies bereits durch die Gestaltung der Karte zum Ausdruck zu bringen? Mütter und Väter haben es da leicht. Sie können davon ausgehen, dass sich die meisten Adressaten ihrer Weihnachtskarten für das Wohl und Wehe ihrer Kinder interessieren. Ein Foto der lieben Kleinen beim Schmücken des Weihnachtsbaums oder beim Plätzchenbacken erfreut Eltern und Schwiegereltern ebenso wie Onkel und Tanten und den mehr oder weniger weit verstreuten Freundeskreis. Das ist doch gleich viel persönlicher, als die im Schreibwarenhandel feilgebotenen Karten mit dickbäuchigen, rotwangigen Weihnachtsmännern, mit Elchen in jeder Lebenslage oder mit stilisierten Tannenbäumen und Krippenszenen. Aber was machen eigentlich diejenigen, die keine kleinen Kinder haben? Und was schickt man denjenigen, die die Entwicklung der lieben Kleinen eigentlich nichts angeht? Immerhin gibt es ja noch eine Vielzahl von Geschäftskontakten, die ebenfalls gepflegt werden wollen. Meine Eltern erhielten jedenfalls immer eine Weihnachtskarte von einem persischen Teppichhändler, bei dem sie einmal einen Teppich für unser Wohnzimmer gekauft hatten. Jedes Jahr zur Weihnachtszeit rief sich dieser Kaufmann mit einer für deutsche Verhältnisse ausgesprochen grellbunten Karte aus dem Iran ins Gedächtnis der Familie. Mich als Kind hat das sehr beeindruckt.

Bei uns im Büro gibt es Ende November jedenfalls immer rege Diskussionen um die Bebilderung der Weihnachtskarte: Winterszenen, Schornsteinfeger, Schlachtfeste und Eisskulpturen – alles schon dagewesen! Womit können wir in diesem Jahr eins drauf setzen?

Alle Jahre wieder zeigt sich: Weder die Auswahl des Motivs noch die Beschriftung sind völlig unproblematisch. Was für die einen bereits allzu christlich ist, das halten die anderen für viel zu profan. Was die einen für künstlerisch wertvoll halten, das ist in den Augen der anderen purer Kitsch. Und die wohl durchdachten Sätze, die gut gemeinten Wünsche im Innenteil werden von manch einem vielleicht überhaupt nicht zur Kenntnis genommen. Und dennoch: Gar nicht so selten erhalte ich Anrufe von Menschen, die sich über meine Weihnachtskarte gefreut haben. Und auch mein Briefkasten füllt sich in der Vorweihnachtszeit mit den bunten Karten, die ich, gerade weil mir besonders ihre Vielfalt gefällt, sämtlich an meiner Pinnwand befestige und erst um Ostern wieder abnehme.

Manch ein fleißiger Weihnachtskartenschreiber unserer Tage wird sich vielleicht fragen, wie das eigentlich in der Vergangenheit war. Wann – und warum – fingen die Menschen an, sich zu Weihnachten zu schreiben. Hat sich an den Kartenmotiven über die Jahrhunderte etwas geändert, gibt es vielleicht sogar Weihnachtskartenmoden? Gab es auch Konventionen im Hinblick auf die Adressaten? Wer musste unbedingt eine Karte erhalten, und wo konnte man sich dies vielleicht sparen?

Ein kurzer Streifzug durch die Geschichte der Weihnachtskarte

Wirft man einen Blick in die Benimmbücher aus der Zeit um 1900, so dokumentiert sich eine sehr zwiespältige Einstellung gegenüber den auch damals schon im Handel erhältlichen Weihnachts- und Neujahrsglückwunschkarten. Während einige Autoren diese durchaus empfehlen („Es gibt übrigens schöne Neujahrsglückwunschkarten in den mannigfachen Ausstattungen im Handel, die man zum Versenden an Freunde benutzen kann"), raten andere eher dazu, einen Brief zu schreiben als „seine Lieben (...) mit einer einfachen Glückwunschkarte abzuspeisen".

Grüße, Glück- und Segenswünsche zu Weihnachten gibt es indes nicht erst seit der Wende zum 20. Jahrhundert. Einzelne Belege für Weihnachtsbriefe liegen bereits aus dem Mittelalter vor. Spätestens im 18. Jahrhundert wurde es in bürgerlichen Kreisen allgemein üblich, Freunden oder Verwandten die besten Wünsche für das bevorstehende Fest oder für den Jahreswechsel in schriftlicher Form zuzuleiten. So betonte der populäre Dichter Ludwig Christoph Heinrich Hölty 1774 in einem Neujahrsbrief an die Schriftstellerin und Muse des Hainbundes Charlotte von Einem, dass er mit seinem Schreiben der „löblichen Mode folgen" und ihr ein „fröhliches neues Jahr" wünschen wolle. Und der Schriftsteller Theodor Fontane schrieb 1880 an seine Schwester Elise Weber: „Meine liebe Lise. Das bevorstehende Fest giebt mir Veranlassung, Dir und den Deinen, nach alter guter Sitte, meine Glückwünsche zu Weihnacht und Neujahr auszusprechen."

Wesentlich größere Beachtung als die Briefe anlässlich des Weihnachtsfestes fanden aber Glückwunsche und Grüße zum Neujahrsfest, die um 1830 herum so populär geworden waren, dass sich so mancher wohlhabende Bürger kaum vor der Flut von Bäcker- und Schusterjungen, Schornsteinfegern, Droschkenkutschern und anderen Dienstleistern retten konnte, die am Neujahrstag in der Hoffnung auf ein Trinkgeld an seiner Tür eine Neujahrskarte abgaben. In Wien gab es allein 40 Verlage, die die beliebten Karten herstellten, welche im Grunde auf Visitenkarten

Die älteste Weihnachtskarte im Archiv der Volkskundlichen Kommission für Westfalen stammt aus dem Jahr 1898. Die Rückseite der Karte, auf der eine Clara dem lieben Emil herzlichste Weihnachtsgrüße ausrichtet, war damals noch komplett für die Anschrift reserviert.

zurückgehen, die mit einem Namenskürzel oder einem kurzen Gruß versehen waren.

Bebilderte Postkarten als Träger weihnachtlicher Grüße und Segenswünsche liegen etwa seit den 1880er Jahren vor. Ab 1870 gab es in den Staaten des Norddeutschen Bundes zwar sogenannte Korrespondenzkarten. Die Idee sie mit einem Bild zu versehen, setzte sich aber erst ganz allmählich durch. Bis 1905 mussten sich Bild und Mitteilung darüber hinaus auch noch eine Kartenseite teilen, weil die gesamte andere Seite für die Anschrift vorgesehen war. Das tat der Begeisterung für das neue Medium aber keinen Abbruch: Endlich war es möglich, kurze Mitteilungen sowie Geburtstags- oder Namenstagsglückwünsche oder Grüße zum Weihnachtsfest per Post an Freunde, Geschäftspartner und Verwandte zu schicken, die nicht vor Ort wohnten. Die Karten wurden nicht nur verschickt, sondern erfreuten sich auch als Sammelobjekte großer Beliebtheit. In eigens zu diesem Zweck angeschafften Alben konnte man seine Sammlung entsprechend präsentieren und durch den Beitritt zu einem Ansichtskartenverein stellte man sicher, dass die eigene Sammlung schnell anwuchs und bald auch Karten aus aller Welt enthielt. Gegen Ende des 19. Jahrhunderts gab es allein in Deutschland fast sechzig Fabriken, die Sammelalben für Bildpostkarten herstellten.

Die Bandbreite der für die Bildpostkarten verwendeten Drucktechniken war ebenso breit wie die Palette möglicher Motive: Holzstiche, Radierungen, Lithographien fotomechanische Verfahren, Strichätzungen, Autotypien oder Mehrfarbdrucke – der Variantenreichtum der Postkartenherstellung kannte kaum Grenzen. Bald fand man auch Möglichkeiten, die Oberfläche der Karten in die Gestaltung mit einzubeziehen: Es gab Applikationen aus allen möglichen Stoffen, gestanzte Papiere oder Kläppchen zum Öffnen, um nur einige mögliche Varianten zu nennen.

Bei aller Vielfalt entsprachen die Motive der Bildpostkarten natürlich dem Zeitgeist. Deshalb lohnt es sich, einmal näher hinzusehen und zu vergleichen, welche Zeichen und Symbole, und welche Bildkompositionen zu welcher Zeit aufkamen und sich größerer Beliebtheit erfreuten.

Der Weihnachtskartenbestand der Volkskundlichen Kommission für Westfalen: 110 Jahre Weihnachtskarten

Seitens der Volkskundlichen Kommission für Westfalen wurden die Menschen um die Jahreswende 2005/2006 gebeten, ihre Weihnachts- und Neujahrskarten einzusenden. Dabei haben uns nicht nur Karten aus den vergangenen zwei oder drei Jahren erreicht. Mancher Einsender hat die Gelegenheit ergriffen und einfach alle Karten, die sich in den vergangenen Jahrzehnten in Schachteln und Schubladen angesammelt hatten, in einen Umschlag zu stecken und nach Münster zu senden, wo sie gut aufgehoben und die nächsten 50 oder 100 Jahre überdauern würden. Hier wurden sie gesichtet, mit Inventarnummern versehen und in unserem Klimaraum gekühlt gelagert. Wir staunten nicht schlecht, als wir feststellten, dass die älteste uns zugesandte Karte weit über 100 Jahre alt und dennoch in einem so guten Zustand ist, dass sie bereits verdeutlicht, welchen Schatz wir von den Bürgern Westfalens und aus der ganzen Welt erhalten haben. Die Datierung lässt sich bei den meisten Karten über den Poststempel, teilweise aber auch über die Motive erschließen. So gibt es Weihnachtskarten mit Bunker- oder Soldatenmotiven, die eindeutig dem Zweiten Weltkrieg zugeordnet werden können und ein eindrückliches Zeugnis dieser Zeit abgeben. Das Bedürfnis nach Frieden, das dem Betrachter dieser Karten entgegenspringt, ist auch heute, 65 Jahre nach dieser Periode des Schreckens, noch greifbar.

Während Weihnachtskarten von der Front mit der Weihnachtsbotschaft nur schwer in Einklang zu bringen sind, dienen die verschiedenen Krippendarstellungen offenbar dazu, das biblische Geschehen anschaulich zu machen.

Im Laufe der Zeit wurden die Motive farbenfroher, einfallsreicher, teilweise lustiger, wenn auch Darstellungen in Anlehnung an das biblische Geschehen keineswegs verschwanden oder nur seltener gewählt wurden. Die Konstanz mancher Motive über 110 Jahre hinweg mag jedenfalls manch einen erstaunen. Weniger erstaunlich ist demgegenüber das stete Changieren zwischen Kitsch und Kunst, das aus dem Genre wohl nicht wegzudenken ist.

Oft wird behauptet, dass sich christliche Motive bei den Weihnachtskarten auf dem Rückzug befänden. Dieser Befund kann auf der Basis unserer Sammlung nicht bestätigt werden. So lassen sich sowohl im Jahr 1898 als auch im Jahr 2008 Darstellungen des biblischen Geschehens auf Weihnachtskarten finden. Was noch entscheidender ist: Sie unterscheiden sich hinsichtlich der gewählten Motive nur geringfügig. Entweder ist die Gottesmutter mit dem in der Krippe liegenden Jesuskind abgebildet oder die Anbetung der Heiligen Drei Könige vor dem Stall in Bethlehem. Diese beiden immer wieder auftretenden Motive sind in ihrer Darstellungsweise

Mit dem biblischen Geschehen haben diese „niedlichen" Engelchen nicht mehr allzu viel zu tun. Dieses und ähnliche Motive erfreuten sich gleichwohl in den 1950er bis 1970er Jahren großer Beliebtheit.

natürlich dem sich verändernden Zeitgeschmack unterworfen, dennoch ist eine verblüffende Ähnlichkeit der Darstellungsformen festzustellen. Meist befindet sich die Gottesmutter mit dem Jesuskind im Mittelpunkt der Darstellung, teilweise ist im Hintergrund noch ein Engel zu sehen. Die gesamte Szene ist in ein warmes Licht getaucht. Mehr künstlerische Freiheit kommt bei der Darstellung der Heiligen Drei Könige zum Ausdruck. Teils werden sie am Eingang des Stalls allein vor der Heiligen Familie kniend dargestellt, teils bilden sie aber auch inmitten ganzer Heerscharen von Engeln, Hirten und Tieren den Teil einer Massenszene.

Auch die Darstellung von Engeln auf Weihnachtskarten orientiert sich vielfach an der biblischen Überlieferung. Engel als göttliche Boten, die den Hirten die Ankunft Jesu Christi verkünden und sie in Ehrfurcht erstarren lassen, Engel als Teil der Krippenszene oder der Verkündigungsengel sind häufig anzutreffende Motive. Anhand der Engel lässt sich aber auch zeigen, wie ein Motiv aus dem engeren biblischen Kontext herausgelöst und in einen neuen Zusammenhang gestellt wird: Als singender Engel der Freude mit einem Liederbuch in der Hand unter einem Weihnachtsbaum stehend oder in verniedlichender Form als verspielte kleine Kinder, haben

Der mit Lichtern geschmückte Weihnachtsbaum und die brennende Kerze haben einen hohen Symbolwert im Hinblick auf das Weihnachtsfest. Diese Motive erfreuen sich seit den 1970er Jahren eines nach wie vor großen Zuspruchs.

die auf vielen Weihnachtskarten abgebildeten Engel mit dem biblischen Geschehen wohl nicht mehr allzu viel zu tun. Dennoch, wenn die kleinen, mit hübschen Kleidchen bekleideten Engelchen mit einer kleinen Laterne den Weg durch den finsteren Wald beleuchten, so hat diese Szene durchaus Symbolwert: „Ich bin das Licht der Welt; wer mir nachfolgt, der wird nicht wandeln in der Finsternis, sondern wird das Licht des Lebens haben", sagt Jesus im Johannes-Evangelium (8,12). Wer mag, kann die Szene also auch so deuten, dass die Engelchen in Form der Laterne, Jesus Christus, das Licht der Welt, vom Himmel herabtragen. Es zeigt sich, dass die Figur des Engels ausgesprochen wandelbar ist: Vom Verkündigungsengel bis bin zu den niedlichen Engelchen, die vor allem die Bedeutung von Weihnachten als Kinderbescherfest betonen, finden sich zahlreiche Darstellungsformen, die durchaus zeitgleich nebeneinander existieren und die verschiedensten Bedürfnisse bedienen.

Deutlicher als die Laterne eines kleinen Engelchens ist der Symbolwert der Kerze, welcher den Gläubigen durch die kirchliche Praxis (Lichtermesse) und die weihnachtlichen Bräuche (Adventskranz) geläufig sein dürfte. Die Geburt Jesu Christi, der sich später selbst als das „Licht der Welt" bezeichnet, wird an Weihnachten gefeiert. In sehr reduzierter, auf den Symbolwert beschränkter Form bringt dies das Kerzen-Motiv zum Ausdruck. Die meist schlicht gestaltete Karte mit einer Kerze auf einem Tannenzweig kam seit den 1970er Jahren in Mode. Sie weist in ihrer Darstellungsform nur wenige Varianten auf. Meist steht die Kerze im Zentrum des Bildes, um sie herum sind teilweise noch weitere Dinge wie ein Gabenteller oder Christbaumkugeln drapiert. Unterschiede finden sich hinsichtlich der Lichtverhältnisse. So ist die Kerze meist umgeben von einem großen Lichtkegel, einige Male kommt aber das warme Licht eher von oben und bestimmt auf diese Weise die atmosphärische Wirkung der Karte. Der Gabenteller ist, wenn vorhanden, immer ähnlich bestückt. Es finden sich Nüsse und Äpfel darauf, manchmal auch ein kleines Geschenk oder eine Zuckerstange. Die Beliebtheit dieses Motivs hängt wahrscheinlich damit zusammen, dass die Kerze als aus dem biblischen Kontext entlehntes Symbol („Ich bin das Licht der Welt") durchaus auch als ein allgemein weihnachtliches Requisit verstanden werden kann. Mit anderen Worten: Mit der Wahl dieses Motivs kann man als Absender eigentlich nicht viel falsch machen – es sei denn, man möchte sich einen besonders innovativen und modernen Anstrich geben.

Ähnlich wie die Kerze hat auch der im Winter grüne Nadelbaum einen auf das Weihnachtsfest hin gerichteten Symbolwert, den sich die Weihnachtskartenhersteller zu Nutze machen. Er verkörpert die Hoffnung, die die Christenheit mit der Geburt Jesu Christi verbindet. In seinen vielen verschiedenen Variationen kann das Christbaummotiv durchaus als immer wiederkehrender Bestandteil der Weihnachtskarte bezeichnet werden. Sei es als strahlender Mittelpunkt oder als Hintergrundmotiv: Bei den uns zugesandten Karten ist der Christbaum durch die Jahrzehnte hindurch vertreten und wohl dasjenige Motiv, das am häufigsten selbst gebastelt oder gezeichnet wurde. Während die beliebten Nadelbäume in der Vergangenheit meist als Mittelpunkt einer schneebedeckten Waldlandschaft dargestellt werden, überwiegen in neuerer Zeit Abbildungen von Weihnachtsbäumen innerhalb des Hauses – selbstverständlich in vollem Glanz und mit einer Reihe von Geschenken darunter. Auf älteren Weihnachtskarten wird die Szene oft einzig und allein von einem leuchtenden Stern am Himmel oder auf der Spitze des Baumes erhellt. Im Vergleich dazu fällt der teils überreichliche Schmuck des Baumes auf jüngeren Karten umso mehr ins Auge: Viele bunte Kugeln, Pferdchen, Trompeten und Trommeln verbreiten neben einer Vielzahl von Kerzen einen fast überirdischen Glanz.

Mehr noch als Kerze und Weihnachtsbaum kann der Stern als ein dem biblischen Geschehen entlehntes Motiv angesprochen werden. Seit den späten 1980er Jahren finden sich Sterne aber auch vermehrt jenseits dieses engeren Zusammenhanges wieder. Auf der Spitze des Weihnachtsbaumes, in zunehmendem Maße aber auch als isoliertes, für sich allein stehendes Motiv, bieten Sterne in mannigfaltiger Gestaltung einen strahlenden Blickfang. Karten mit schlicht gehaltenen Sterndarstellungen werden gern auch von Firmen verschickt, die sich dieses aus dem engen christlichen Kontext herausgelösten Symbols bedienen, weil es – anders als das Kerzenmotiv – wandlungsfähiger und moderner zu sein scheint.

Jenseits des in der Bibel beschriebenen Geschehens und auch jenseits eines im christlichen Kontext nutzbaren Symbolwertes gibt und gab es durchaus Motive, die eher Jahreszeitliches in den Vordergrund stellen. Gemeint sind die Landschaftsmotive, die sich durch die Jahrzehnte hindurch immer wieder auf Weihnachtskarten finden. Im Laufe des letzten Jahrhunderts hat sich dieses Motiv nur geringfügig verändert. Vor allem das Vorherrschen fotografierter Landschaftsszenen gegenüber den gezeichneten fällt ins Auge. Der Aufbau ist stets ähnlich: Dem Betrachter wird durch eine Art Fenster ein Einblick in ein Dorf vermittelt, das einsam in einem tief verschneiten Wald liegt. Die Häuser sind sämtlich hell erleuchtet und strahlen den Betrachter von der Lichtung her an. Der Rahmen des Fensters, durch das man symbolisch blickt, ist mit Glocken, Schlitten, Tannenzweigen und ähnlichen weihnachtlichen Motiven verziert. An die Stelle des beleuchteten Dorfes kann auch eine einsam gelegene, verschneite Kirche auf einem Hügel oder das Aufblitzen eines Kirchturms über verschneiten Baumwipfeln treten. Auffällig ist, dass die Landschaftsaufnahmen vor dem Zweiten Weltkrieg wenig vorkamen, aber in den 1950er Jahren einen wahren Boom erlebten. So besteht eine Vielzahl unserer Kartenbestände aus diesen Jahren aus verschneiten heimeligen Dörfern. Nach den Schrecken des Krieges und angesichts der vielfach noch herrschenden Not müssen die abgebildeten unzerstörten und pittoresken Dörfer eine enorme Anziehungskraft auf die Zeitgenossen ausgeübt haben. Seit den 1950er Jahren war die Landschaftaufnahme jedenfalls nicht mehr wegzudenken aus der Weihnachtskartenmotivik.

Auch der Weihnachtsmann bewegt sich jenseits des biblischen Geschehens. Er hielt als Motiv anscheinend erst seit den 1980er Jahren Einzug in die Weihnachtskartenlandschaft. Vor, während und nach dem Zweiten Weltkrieg war jedenfalls auf keiner unserer Karten ein Weihnachtsmann zu finden. Erst seit den 1980er Jahren und dann vermehrt seit dem Jahr 2000 treten Weihnachtsmänner in verschiedensten Darstellungsformen in Erscheinung: Angefangen mit einer kleinen Figur auf einem großen Platz, die mit einem riesigen Sack voller Geschenke von Haus zu Haus geht, bis hin zu einer Karte aus dem Jahr 2001, auf der das Konterfei eines gemalten Weihnachtsmannes mit einem Mistelzweig im Zentrum der Darstellung steht, sind der Formenvielfalt gerade bei diesem Motiv kaum Grenzen gesetzt. Auffallend ist, dass der Weihnachtsmann auf vielen Karten die Funktion der Engel als Geschenkebringer übernimmt. Gern wird der Weihnachtsmann auch bei selbstgemachten Karten als Motiv verwendet. Die Wandlungsfähigkeit des Weihnachtsmannmotivs zeigt eine Karte aus dem Jahr 1996, auf der ein Gartenzwerg als Weihnachtsmann abgebildet ist, der aus einer Tüte Vögel füttert.

Stilistisch werden die Kartenmotive zusehends lockerer in der Art ihrer Darstellung. Seit den 1980er Jahren begegnet dem Betrachter teils ein eher zum Lachen oder Schmunzeln anregender Stil, wie das Beispiel eines beschwipsten Weihnachtsmannes belegt, der mit einem Fußbad nach getaner Arbeit auf dem Sessel sitzt und bei einer Flasche Sekt vor Erschöpfung eingeschlafen ist.

Weihnachten ist ein Fest, bei dem die Kinder im Mittelpunkt stehen, Dieser Aspekt findet auch auf Weihnachtskarten seinen Ausdruck. Viele Weihnachtskarten knüpfen mit ihren Motiven an kindliche Vorstellungswelten an. Kinderspielzeug und von Kindern geliebte Tiere und Figuren wie die Diddl-Maus (1990er Jahre) finden sich auch auf Weihnachtskarten wieder. Pinguine, die sich einen Schal stricken damit sie nicht frieren, im Schnee vor einem geschmückten Weihnachtsbaum stehend oder Teddybären, die dem Betrachter mit Geschenken in der Hand entgegenblicken oder sogar die Stelle der Engelchen bei der Weihnachtsbäckerei einnehmen – das Bemühen darum, den Bedürfnissen und Vorstellungen der Kinder entgegenzukommen, ist bei diesen Motiven unübersehbar. Auch das Schneemann-Motiv wird vielfach in diesem Zusammenhang genutzt. Kinder und Erwachsene verbinden gleichermaßen positive Gefühle mit Schneemännern. Dies wird auch von der Weihnachtskartenindustrie genutzt, indem beispielsweise eine Karte mit einem mit Besen und Lampe ausgerüsteten, lächelnden Schneemann angeboten wird, der durch die verschneite Landschaft an zwei rosa Hasen vorbei zieht. Das Schneemann-Motiv strahlt auf jeden Fall eine kindliche Vorfreude auf Weihnachten aus.

FROHE WEIHNACHTEN UND EIN GUTES NEUES JAHR

Oben: Viele Weihnachtskarten knüpfen motivisch an kindliche Vorstellungswelten an. Karten mit eher lustigen Motiven werden seit den 1980er Jahren zunehmend beliebter.

Rechts: Nach wie vor werden in der Weihnachtszeit auch selbstgebastelte Karten versendet. Sie unterstreichen die Individualität und Kreativität des Absenders.

Selbstverständlich können sich auch die Hersteller von Weihnachtskarten nicht den Gesetzen eines Marktes entziehen, der den steten Wandel von Motiven und Darstellungsweisen fordert. Althergebrachtes in neuem Gewand, Neues in Anlehnung an bereits erfolgreich Eingeführtes, einige wenige gänzlich neue Motive – wer sich in der Adventszeit im Schreibwarenhandel umsieht, der wird vor allem eines nicht übersehen können: die Gleichzeitigkeit von scheinbar Ungleichzeitigem, das Nebeneinander neuer und klassischer Motive und den

Variantenreichtum des Genres. Karten, die den „Eine-Welt-Gedanken" zu Weihnachten groß schreiben, indem auf ihnen die Weltkugel mit einer sie umspannenden Menschenkette dargestellt ist, stehen neben Karten mit Krippenszenen oder mit Kränzen aus Tannenzweigen.

Auch das Thema „Weihnachtsmarkt" findet sich als Motiv auf den Karten wieder. Auf einer Weihnachtskarte von 1975 aus unserer Sammlung, ist ein stimmungsvoller winterlicher Markt auf einem verschneiten Rathausplatz abgebildet.

Nicht-kommerzielle Karten mit Fotografien von Menschen, Tieren und Dingen, die dem Adressaten lieb sind, nehmen seit den 1980er Jahren stark zu. Hier ist ein Streben nach Individualität zu spüren. In zunehmendem Maße scheint diese Art der Weihnachtskarte die selbstgebastelte Karte abzulösen.

Auch einige ausländische Karten haben den Weg in die Kommission gefunden. Im Jahr 1975 kamen Weihnachtsgrüße aus Äthiopien nach Deutschland. Interessanterweise steht neben dem Motiv eines äthiopischen Wandteppichs in deutscher Sprache: „Gesegnete Weihnachten und alles Gute zum neuen Jahr."

Die wohl auffälligste Karte unserer Sammlung stammt aber von einer chinesischen Familie. Sie ist quasi als Tür gestaltet, an deren Flügeln links und rechts zwei goldene Löwen sitzen und deren ebenfalls goldene Türgriffe tatsächlich bewegt werden können.

Schreib mal wieder!

Bei allem Bemühen um die Auswahl eines geeigneten Motivs und die Wahl der richtigen Worte darf man eines nicht vergessen: Eine Weihnachtskarte zeigt uns, dass jemand an uns gedacht hat, und so mancher Freund, Verwandter oder Bekannter wird gerade zur Weihnachtszeit vielleicht sehnsüchtig darauf warten, dass auch wir an ihn denken. Jedenfalls ist anzunehmen, dass Franz Kafka nicht der einzige war und ist, der sich zu Weihnachten postalische Grüße wünschte: „Die ganze Weihnachtspost habe ich dem Briefträger erschüttert, als ich meine Post ihm wütend abverlangte; ich war schon auf der Treppe, ich wollte weggehen, alle Hoffnung war schon aufgegeben, es war ja schon 12 ¼ Uhr mittags. Endlich, endlich herrliche Post, Anfang der Weihnachtsfeiertage, zwei Briefe, eine Karte, ein Bild, Blumen", schrieb er 1912 an Milena Jesenska und brachte

mit diesen wenigen Zeilen die besondere Bedeutung von Weihnachtskarten und –briefen eindrücklich zum Ausdruck.

Die wohl auffälligste Karte in der Weihnachtskartensammlung der Volkskundlichen Kommission für Westfalen: Der weihnachtliche Gruß einer chinesischen
Familie in den Farben rot und gold.